中国职业技术教育学会
智慧文旅职业教育专业委员会推荐用书

专家指导委员会主任 / 韩玉灵
总主编 / 闫向军　魏　凯
顾问 / 朱承强

酒店管理与数字化运营系列教材

JIUDIAN RENLI ZIYUAN GUANLI

酒店人力资源管理

主　编　侯兴起　李素馨　马婷婷
副主编　汪　婷　高　宁　李姬贤　李雨琪

立体化教学资源

北京・旅游教育出版社

图书在版编目（CIP）数据

酒店人力资源管理 / 侯兴起，李素馨，马婷婷主编
. -- 北京 : 旅游教育出版社，2024.3
酒店管理与数字化运营系列教材
ISBN 978-7-5637-4450-3

Ⅰ. ①酒… Ⅱ. ①侯… ②李… ③马… Ⅲ. ①饭店－人力资源管理－教材 Ⅳ. ①F719.2

中国版本图书馆CIP数据核字(2022)第126374号

酒店管理与数字化运营系列教材

酒店人力资源管理

主编　侯兴起　李素馨　马婷婷

副主编　汪　婷　高　宁　李姬贤　李雨琪

总 策 划	丁海秀
执行策划	黄明秋
责任编辑	施云峰
出版单位	旅游教育出版社
地　　址	北京市朝阳区定福庄南里 1 号
邮　　编	100024
发行电话	（010）65778403　65728372　65767462（传真）
本社网址	www.tepcb.com
E - mail	tepfx@163.com
排版单位	北京旅教文化传播有限公司
印刷单位	北京柏力行彩印有限公司
经销单位	新华书店
开　　本	710 毫米 ×1000 毫米　1/16
印　　张	15.25
字　　数	227 千字
版　　次	2024 年 3 月第 1 版
印　　次	2024 年 3 月第 1 次印刷
定　　价	59.80 元

（图书如有装订差错请与发行部联系）

酒店管理与数字化运营系列教材
专家指导委员会、顾问、编委会

总序 PREFACE

2021年3月，教育部印发了《职业教育专业目录（2021年）》，将高职“酒店管理专业”更名为“酒店管理与数字化运营专业”，这是旅游职业教育呼应旅游业特别是酒店业数字化时代的标志。酒店业与信息化、数字化、智能化融合已是大势所趋，网络预订、短视频营销、直播带货、网络点评、会员系统、云上PMS、移动支付、人脸识别、餐饮POS收银、网络团购、成本控制、在线点单等基本普及，信息技术和信息系统成为酒店企业日常经营的基础工具与竞争利器。中国酒店业已经从以产品和服务为中心进入了以客户为中心的时代，数字化成为酒店行业发展的命脉所在，同样成为酒店管理与数字化运营专业的必修内容。

在这样的形势下，原有的高职酒店管理专业课程和教学内容留什么、改什么，数字化运营是什么、做什么，酒店管理与数字化运营专业如何建设、如何发展、如何培养人才，成为高度聚焦、深度研究的课题。在专业建设的众多课题中，我们以教材建设作为适应专业变革的突破口，有组织、有计划地进行酒店管理与数字化运营专业的教材建设。根据前期积累的教育教学与专业建设经验，在旅游教育出版社的大力支持下，我们组织专家团队开展了“酒店管理与数字化运营系列教材”的编写与出版工作。

2020年初，也是在酒店管理专业正式更名之前，作为有着30多年酒店管理专业办学经验的老牌旅游院校，山东旅游职业学院已深切感到酒店管理专业应该加强形势研判，抓住机遇，赢得主动，从与专业建设密切相关的教材和课程建设入手，积极开展相关工作。学院组织包括星级酒店、连锁酒店、连锁餐饮公司、物业公司在内的22位企业总监级别以上的管理人员、酒店管理专业教学专家与我院酒店管理专业的教师共同召开专业建设研讨会，形成了全国首套酒店管理与数字化运营专业人才培养方案、课程建设方案、教材建设方案。这套方案的课程设置与当前教育部主导的高等职业学校酒店管理与数字化运营专业教学标准的课程设置是高度吻合的，为我们牵头组织“酒店管理与数字化运营系列教材”的编写奠定了良好的基础。

2021年7月，山东旅游职业学院与旅游教育出版社共同邀请覆盖全国院校和酒店行业企业的专家团队召开研讨会，启动教材编写工作。编写专家团队来自济南大学、山东青年政治学院、浙江旅游职业学院、青岛酒店管理职业技术学院、郑州旅游职业学院、黑龙江旅游职业技术学院、广州番禺职业技术学院、济南职业学院、青岛职业技术学院、北京财贸职业学院、黑龙江工程学院、平顶山职业技术学院、安徽职业技术学院、烟台工贸学校、顺德职业技术学院、洛阳科技职业学院、湖南商务职业技术学院、安徽广播影视职业技术学院、贵州职业技术学院等20多所院校。全套教材的编写注重校企合作与数字化升级。我们还邀请了北京歌华开元大酒店、山东舜和酒店集团、山东南郊集团、山东大厦、济南鲁能贵和洲际酒店、杭州绿云软件股份有限公司、杭州柏悦酒店、北京云迹科技股份有限公司、广州蓝豆软件科技有限公司近10家行业企业的专家参与此项工作。在多方共同努力下，历时一年，教材将于2022年8月陆续出版。

本套教材既可作为中高职旅游类专业教学用书，也可作为职业本科旅游类专业教学参考用书，同时可作为工具书供从事旅游服务与管理的企事业单位专业人员借鉴与参考。

由于本套教材是酒店管理与数字化运营专业更名后的新教材，加之酒店行业数字化转型日新月异，教材编写中难免存在不足，恳请读者指正，我们将在再版过程中予以完善与修正。

总主编：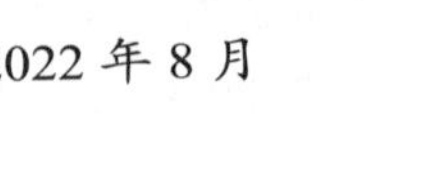

2022年8月

前言 FOREWORD

随着酒店业竞争加剧和智能时代的到来，人力资源日益成为酒店第一资源和保持企业竞争优势的基础，这一观点得到了管理学者和企业家的普遍认同。酒店人力资源管理不仅涉及酒店员工的招聘、培训、激励和福利管理，而且关乎酒店的服务质量、竞争力和盈利能力。更重要的是，人力资源是所有资源中最活跃、最具有创造力的，直接关系到酒店的持续健康发展。因此，对于酒店专业学生和酒店管理者来说，掌握好酒店人力资源管理的理论知识和实践技能是非常必要的。

在人工智能、大数据、云计算等新技术推动下，酒店业数字化转型也在积极地进行，越来越多的酒店管理者意识到数字化对酒店未来发展的重要性和价值，开始尝试借助数字化转型推动酒店在更广泛的范围内进行全方位变革，力求通过数字化手段为消费者、酒店自身及全社会创造价值。在此背景下，本教材旨在系统地介绍酒店人力资源管理的相关理论和实践知识，帮助学生了解酒店人力资源管理的重要性和原则，树立数据分析的理念，并提供了一些分析工具和方法，以期提升学生、酒店从业人员和管理者的人力资源管理能力、人力资源数据分析能力和决策能力。

本教材为配合任务驱动教学，采用项目制内容编写模式，共包括8个项目。项目一、项目七由侯兴起、高宁编写，项目二由李姬贤编写，项目三、项目五由汪婷编写，项目四由李雨琪编写，项目六由李素馨编写，项目八由马婷婷编写。全书由侯兴起统稿并完成修改。在本教材编写过程中，我们参考了很多专家的研究成果，济南吉华大厦、山东中豪大酒店等酒店也提供了诸多案例，在此一并表示感谢!

本教材既可作为酒店管理与数字化运营专业课程教材，也适用于对酒店人力资源管理感兴趣的行业从业人员和读者。由于编者水平有限，书中难免存在不当之处，欢迎广大同行和读者对本教材提出宝贵意见和建议，与我们共同完善和提升本教材的质量。

编者

2024 年 2 月

目录 CONTENTS

项目一　酒店人力资源管理创新思维 …… 1

任务一　了解酒店人力资源管理的发展历程与趋势 …… 3

任务二　构建酒店人力资源管理系统 …… 13

项目二　员工雇用周期的人力资源服务 …… 21

任务一　熟悉酒店人力资源管理角色 …… 23

任务二　掌握员工雇用旅程周期人力资源服务 …… 28

项目三　工作分析及人力资源规划的量化管理 …… 35

任务一　了解工作分析及人力资源规划的新需求 …… 37

任务二　掌握工作分析的理论和方法 …… 40

任务三　学会人力资源规划的量化管理 …… 57

项目四　招聘与配置 …… 69

任务一　确定招聘需求 …… 71

任务二　了解招聘基础工作 …… 79

任务三　做好员工甄选 …… 89

任务四　学会招聘评估 …… 98

项目五 酒店培训管理 …… 107
任务一 了解岗位胜任力模型 …… 109
任务二 确立酒店培训需求 …… 119
任务三 量化管理培训效果 …… 135

项目六 酒店薪酬管理 …… 143
任务一 了解薪酬的相关概念 …… 145
任务二 厘清职位薪酬与职位评价 …… 150
任务三 制定酒店薪酬预算 …… 152
任务四 设计员工薪酬结构 …… 157
任务五 建立员工福利制度 …… 165

项目七 酒店绩效管理 …… 171
任务一 了解酒店绩效管理现状 …… 173
任务二 掌握绩效管理理论基础及常见管理工具 …… 178
任务三 学会酒店绩效规划与操作 …… 185
任务四 掌握酒店的绩效评价 …… 200

项目八 酒店员工关系管理 …… 207
任务一 理解员工关系管理的职责与挑战 …… 209
任务二 学会酒店员工满意度管理 …… 213
任务三 应对员工申诉与劳动争议处理 …… 217
任务四 掌握非正式雇用员工关系管理 …… 223

参考文献 …… 231

1

项目一 酒店人力资源管理创新思维

项目导读

本项目通过了解酒店人力资源、酒店人力资源管理及人力资源特征等概念，帮助学习者树立正确的管理观念。同时通过对人力资源管理目标及任务、酒店人力资源现状及人力资源管理趋势的介绍，让学习者理解做好人力资源管理所面临的挑战及所具备的能力及素养，为人力资源管理系统落地做好知识、观念的储备。

学习目标

1. 理解人力资源、人力资源管理的内涵。
2. 熟悉酒店人力资源管理的目标及任务。
3. 了解酒店人力资源管理的现状及趋势。
4. 理解人力资源在企业的角色。
5. 熟悉酒店人力资源管理系统落地策略。

思维导图

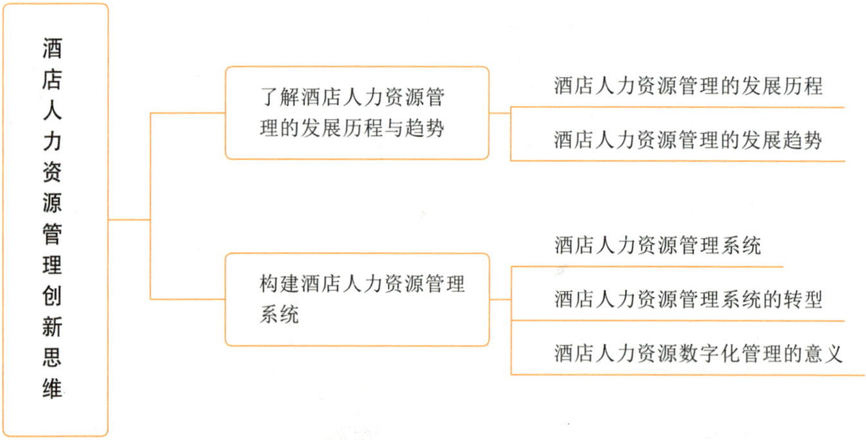

任务一　了解酒店人力资源管理的发展历程与趋势

一、酒店人力资源管理的发展历程

（一）人力资源的内涵

理解和把握酒店人力资源的内涵，对于学习和从事人力资源管理工作至关重要。人力资源概念的发展也是从朦胧到清晰的过程。当前酒店管理中常用的人力资源（Human Resources）一词是由管理大师彼得·德鲁克于1954年在《管理的实践》一书中首先提出并加以明确界定的。他认为人力资源拥有其他资源所没有的素质，即“协调能力、融合能力、判断力和想象力”；它是一种特殊的资源，可以通过有效的激励机制被开发利用，并给企业带来可观的经济价值。

20世纪60年代以后，美国经济学家W.舒尔茨和加里·贝克尔提出了人力资本理论。该理论认为物质产品上的资本，包括厂房、机器、设备、原材料、土地、货币和其他有价证券等，容易被复制；而人力资本则是体现在人身上的资本，表现为蕴含于人身上的各种生产知识、劳动与管理技能及健康素质的存量总和。根据企业发展战略的要求，通过有计划地对人力资源的优化配置，激发员工的积极性和创造性，提高生产率和经济效益，推动企业发展，是人力资本管理的主要任务。该理论的提出使得人力资源的概念更加深入人心。

1. 人力资源的内涵

随着管理实践的不断深化，人们对于人力资源的概念有了更为广泛且深刻的理解。关于人力资源概念的主要阐释包括以下6个方面。

（1）人力资源是指一个国家或地区有劳动能力的人口的总和。

（2）人力资源是指一定社会区域内有劳动能力的适龄劳动人口和超龄劳动人口的总和。

（3）人力资源是包含在人体内的一种生产能力，若该能力尚未发挥，它就是潜在的劳动生产力；若该能力已经充分使用，它就成为现实的劳动生产力。

（4）人力资源是指能够推动整个经济和社会发展的具有智力劳动能力和体力劳动能力的人口的总和。

（5）人力资源是指一切具有为社会创造物质与文化财富，为社会提供劳务与服务的人。

（6）人力资源是指存在于人身上的社会财富的创造力，是人力可用于生产产品或提供服务的体力、技能和知识。

这些概念基本上分为两类，一类是从人的角度去定义人力资源，另一类是从能力的角度去定义人力资源。一般认为，人力资源是指能够推动整个经济和社会发展的劳动者的能力。

2. 衡量人力资源水平的指标

衡量人力资源水平可以从数量、质量与结构 3 个维度切入。

（1）人力资源数量。人力资源数量是指一个国家或地区拥有劳动能力的人口数量。它包括就业人口、劳动年龄内的就业人口、劳动人口、正在谋求职业的人口等。人力资源数量可分为 3 个层次。一是理论人力资源，即一个国家或地区可以利用的全部人力资源；二是现实人力资源，即现实国民经济活动可以利用的就业人口和谋求职业人口的总和，也称“经济活动人口”；三是直接人力资源，即已经被使用的人力资源，它表现为就业人口。

（2）人力资源质量。人力资源质量是一个国家或地区的劳动力素质的综合反映。劳动者素质由劳动者的道德品质、身体素质、智能水平和专业劳动技能水平等方面构成。影响人力资源质量的因素包括：人类体质与智能遗传、营养状况、教育状况、文化观念及经济与社会环境等。对于发展中国家或地区而言，人力资源质量成为衡量一个国家或地区投资环境的重要因素，因此我国必须通过有效的人力资源开发，使人力资源数量优势转化为质量优势。

（3）人力资源结构。合理的人力资源结构是酒店保持品牌优势、竞争优势、成本优势的关键因素，而人力资源管理的核心目标，就是形成一个高素质的人力资源组合，但当前人力资源结构的失衡逐渐成为影响酒店业发展的关键问题。酒店业人力资源结构主要表现在 3 个方面。

一是行业人力资源特征结构，具体包括供求结构、学历结构、年龄结构与职称结构等。

二是从业人员自身素质结构，具体包括态度结构、知识结构、能力结构等。观念的错位会导致服务意识的缺位。如果缺乏正确的经营理念、管理理念与服务理念的引导，人才素质就难以实现有效提升。我国许多酒店经营者偏好“重使用轻开发、重结果轻过程”的育人观与用人观，这不仅无法适应酒店持续发展的要求，而且影响员工自身的健康成长。

三是人力资源地区分布结构，即酒店各类从业人员在我国各地区之间的分配比例关系。由于我国各区域旅游及经济发展水平的不同，在管理理念上也存在差异，就形成了目前区域发展不平衡的现状。东部沿海地区酒店人才要比西部多。从目前的酒店业发展现状来看，因为各区域经济发展水平的不同步，必然会出现人力资源配置的阶段性差距。从长远发展角度考虑，随着我国加大西部、东北等其他区域的开发力度，必将促进当地酒店业的发展，并且把人力资源作为战略支撑要素，所以我国酒店人才将在全国各区域呈现动态性流动趋势。

（二）人力资源的特征

人、财、物、时间、信息等都是企业发展的重要资源。与其他资源相比，人是生产力中最活跃、最积极的因素，人具有自主的能动性，本身也孕育着很大的创造力。因此，人力资源与其他资源相比，具有以下几个基本特征，如表 1-1 所示。

微课 1-1

表 1-1　不同时代的人力资源形态

属性	前工业化时代	工业化时代	后工业化时代
主要特征	以农业为中心	大规模生产和市场	高科技信息化
主要资源	土地	资本	知识
人力资源	体力	体力 + 操作	脑力 + 创新
比较优势	半熟练工人	熟练工人	知识员工
管理方式	经验管理	科学管理	文化管理
权力形态	独裁和专制	优势和支配	参与和分享

1. 生成过程的时代性

一个国家的人力资源，在其形成过程中受到时代条件的制约。同时在社会上发挥作用的几代人，自出生之日起就置身于既定的生产力和生产关系之中，当时的社会发展水平从整体上制约着这批人力资源的素质。

2. 开发对象的能动性

与物质资源、财力资源、信息资源、技术资源等相比，能动性是人力资源最重要的特征。如何理解人力资源的能动性，可以从以下两方面入手。

（1）人具有意识性。人在经济活动中，知道活动的目的性，这样就可以有效地对自身活动作出抉择，调节自身与外部的关系。这表明想干与不想干会极大影响工作效果。酒店管理者要清楚，很多工作干不好，不是能力的问题，而是态度问题。

（2）人具有创造性。这是人力资源能动性的主要方面，是人力资源发挥潜能的决定性因素。经济活动的生命是发展、是进取、是创新，而只有人力资源才能担负起这种发展、进取和创新的任务，其他任何生产要素都不具有这样的能力。

星巴克在近年推出了无接触外卖，并在 2020 年 2 月 14 日推出了“让咖啡代送给你一个吻”的活动，创意十足，深受年轻人的欢迎。没有做不到，只有想不到，在酒店竞争日益激烈的今天，创新要比多一天的营业额更重要，只有拥有更多创新型的人才，才能塑造酒店自身的核心竞争力。

自然资源在开发过程中完全处于被动的地位，而人力资源则不同，在被开发过程中，人有意识、有目的地进行活动，能主动调节与外部的关系，具有能动性。人力资源本身具有自我开发与自我利用的能力，对其能动性调动得如何，直接决定着开发的程度。

3. 个体素质的差异性

人与人之间在态度、能力、个性、素质、绩效、价值观、社会文化背景等方面存在差异。只有充分考虑到员工个体的差异性，才能有针对性地进行开发、使用与管理。

由于个体的差异性，在人力资源管理工作中，要做到正确“识人”、正确“用人”，“将合适的人安排到合适的岗位上”，尤其在管理者的选拔聘用上更要做到这一点。管理学中的彼得原理认为：一名员工在岗位上做得不错，有可能被提拔到一个较高的职位上去。于是，一级一级地往上走，像爬楼梯一样，一直到这名员工不能胜任为止。企业的管理岗位中充斥着不称职的管理者，不仅伤害了员工，更给企业造成损失。

4. 人力价值的难测性

组织难以测度员工个体所拥有的能力，更多是依赖考试、技能鉴定、从业经历等加以判断。但是由于考试制度本身的缺陷、技能鉴定难以科学化等原因，使人力资源价值难以度量，这在一定程度上加大了人力资源招聘、甄选的难度。

5. 组织过程的社会性

人是社会中的人，个人能力的发挥不仅受自身条件的制约，而且受周围环境的影响。在高度社会化大生产的条件下，个体要通过一定的群体来发挥作用，合理的群体组织结构有助于个体的成长及高效地发挥作用，不合理的群体组织结构则会影响个体的工作效率。群体组织结构在很大程度上又取决于社会环境，社会环境构成了人力资源开发的大背景，它通过群体组织直接或间接地影响人力资源的开发。

6. 使用过程的时效性

无论哪类人，都有其才能发挥的最佳期、最佳年龄段。当然，由于个体的差异，员工才能发挥的最佳期不尽相同。一般而言，25 岁到 45 岁是酒店从业人员的黄金年龄。因此，人力资源的开发与使用必须把握最佳时机。

7. 闲置过程的消耗性

人力资源与物质资源的又一个明显区别是，它们处于闲置状态时，不仅不能储存，甚至由于长期不发挥作用，而降低自身的能力和意志，造成人力资源的贬值。

8. 开发过程的持续性

物质资源一般经过开发，形成产品使用之后，就不存在继续开发的问题了。人力资源不同，其使用过程同时也是开发过程，而且这种开发具有持续性。人工作之后，还需要不断学习，继续充实和提高自己。

（三）人力资源管理概念的提出

彼得·德鲁克于 1954 年提出“人力资源”这一概念之后，人力资源管理的概念也随之产生。而将人力资源管理作为企业的一种职能性管理活动，源自工业关系和社会学家怀特·巴克于 1958 年出版的《人力资源功能》一书。该书首次将人力资源管理作为管理的普通职能来加以讨论，说明了为什么人力资源管理职能超出了人事经理的工作范畴。其后，国内外众多学者从人力资源管理的目的、过程、主体等方面阐释此概念。我们认为，人力资源管理是指企业为实现组织的战略目标，对人力资源的获取、开发、保持、利用、评价与激励等方面所进行的计划、组织、指挥、监督、激励、协调、控制等活动。

人力资源管理需根据企业发展战略要求，吸引、保留、激励与开发企业所需人力资源，促成企业目标实现，从而使企业在市场竞争中得以生存和发展。具体表现为求才、用才、育才、激才、护才、留才。与人力资源管理基本任务相对应，人力资源管理具有获取、整合、奖酬、调控、开发和维护六大职能。

（四）人力资源管理的目标与任务

1. 人力资源管理的目标

酒店人力资源管理的目标是通过合理组织和运用人力资源以提高员工的劳动生产率与达成组织的战略目标。具体目标包括以下内容。

（1）形成高效的人力资源组合。酒店要正常运转并取得良好的经济效益和社会效益，不仅需要有先进的管理方法，更需要拥有一支高效优化的人才队伍。因此，要通过科学的设置，使人力资源实现优化组合，做到职责分明、人尽其才、才尽其用，形成一个精干、有序、高效的有机劳动组织。

（2）提高员工的工作生活质量。工作生活质量（Quality of Working Life）是指组织中所有员工通过与组织目标相适应的公开的交流渠道，有权影响组织决策与改善自己的工作，进而使员工更多的参与感、更高的工作满意度和更少的精神压力的过程。有效的人力资源管理机制必须能够充分激发员工的工作热情，提高员工工作成效，提升员工满意度。因此，酒店管理者必须认真探究如何提升员工工作效率与工作生活质量。

长期以来，许多酒店管理者不够重视员工工作生活质量，实际上，只有员工工作生活质量的改善与提高，工作效率的提升才有客观的基础。工作生活质量改善的关键是员工在工作中能否获得快乐的体验。酒店人力资源管理的关键是如何使员工在快乐工作的过程中提升工作效率。

（3）创造自动自发的工作环境。人力资源管理的重心并不在于“管人”，而在于“安人”，谋求人与职、人与事的最佳组合，安心、安稳、安乐为员工动力之源。“天时不如地利，地利不如人和”，正说明人心向背的巨大威力。酒店人力资源管理，就是要通过各种有效的激励措施，创造一个良好的工作氛围，从而使员工安于工作、乐于工作，最大限度地发挥员工的聪明才智和创造能力。

2. 人力资源管理的任务

人力资源管理的基本任务是建立对于实现人力资源管理目标具有关键作用的管理体制与机制。为了有效提高员工的劳动生产率与工作生活质量，以及营造员工乐于工作的氛围，酒店需要努力完成以下基本任务。也就是我们常说的六大模块：人力资源规划、招聘配置、培训开发、绩效管理、薪酬关系管理及劳动关系管理。我们还把这些任务细分为日常和年度工作重点。

为了更好地理解酒店人力资源管理的任务，结合酒店实际可以总结为一个平台、一个体系和一个机制：构建人尽其才的管理平台、构造潜能开发的培养体系、构筑动力激发的激励机制。

（1）构建人尽其才的管理平台。管理平台，就是员工实现职业目标的空间、条件、路径与相应管理机制，表明组织将给员工职业目标实现提供怎样的舞台。

①形成尊重知识、尊重人才的舆论氛围。随着以信息技术为核心的科学技术迅猛发展，以高新技术及其产业为基础的知识经济迅速兴起，世界经济发展的动力已经从主要依靠物力资本转向主要依靠人力资本，创造成为重要的劳动形式，人才成为最宝贵、最重要的资源，脑力劳动在劳动形态中的地位和作用越来越突出。酒店现代化管理迫切要求营造尊重知识和人才的舆论

氛围。

②构建公开、公平、公正的竞争机制。员工选聘是为一定的工作岗位寻找合适人才而进行的一系列活动，其目标是把优秀、合适的人才招募进来。只有通过公开招聘、公平竞争、公正录取才能使人才脱颖而出，才能真正吸引到优秀人才，才能为酒店的发展谋求到未来的人力资源。

③形成能位相称、各尽所能的用人机制。每一个工作岗位、职位都有特定的能力要求。能位相称是指工作岗位应该与人的能力相匹配。酒店的各种岗位都需要配备具有相应能力的员工。处于不同层次的酒店管理者，所应具备的技术能力、人际能力和管理能力也不同。因此，在选拔与培训管理者时，必须具有针对性。

只有充分发挥人的能力，才能提高组织的工作成效，所以酒店管理者应该注重提高各类人员素质，包括思想素质、身体素质、文化素质、业务素质等，使各类人员不断更新知识与技术，提高思想道德和文化水平，充分发挥每个人的智慧和才能，充分开发与利用人力资源，真正做到各尽所能。

④实施客观科学、目标导向的绩效管理制度。酒店需要建立一套科学有效的人才考评机制，应用各种科学的定性与定量的考评方法，全面、客观地评估员工的态度、行为、工作目标的完成程度，以帮助员工全面地认识自己和充分调动员工的工作积极性。

（2）构造潜能开发的培养体系。酒店培养体系是一个系统工程，涉及组织体系、计划体系、制度体系、方法体系和评估体系。要行之有效、落到实处，关键在于建立一套有助于员工不断成长的机制。

①提升员工自我开发的能力。强调员工自我开发，其目的是提高员工自我管理的能力。这要求管理者给予个体充分的尊重与认同，努力激发个体的渴求与理想。为此，要从文化、教育、修养 3 个方面着手。一是重视文化要素。通过酒店文化建设，引导员工增强行为的自觉性，促使员工与酒店形成一个利益共享、风险共担的命运共同体。二是重视教育作用。酒店在市场竞争中取得优势地位依托管理能力与服务质量，管理能力与服务质量依托人才，人才培养依托培训和教育。酒店要通过系统化的员工教育体系来开发员工的潜能，提升员工的素质。三是重视修养修炼。酒店要利用自我修养提升的方式，提升员工的综合素质，增强员工开发自身潜能的能力。通过员工自我开发机制的构建，使员工处于自我激励、自我运转的主动状态。具体做法如下。

②构建因材施教的培训体系。酒店的员工在能力上存在较大的差异，而且不同岗位的员工，其能力要求也不同。能力差异往往是由员工不同的知识

结构、文化程度、性格特征、品质修养及直接环境所导致的。这要求主管人员因材施教、因人而异。培训要满足不同人员素质的要求，就要正视员工群体差异性的现实，区分员工的不同特点，如能力差异和心理差异，根据不同的表达能力、操作能力、记忆力、心理素质等采用灵活多样的培训方法（图1-1）。

图 1-1　酒店员工培训

③构建实用的职业管理体系。酒店必须为员工创造职业发展的条件，在职业生涯指导、职业发展通路、职业培训体制等方面，建立员工职业生涯管理的体系。根据酒店的业务特点和人员成长的内在发展规律，提炼同类业务人员的技能特征和成功行为特征，形成该类业务人员的资格标准和行为标准，并以此标准来规范与培训业务人员，提高其技能，改进其业务行为，以提升员工个人的工作业绩，最终实现个人和组织的目标。

④构建人才成长的制度环境。卓越的酒店服务品质必须基于优秀的酒店员工。例如，世界顶级奢华酒店集团朱美拉酒店集团为了能够给目标顾客提供优质的服务，致力于打造一流员工队伍。其做法包括构建系统的员工培训体系、设立“劳逸结合”的工作制度、打造优良的成长环境。首先，集团为员工的学习与培训提供全方位、全过程的支持，在员工的上岗、转岗、提升时，都有硬性的培训规定；其次，集团设立了灵活的工作制度，提供具有市场竞争力的薪资与福利，兼顾员工的工作与休闲，给员工一定的工作时间选择权；最后，集团若有岗位空缺，就及时公布，鼓励员工参加竞聘，使员工发现自己的成长空间。

（3）构筑动力激发的激励机制。激励是指充分调动人的积极性，使每个人都感到才有所用、能有所展、劳有所得、功有所赏，从而自觉地努力工作。

人的心理活动不可能凭直观感知，只能通过其行为表现出来。由激励产生的动机与行为不是固定不变的，受多种主客观因素的影响，在不同的时间、不同的场合，其表现必然不同。因此，必须以动态的而不是静止的观点去认识和观察这一问题。激励的对象是有差异的，从而决定了不同的人对激励的满足程度和心理承受力也各不相同。这就要求对不同的人采用不同的激励手段。激励的目的是使人的潜力得到最大限度的发挥。但人的潜力不是无限的，它不仅受生理因素的制约，也受人的自身条件的限制。所以，激励不能超过人的生理（年龄、疲劳程度）和能力的限度，而应该是适度的。要充分发挥激励的作用，必须建立科学有效的激励机制（图 1-2）。

图 1-2　人员激励

二、酒店人力资源管理的发展趋势

（一）酒店行业员工流动率高成为常态

文化和旅游部全国星级酒店统计公报显示，2013—2019 年酒店从业人员年平均人数呈现下降态势（图 1-3），除星级酒店数量减少及酒店智能设备替代部分用工因素外，酒店业“用工荒”导致的缺编和酒店员工流失是不争的事实。《2019 年中国旅游业白皮书——酒店篇》公布的数据显示，93.87% 的人才会在 5 年内跳槽，仅有 6.13% 的员工会在一家酒店工作 5 年以上。岗位层级越高，人才跳槽频率相对越低，稳定性越高。高层岗位的人才在 1 年及以下跳槽的占比为 31.14%，而一线员工在 1 年及以下跳槽的占比为 49.86%。各层级岗位都有 75% 的人才在 3 年之内跳槽。酒店行业员工高流动荒在较长时间内将成为一种常态。酒店员工队伍不稳定是由多种因素造成的，如何稳定员工队伍，提升员工满意度是酒店运营管理的重要任务。

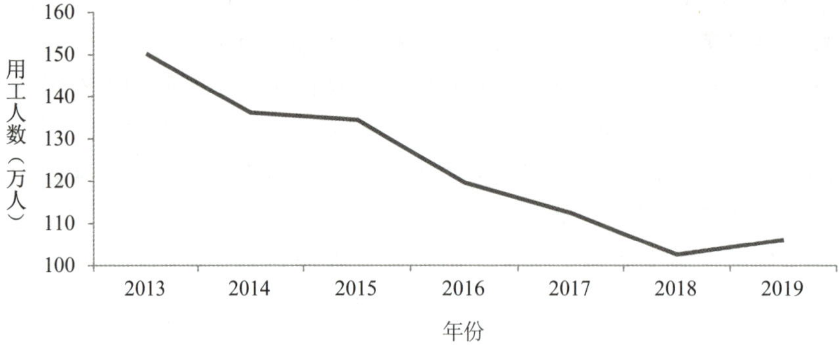

图 1-3　2013—2019 年全国星级酒店用工人数变化情况

（二）招聘难度进一步升级，及时补充酒店员工将是一项挑战

由中瑞酒店管理学院酒店业研究中心发布的《中国酒店人力资源调查报告（2021）》显示，酒店的招聘难度进一步升级。69% 的酒店认为 2020 年的招聘难度相比 2019 年有所增加，且同比增长了 24%。招聘的挑战主要体现在“酒店人员流动大导致需求过大”（79%）和“酒店收到的简历数量下降”（49%），也就是说一方面酒店对人员的需求大，另一方面愿意从事酒店行业的人数在减少，供不应求是最大的挑战。而导致供不应求的原因则依然主要是“酒店薪资待遇吸引力不足”，有 90% 的酒店认为这是招聘难的原因，“服务行业就业观念的束缚”则位居招聘难原因的第二（49%）。

（三）员工素质参差不齐，员工培训不足

由于星级酒店基层员工难以招聘，部分酒店在招聘服务人员时采用微信群、QQ 群、大学生社团、中介机构等，招聘的服务人员多为周边外来临时务工人员、兼职人员、在校学生等，技能和服务水平参差不齐，人员结构不合理。特别是有些运营部门，出现大量的临时人员，如酒店的宴会厅除了个别服务人员是酒店全职员工外，其他都是通过各种渠道临时招聘的人员，有些在开餐前临时培训不到半小时就匆匆上岗开展对客服务；公共区域夜班工作及房间清洁服务更是外包给清洁公司或劳务公司，这类公司所聘用的从业人员队伍素质和技能更是难以达标，一定程度上影响了酒店的发展。人员频繁流动、调配，人员在岗期限较短等因素造成培训难度加大，正常计划的培训工作经常因为酒店运营需要而被无期限调整。

（四）酒店员工激励方式单一，效果不佳

酒店从业人员从事的服务工作重复性的工作较多，容易产生厌烦心理，

最终会影响员工的工作积极性，降低工作效率。当然，酒店业也为员工设置了相应的激励措施，如优秀员工奖励、生日聚餐、奖金等。但是，很多酒店对员工更注重物质激励，忽视精神激励；强调工作纪律和惩罚措施，忽视正向激励。这种员工激励方面的缺陷是客观存在的，没有起到提升员工工作积极性、提高工作效率的作用。

任务二　构建酒店人力资源管理系统

一、酒店人力资源管理系统

随着酒店业竞争加剧及智能时代的到来，人力资源日益成为酒店第一资源和保持企业竞争优势的基础，这一观点得到了管理学者和企业家的普遍认同。酒店业是劳动密集型产业，其产品和服务需要顾客端发起需求信号，酒店员工采用小批量、按照顾客需求定制的方式进行生产。大量的服务工作需要酒店员工与顾客面对面地完成。在实际运营管理中，酒店为提升服务水准，指导员工的服务，借鉴学习制造业的经验，出台了细致严密的标准服务操作程序（Standard Operating Procedure）。但是服务业与制造业具有明显的差异，标准操作流程不能满足差异化的顾客需求。要想做出优质的服务，必须在遵守标准操作程序的基础上，主动识别顾客即时需求，灵活高效地主动满足。

顾客对服务的要求具有较大差异，酒店应根据顾客的需求来提供相应的服务。服务的过程即员工和顾客交流、沟通进而满足顾客需求而达成解决方案的过程。酒店员工的素质直接影响顾客对酒店的感知，顾客根据员工的素质判断酒店的优劣及自己的满意程度。酒店员工的个人素质决定了服务的质量。一般来说，酒店员工的素质具体表现为思想水平、知识水平、业务能力、应变能力、服务态度、服务技巧等。员工素质是影响酒店服务质量的重要因素之一，酒店员工已成为酒店竞争优势的一个重要来源。酒店人力资源管理是一个有别于制造业，甚至与其他服务行业有诸多不同的系统。

（一）人力资源管理系统的内涵

系统论的基本思想方法，就是把所研究和处理的对象当作一个系统，分析系统的结构和功能，研究系统、要素、环境三者的相互关系和变动的规律性，并优化系统观点看问题，世界上任何事物都可以看成一个系统，系统是普遍存在的。

（二）酒店人力资源管理系统的特征

1. 复杂性

首先，人力资源管理是作为一个系统发挥作用的，形成系统作用的因素非常多。当一家酒店做得很好的时候，究竟是它的人力资源的哪一点做对了，是哪些地方做得好，对此可能无法获得精准的认知。这种系统复杂性和因果模糊性，使得管理者无法对标杆进行简单的学习和复制。

其次，人力资源管理的系统复杂性还表现为这一系统的嵌入性。人力资源管理是服务于业务的，它深度地嵌入酒店的业务模式等各种协作、联动关系里，它不是一个独立存在、单独发挥作用的系统。因此，我们也很难去直接学习、复制它，因为它不是一个静态存在的、可以直接移植的东西。

2. 整体性

人力资源管理包含组织架构设置、人力资源规划、岗位分析、招聘配置、培训开发、薪酬管理、绩效管理、员工关系管理等模块。各模块之间相对独立，却又相互影响。做好一个模块的工作，会对其他模块的工作产生促进作用。比如，做好岗位分析有利于提高招聘工作的针对性和准确性，招聘更多符合酒店需要的员工；招聘工作做好了，就会减轻培训开发的压力，甚至会对员工关系管理产生正面影响。

另外，人力资源的整体性还表现在职能上。比如有些酒店的招聘工作一直达不到要求，看似是招聘工作本身的策划、渠道选取及广告宣传等方面的问题。但更多的管理实践表明，招聘配置工作除了和其工作本身有关外，更多的是受酒店薪酬体系、绩效管理体系，甚至自身的品牌知名度的影响。因此，当人力资源某个模块的工作出现问题时，除了检查该模块本身是否有问题外，还要从人力资源管理的整体去反思。

3. 时代性

不同时期的人力资源管理面临不同的问题和矛盾。20 世纪 90 年代，酒店业在国民心目中属于地位较高的行业，不仅待遇好，而且福利好，工作环境舒适，吸引大批青年才俊进入酒店行业。当时，酒店招聘员工好比“选美”，但好景不长，2000 年后，酒店业发展遇到瓶颈，开始“减员增效”，员工人数减少了，劳动强度大了，但工资待遇并没有变化；同时，随着国民经济快速发展，其他行业的待遇和发展前景明显好于酒店业，酒店不再是青年才俊就业的选项，甚至大量的酒店从业人员也被其他行业挖走。一些酒店为了招聘到员工，采用“拉壮丁”式的招聘方式，有的酒店老总感慨“实习生找不到，新员工招不来，老员工留不住”，天天招，天天“用人荒”。

虽然我国改革开放仅仅 40 余年，但 90 后一代与以往的几代人具有明显的不同，他们已经不需要为“生存而工作”。反观酒店行业的“用工荒”，本质上是酒店行业自身“收入低、人们观念中的社会地位低和工作辛苦”等原因导致自身吸引力不足造成的。另外，也有酒店自身管理不善，“心情”和“薪情”影响了员工归属感差。如何吸引员工，留住员工，培养员工，让员工更有激情、更爱岗敬业、更专业，成了摆在酒店管理者面前一道绕不过去的坎儿。人力资源管理者要深刻理解酒店人力资源管理的时代特征，采取适应时代需求的改革措施。

二、酒店人力资源管理系统的转型

虽然人力资源在企业管理中的角色不断调整，适应企业发展的需求，努力创造更多的价值，但人力资源在企业管理中的作用受到很多专家的“攻击”。1996 年，托马斯·斯图沃特在《财富》专栏呼吁“炸掉你的人力资源部”，引发一场大辩论；2014 年，管理学大师拉姆·查兰（Ram Charan）在《哈佛商业评论》撰文，谨慎而又坚定地建议，“是时候分拆人力资源部了”。拉姆·查兰认为，“绝大多数的人力资源高管不能将 HR 工作与实际业务需求结合起来。他们并不了解关键决策的制定过程，对于为何人员和组织管理不能有力驱动业务目标的实现，他们也无法给出合理的分析”。拉姆·查兰对人力资源部的指责也确有几分道理，它代表了部分企业 CEO 的意见，也代表了时代发展对人力资源管理提出的更高的要求。

虽然这些批评的声音失之偏颇，但也反映了现实人力资源管理中的局面：一是人力资源管理工作常常与企业战略脱节，无法提供量化的分析依据；二是与业务体系脱节，容易陷入专业深井，沉迷于工具和方法论，无法匹配业务部门的需求；三是人力资源管理者过于关注招聘、薪资发放、绩效等职能性的工作，大部分时间限于事务性的工作。

美国密歇根大学罗斯商学院教授、人力资源管理大师戴维·尤里奇在面对专家、学者对人力资源管理的批判时，用理论、实践为人力资源管理的价值辩护，在他的《不要分拆人力资源部》一书中，针锋相对地反驳拉姆·查兰的观点。尤里奇的这篇文章既是在批评拉姆·查兰的观点“失之偏颇”，又是对人力资源管理理论与实践的深刻反思。如何将人力资源工作与企业的战略和业务联系起来，从而建立企业的可持续竞争优势，确实值得所有人力资源管理者深思。在酒店业快速发展的今天，酒店人力资源管理与公司战略管理必须高度契合，人力资源管理是否有价值，要看它能否支撑战略实现，支撑战略动态适应环境，持续创造价值以驾驭不确定性。

（一）管理内容的转型

在管理内容上，以往的人力资源管理以事为中心，主要工作就是管理档案、人员调配、职务职称变动、工资调整等具体的事务性工作。而现代人力资源管理则以人为中心，将人作为一种重要资源加以开发、利用和管理，重点是开发人的潜能、激发人的活力，使员工能积极主动创造性地开展工作。

（二）管理形式的转型

在管理形式上，以往的人力资源管理属于静态管理，也就是说，当一名员工进入一个单位，经过人事部门必要的培训后，安排到一个岗位，完全由员工被动性地工作，自然发展；而现代人力资源管理属于动态管理，强调整体开发。也就是说，对员工不仅安排工作，还要根据组织目标和个人状况，为其做好职业生涯设计，不断培训，不断进行横向及纵向的岗位或职位调整，充分发挥个人才能，量才使用，人尽其才。

（三）管理方式的转型

在管理方式上，以往的人力资源管理主要采取制度控制和物质刺激手段；现代人力资源管理采取人性化管理，考虑人的情感、自尊与价值，以人为本，多激励、少处罚，多表扬、少批评，多授权、少命令，发挥每个人的特长，体现每个人的价值。

（四）管理策略的转型

在管理策略上，以往的人力资源管理侧重于近期或当前人事工作，就事论事，只顾眼前，缺乏长远目标，属于战术性管理；现代人力资源管理不仅注重近期或当前具体事宜的解决，更注重人力资源的整体开发、预测与规划。根据组织的长远目标，制定人力资源的开发战略措施，属于战术与战略性相结合的管理。

（五）管理技术的转型

在管理技术上，以往的人力资源管理照章办事，机械呆板；而现代人力资源管理追求科学性和艺术性，不断采用新的技术和方法，完善考核系统、测评系统等科学手段。

三、酒店人力资源数字化管理的意义

在人工智能、大数据、云计算等新技术推动下，中国商业形态正在由“消费红利”经济向“数字化”经济进化。与其他行业一样，酒店业数字化转型也在积极进行，后疫情时代，越来越多的酒店管理者意识到数字化对酒店未来发展的重要性和价值，开始尝试借助数字化转型推动酒店在更广泛的范围内进行数字化的全方位变革，力求通过数字化为消费者、酒店自身及全社会创造价值（图 1-4）。

图 1-4　酒店服务数字化转型概念

（一）提升酒店人力资源管理效率的必由之路

近年来，数字化与智能化技术创新不断推进，应用在产业发展的方方面面。远程办公、线上协同的模式加速了数字化在酒店管理中的渗透。酒店资源管理的“选、用、育、留”等各环节，以大数据为核心要素的数字力量成为企业人力资源管理的底层支撑，且各种新形态产品层出不穷。

2021 年，智联招聘调研数据显示，受访者所在企业的人力资源管理实践中，“远程视频面试、可视化招聘”达到 45%，39.3% 的企业选择“使用大数据、AI 技术筛选简历”，还有 12.3% 的企业表示有使用机器人面试。数字化技术大大提升招聘的匹配效率，通过人力资源平台寻找及筛选人才已是企业招聘的主流方式。45% 的企业采用可视化面试，大大释放 HR 效能。2021 年春季调研数据显示，47.6% 的职场人都进行过视频面试，35.1% 的白领表示查看过企业视频介绍，还有 14.3% 尝试过直播面试这一最新求职形态。

（二）提高酒店人力资源决策能力的基础

大数据时代，谁都无法掌握全面的信息，一个小的决策都会需要大量的信息关联分析，靠人的经验决策随机性太高，风险也高。科学的决策需要酒店整合人力资源内外部数据，构建人力资源主题的大数据仓库，建立全面的、开放的、快速探索数据价值的数据分析体系，洞察数据，驱动创新（图 1-5）。

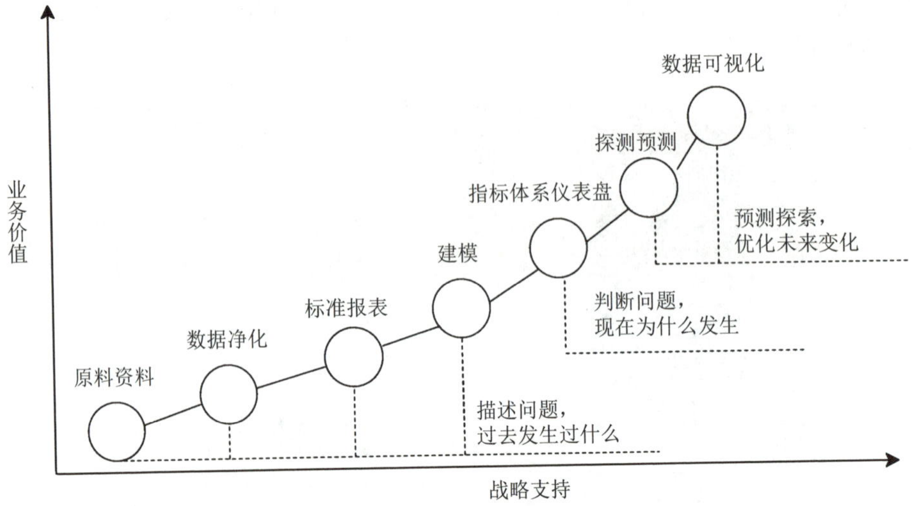

图 1-5 酒店人力资源分析的发展

（三）支撑酒店业务发展的驱动力

在信息化快速发展的今天，毫无疑问，数据驱动的人力资源管理是酒店管理战略发展的必然趋势，利用智能管理平台，让数据可以顺畅流动，使数据可以创造价值，辅助决策，将酒店人力资源部门从庞杂无序的信息数据中解放出来，专注人力资源战略规划及业务创新。

同时实现酒店人力资源管理与业务数据无缝连接，可以从业务部门及其他管理部门采集、汇总到分析的动态数据闭环，减少“时滞”，避免人力资源管理者成为事后诸葛亮。人力资源数字化管理是要通过实时数据可视化呈现，让酒店高层管理者及业务部门管理者可在系统中实时查看人力资源总量、结构、运行效率分析报表等，快速、智能为管理决策提供数据支撑，可以帮助酒店真正释放数据效能。

思政园地

思考与练习

一、选择题（请将正确的选项填在题目后面的括号内）

1. 目前我们所理解的人力资源的含义是由管理大师（　　）于 1954 年在《管理的实践》一书中首先提出并加以明确界定的。

A. W. 舒尔茨和加里 · 贝克尔　　B. 萨伊

C. 彼得 · 德鲁克　　D. 马歇尔

2. 人力资源管理的目标是（　　）。

A. 形成高效的人力资源组合　　　B. 提高员工工作生活质量

C. 创造自动自发的工作环境　　　D. 构筑动力激发的激励机制

3. 酒店人力资源管理系统具备哪些特征？（　　）

A. 复杂性　　B. 时代性　　C. 整体性　　D. 具体性

4. 与物质资源、财力资源、信息资源、技术资源等相比，（　　）是人力资源最重要的特征。

A. 功利性　　B. 能动性　　C. 复杂性　　D. 长久性

二、填空题（将正确的答案填在横线上）

1. 彼得·德鲁克认为，人力资源拥有其他资源所没有的素质，即“________、________、________”；它是一种特殊的资源，可以通过有效的激励机制被开发利用，并给企业带来可观的经济价值。

2. 衡量一个地区或一家企业的人力资源水平，可以从________、________、________3 个维度切入。

3. 提高酒店人力资源科学的决策能力，需要酒店整合________，构建________，建立全面的、开放的、快速探索数据价值的数据分析体系，洞察数据，驱动创新。

三、简答题

1. 人力资源管理的任务是什么？

2. 如何从系统论的角度去理解酒店人力资源管理？

四、案例分析题

近年来，酒店消费端和运营端主动拥抱服务机器人。“服务机器人作为酒店获客的阶段早已过去，目前已进入实实在在确实能给酒店赋能的阶段。”后疫情时代，测温、送货、消杀三种服务机器人顺势成为酒店服务的“主力军”。测温机器人是举国家之力所开发，大大降低行业研发成本，在世界处于领先水平；消杀机器人则解决了后疫情时代酒店找不到此类工种员工之痛点；而送货机器人既满足了市场出于安全考虑对无接触服务的需要，又解决了招不到员工的问题，同时大大降低运营成本。

对于机器人在酒店经营中的作用有不同的观点。有人认为“噱头”居多，实用性较低，难成大气候。近几年，机器人产品的功能性缺陷，在一定程度上加速了机器人无用论的传播。据相关媒体消息，日本机器人酒店 Henn-na Hotel 近期“解雇”了几乎一半机器人员工。有客人反映，睡梦中被语音机器人“瞎搭茬儿”的声音吵醒；在 Wi-Fi 信号不好的区域，跟着机器人员工“被走丢”；感应器失灵时，一些机器人会撞到东西，咨询服务类机器人还会答非所问等，这些现象让机器人无用论颇具说服力。

请结合人力资源管理相关知识，谈一谈酒店使用机器人对酒店人力资源管理的影响。

参考答案

2

项目二
员工雇用周期的人力资源服务

项目导读

本项目以员工雇用周期的人力资源服务为主题，以酒店人力资源管理在酒店中扮演的战略伙伴、专家顾问、员工服务、员工激励者、变革推动者角色为主线，通过阐释员工全生命周期的人力资源服务，使学习者对员工雇用旅程中应聘、入职、在职、离职不同阶段人力资源服务具有清晰认知，全面理解全场景酒店人力资本管理服务。

学习目标

1. 了解酒店人力资源管理角色的基本内涵。
2. 熟悉酒店人力资源管理扮演的角色。
3. 掌握员工雇用旅程周期人力资源服务的基本内容。

思维导图

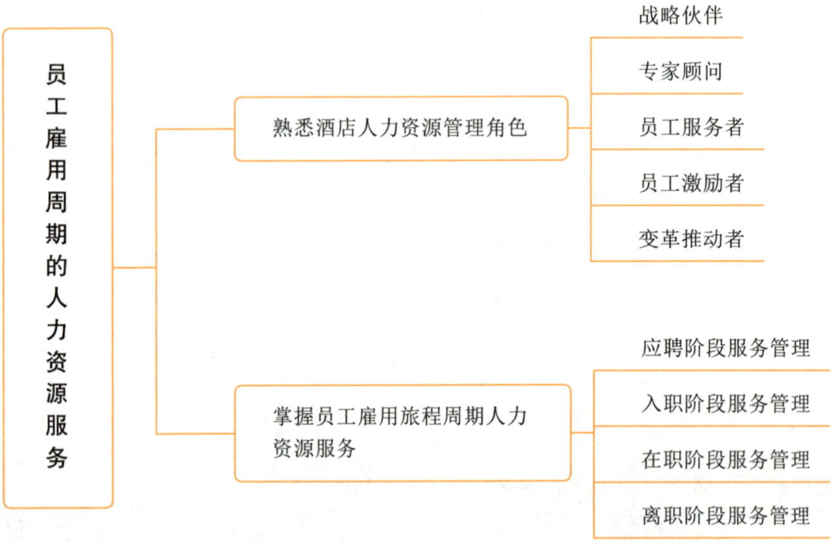

任务一　熟悉酒店人力资源管理角色

人力资源管理角色，是指人力资源管理部门在企业运行中所承担的关键职能。人力资源管理角色模型以戴维·尤里奇、雷蒙德·A. 诺伊等人力资源管理学专家提出的“四角色论”为理论研究基础。在戴维·尤里奇的“四角色论”中，提出了人力资源管理者所扮演四个方面角色的简明分析框架，即战略伙伴、行政专家、员工支持者及变革推动者。雷蒙德·A. 诺伊指出人力资源管理在现代企业中主要扮战略伙伴、行政专家、员工激励者和变革推动者四种角色。

酒店人力资源管理的角色，在社会经济发展、人本思想、酒店战略变革、人力资源管理领域发展变化等多重因素的影响下，根据酒店人力资源管理关注点与主要管理活动内容不同维度划分，主要扮演战略伙伴、专家顾问、员工服务者、员工激励者、变革推动者角色。从酒店人力资源工作关注点角度出发，酒店人力资源管理既要基于酒店愿景、使命、目标，关注战略层面相关问题，又要从酒店战略，包括规划、招聘、培训、薪酬、绩效、员工关系六大模块，以及“三支柱”理念出发，关注酒店日常行政操作层面问题。从酒店人力资源管理活动的内容角度来看，酒店人力资源管理既是从招聘、培训、绩效等方面进行的人员管理，也是系统搭建政策体系、构建知识管理平台、组织人力资源管理活动的全场域、全方位、全过程管理。

一、战略伙伴

人力资源管理从人力资本理念树立，到战略人力资源管理，再到人力资源战略伙伴角色，其转变的基本着眼点在于酒店由关注人力资源管理所带来的高绩效员工，转而向人力资源管理职能活动与酒店业务系统各层面的连接，以此提升组织效能，助力酒店战略实施。从战略伙伴角色出发，人力资源管理在酒店战略制定、战略实施、战略变革等各层面都发挥着重要作用。

人力资源管理是酒店战略制定的重要参与伙伴。酒店作为旅游服务企业，基于内部、外部资源，制定适合目标市场发展战略。在酒店战略制定过程中，人力资源战略管理规划、人力资源管理政策、员工胜任素质等成为所需要考虑的重要关键因素。因此，人力资源管理成为酒店战略制定的重要参与者，通过梳理酒店人力资源竞争优势，制定符合自身发展的企业战略。

人力资源管理是酒店组织战略实施的重要合作伙伴。在酒店战略决策实施中，人力资源管理实践围绕酒店总体战略目标，制定人力资源战略规划，出台人力资源管理政策，进行人力资源管理活动，培养酒店员工具有实现总体战略规划的岗位胜任能力，引导员工采取对酒店战略规划实现起到支持作用的态度和行为，将企业战略实现的关键转变成岗位关键绩效行为，构建酒店高绩效工作系统，实现酒店企业总体战略规划。

人力资源管理是酒店战略核心竞争力的重要因素。员工是酒店拥有的重要资源，酒店员工所具备的企业忠诚、岗位胜任能力、有效行为等是酒店核心竞争力所在。酒店为凝聚竞争优势，达成既定目标，需要战略性人力资源管理来实现。战略性人力资源管理就是通过制定和实施有助于酒店获得为实现其战略目标所需的员工胜任素质和行为的一系列人力资源政策和措施。通过精准有效的人力资源规划、招聘、甄选、培训、绩效、薪酬等政策，借助战略地图、人力资源管理系统、计分卡等工具，打造具有行业竞争力的酒店各层级人才团队，成为酒店战略的核心竞争力。

二、专家顾问

酒店对于员工管理并非由人力资源管理部门单独完成，而是由员工所在职能部门与人力资源管理部门携手并进、通力合作共同完成。通常情况下，在员工管理角色分配上，人力资源管理负责承担员工招聘与配置、培训与开发、薪酬管理、员工关系等人力资源管理相关职能；员工所在职能部门则需要在人力资源管理的各环节提供相应信息，执行人力资源管理政策规定，参与人力资源管理活动实践，引导督促各层级、各岗位员工完成工作任务，助力酒店战略目标实现。人力资源的专家顾问角色就是为酒店各职能部门做好人力资源管理政策与实践活动解读，提供日常工作中遇到的人员管理与人力资本开发方面解决问题的基本思路与具体策略。简言之，人力资源专家顾问就是为业务单元提供人力资源方面的专业咨询。

随着科技进步，技术不断发展，酒店人力资源管理不断向专业化、标准化、流程化、效能化方向发展。传统人事管理中繁杂的行政工作已逐渐被线上人力资源管理系统或外包形式所取代，人力资源管理将焦点由专业导向转变为业务导向，侧重于向业务部门提供人力资源管理领域技术支持，通过专业领域知识设计业务导向、创新人力资源管理政策与实践活动、工作流程和方案，持续改进相关工作并不断提升其有效性。

人力资源专家角色对人力资源管理部门及其部门成员的专业能力提出了

更高的要求。这一角色的主要功能是对酒店各种人力资源管理制度、流程、实践活动进行管理，制定有效流程、方案，管理好酒店内部人员配置、培训、绩效、评估、薪酬等工作，在酒店业务部门实际工作中，各层级员工普遍关注个人培训发展、绩效薪酬、职业生涯规划等方面问题；而在部门运行中则普遍关注员工胜任素质、团队协作、工作绩效等方面问题。酒店人力资源的专家角色发挥，是通过结合实际调查研究，与业务部门积极沟通，以其专业知识和技能帮助业务部门和员工提高工作绩效，获得发展成长空间。

人力资源专家角色所承担的具体职能包括人力资源规划、培训需求调查及培训方案设计、绩效评估、薪酬体系设计等，同时，帮助酒店业务部门解决在工作开展阶段所遇到的人力资源管理方面的问题，从专业角度指导开展相应工作。

三、员工服务者

员工服务者角色的基础是人力资源管理将员工由管理对象理念向客户理念转变，将酒店员工视为人力资源管理部门客户。基于理念转变，人力资源管理以工作目标、工作绩效、工作考核等强调效能的方式方法对员工进行日常管理，转变为通过构建企业文化，倡导人本主义价值观，挖掘员工工作成长需求，维护员工相关利益，进行职业生涯设计规划，提供其所需的支持与服务（图 2-1）。

图 2-1　酒店员工服务者角色

人力资源员工管理理念转变、管理模式革新，究其根本原因在于，一方面，随着社会经济水平不断发展，生产水平加速提升，酒店单一的产品服务已不能满足需求日益多样、个性追求趋势明显的消费市场。酒店商业模式、管理方式发生巨大变革。在酒店内部管理上，以效率为主导的管理方式向以效能为主导的管理方式转变，由单纯追求工作速度、结果、利润向追求高质量工作产出、个性化产品服务、创新满足顾客体验，打造酒店品牌内涵形象转变。因此，人力资源管理以出台政策、条例、制度为主要手段的管理、督促，不能很好地激发员工工作自驱力，提升工作热情，创新服务方式。另一方面，建立将员工作为企业伙伴，人力资源管理客户理念，有利于优化酒店、员工共同成长的工作氛围，扩大员工发展空间，帮助员工具备良好的岗位胜任素质，提升酒店人力资本内在竞争力，实现酒店可持续发展。

酒店人力资源管理服务者角色主要在招聘、培训、职业生涯管理、公平对待、安全健康等方面为员工提供服务。在招聘过程中，人力资源管理向候选者提供酒店信息、岗位信息、招聘信息、录用信息等，就应聘者在招聘过程中遇到的问题提供咨询服务。在培训中，将酒店企业文化、服务理念、品牌内涵、秉持价值观传递给培训员工，根据员工岗位胜任素质要求，制定针对性培训计划，评估培训效果，帮助员工通过学习获取知识技能，更好地完成本职岗位工作。在职业生涯管理中，通过提供评估工具、专业咨询帮助员工更好地了解及开发职业技能和兴趣，引导员工进行职业探索、职位确立、取得职业成功及获得职业满足的连续性活动。在工作中的道德和公平对待问题上，人力资源管理注重分配公正和程序公正问题，营造良好的组织文化，开展道德培训，采用公平对待的管理方法，为员工提供道德公平的工作发展环境。在员工健康安全方面，酒店人力资源管理通过建议减少不安全工作条件、提供行为安全教育、提供工作压力及工作倦怠调节方法等服务员工身心健康，获得良好的工作环境保障。

如今，越来越多酒店和其人力资源管理部门将其员工视为伙伴，在服务角色功能发挥中，主动倾听员工想法与诉求，了解员工日常工作遇到的实际问题，关注员工工作与发展需求，跟进完善人力资源管理政策与实践活动，为酒店职能部门与员工提供给你支持与服务。

微课 2-1

四、员工激励者

员工激励者角色是指人力资源管理担当着对员工的组织承诺和贡献进行管理的任务。人力资源管理通过运用马斯洛需求层次理论、赫茨伯格双因素理论、弗鲁姆期望理论、斯金纳行为强化理论等对员工采取奖励措施，以此激励员工出色地完成岗位工作任务，获得岗位胜任能力，达成企业目标与个人目标同向完成。而酒店人力资源管理对这些理论的运用在激励员工方面具有实际意义。

例如，赫茨伯格的双因素理论认为激励的最优途径就是通过恰当的工作组织和安排，使员工在工作中获得反馈及感受到挑战。“工作内容”可作为激励因素，使员工在岗位工作中受到更多内在激励。基于理论启发，在很多工作场景下，酒店人力资源管理通过轮岗、重新设计工作内容、给予员工具有挑战的工作任务等方式，消除重复性工作内容导致的工作倦怠，激励员工自我驱动，实现自我价值。

再如，弗鲁姆期望理论认为人们采取行动的动机或激励水平取决于三个方面因素，即期望（员工通过努力达成绩效的可能性）、关联性（员工感知绩效和奖励之间存在的联系）、效价（员工对自己所获奖励的价值的感知）；而激励就是期望、关联性、效价三个因素的产物。因此三者中任一因素都对激励有直接影响。在酒店人力资源激励角色功能中，要通过系统培训、职位描述、岗位界定等方式，使员工充分认识到只有努力工作、拥有岗位技能才能完成工作，并以此为基础获得对其自身具有价值的奖励。

员工激励渗透于酒店人力资源管理的各环节。人力资源管理通过为员工设置具体的、可衡量的、可达到的、相关的、有时限性的工作目标、科学的工作标准，跟进绩效评价，并以此为基本依据，给予员工薪酬福利、职位晋升、职业生涯规划等经济利益与职业成长机会。

五、变革推动者

随着经济发展，科技进步，酒店的经营模式、产品与服务供给转型升级。越来越多酒店向集团化、品质化、网络化方向发展，酒店行业竞争越发激烈，酒店不得不承受“做到更好”的压力。在激烈竞争中，如何适应外部环境，充分利用内外部资源获取高质量发展，成为酒店探寻与思考的深刻问题。从人力资源管理角度来看，归根结底，酒店经营模式转变、服务方式变革，酒店产品提质升级离不开变革型领导、富有高效率创造力的酒店员工及与变革相适应的体制机制。然而，变革型领导需要人力资源管理部门将变革指令落实到具体工作当中，富有高效率创造力的员工行为需要人力资源管理部门制定的政策引导与激励，与变革相适应的体制机制需要建立新制度、新文化、新流程。因此，在酒店变革中，人力资源管理部门承担着酒店变革的倡导者、发起人、引导师、设计者与示范者等多重角色。

在酒店企业变革中，通常由领导者负责发起和领导变革行动，人力资源管理部门需要通过重塑愿景、动员承诺、改变体系、延续变革等一系列措施，确保员工能够理解酒店变革的原因及变革期望的成果，并愿意为酒店变革作出承诺。酒店变革往往依据领导者制定的新的企业战略，那么为实现新的战略目标需要员工具备新的胜任素质与行为，换言之，是需要员工具有什么样的价值观、能力、技能和行为。在具体工作中，人力资源管理部门则要根据新的胜任素质与能力，采用培训项目、绩效薪酬变革、组织内部沟通、改进甄选、入职培训、员工离职程序等方式，实施新的人力资源政策与实践，实现文化变革、工作流程再造、跟踪评价等具体职能，帮助领导者将变革构思落实到组织结构革新、政策制度完善、员工具体行动当中。

任务二　掌握员工雇用旅程周期人力资源服务

在经济发展新阶段，如果说“客户成功”是企业成功的外部基础，那么“员工成功”就是企业成功的内在基石。以往，企业为达成战略目标，以营利为基本目的，更加关注直接带来企业利润的主体——客户。“客户旅程”概念与研究由此而来。客户旅程指的是客户从最初访问到目标达成的全过程。企业的目标是让客户在该过程的每一个环节都感到满意，因为只有客户满意，才会购买产品与服务。因此，企业在实践中得出结论——客户的成功就是企业的成功。

微课 2-2

与“客户旅程”概念相似，员工雇用旅程是指员工从入职到离职的全过程。随着市场竞争不断加剧，人才竞争成为企业发展制胜法宝，企业越来越关注员工，以期能够通过把员工当成客户来服务，使员工获得更好的工作体验，提高岗位胜任能力，达成个体工作目标，从而推动企业成长发展。

员工雇用旅程周期人力资源服务是将人力资源管理的重点由“管理”转向了“服务”，其工作理念由“管理理念”转为“以员工为中心”的服务理念。通过数字化人力资源管理系统建构，将人员和组织信息分门别类梳理到系统平台，使人力资源管理部门从繁杂的信息整理、信息汇总、信息统计等重复性、流程化的工作中剥离开来，专注于政策研究制定，提供战略决策信息、员工雇用旅程周期的个性化服务等，创造员工在工作当中的积极体验，为更好地投入工作奠定良好基础。

一、应聘阶段服务管理

酒店人力资源管理在员工应聘阶段的主要工作为通过人员规划与预测，确定酒店需要通过招聘甄选方式填补哪些空缺职位；而后，从组织内部和外部招募申请者为空缺职位建立候选人才库；组织候选人填写职位申请表，了解候选人基本情况，并初步进行甄选；运用测试、背景调查、体检及其他甄选工具找到与职位相对匹配的候选人，从而做出录用决定。从服务管理角度来看，主要进行信息发布、甄选组织与招聘数据分析。

（一）信息发布

酒店人力资源管理部门通过职位分析，界定了酒店空缺职位的工作职责和对其招聘人员胜任素质与能力要求。根据不同的空缺职位选择合理的信息发布渠道与发布信息内容。

1. 信息发布服务

酒店空缺职位信息发布渠道通常选用酒店内部发布和酒店外部发布两种方式。

酒店内部信息发布是通过公告栏张贴、内部邮件、内网等渠道，将职位空缺信息、任职资格说明、直接上级职位、薪酬水平及应聘时间、竞聘方式等信息公开告知酒店内部员工，以寻找合适的内部候选人。在内部信息发布中，酒店人力资源管理职能部门提供职位与应聘信息咨询、应聘员工资格审批及有应聘意愿，未能应聘成功员工的沟通交流，提供后续职业生涯发展规划等方面的服务。

酒店外部信息发布通常采用线上招聘、线下招聘及就业服务机构三种方式开展。酒店人力资源管理部门通过分析空缺职位，根据不同应聘群体，选取不同方式，进行外部信息发布，方便应聘候选人便捷、高效、准确地了解空缺职位信息。在外部招聘信息发布环节中，酒店人力资源管理部门提供职位信息、应聘信息等咨询方面的服务，并在应聘各环节中对岗位应聘候选人进行及时的信息反馈。

2. 信息发布内容

通常，应聘者通过不同渠道获取酒店发布的招聘信息。在招聘信息中，酒店人力资源管理部门提供酒店基本概况、职位空缺相关信息、任职资格要求、应聘方式、薪酬待遇、职业生涯发展路径等相关信息。根据应聘群体不同，酒店人力资源管理部门需要采用不同的信息发布方式，以便更好地为应聘候选者提供应聘环节服务。

例如，面向高校毕业生群体，酒店人力资源部门会采用校园宣讲形式，通过集中、面对面的方式进行线上、线下宣讲，向高校毕业群体详细地介绍酒店的基本概况、战略目标、企业文化、员工职业生涯发展规划、薪酬福利及其他高校毕业生群体期望了解的酒店相关信息，面对面地对他们的应聘问题进行个性化答疑，便于其判断与所应聘酒店及具体岗位的职业兴趣、能力匹配度等。除此之外，部分酒店人力资源管理部门还会组织现场参观访问，为应聘者提供更加详细的酒店情况信息介绍。

（二）甄选与招募

酒店人力资源管理部门将空缺岗位信息发布后，在应聘阶段中，将为应聘候选者及酒店空缺岗位部门提供相关服务。

在甄选组织环节中，人力资源管理部门为应聘候选者提供保密与相关信息反馈服务。经过信息发布，有意愿求职者会按照信息发布要求，将自己的基本信息以简历或线上系统填写等方式反馈给酒店人力资源管理部门。酒店人力资源管理部门以空缺岗位人员胜任能力与素质的关键指标为依据，对收集到的应聘候选者信息进行甄选，并为应聘候选者提供的个人信息进行保密。在应聘的各个环节中，酒店人力资源管理部门将会对应聘候选者进行及时的信息反馈，例如通知候选者应聘时间、地点、测试成绩等。

同时，在甄选组织环节中，人力资源管理部门为岗位空缺部门提供甄选组织服务。酒店人力资源管理部门在组织甄选过程中，根据岗位需求、招聘成本等工作具体实际情况，采用认知能力、人格和兴趣、工作价值观、成就测试、管理评价中心等不同的测试与甄选工具，帮助酒店其他职能部门甄选出与空缺岗位相匹配的员工。此外，酒店人力资源管理部门还承担着组织测试的具体工作，包括测试场地协调、面试官选择、相关信息反馈等服务工作。

（三）招聘数据分析与招聘流程优化

在招聘结束后，酒店人力资源管理部门对招聘过程的成本、求职者及求职候选人信息数据进行分析；也可以通过调查问卷等形式，向应聘人员了解招聘过程中存在的问题，形成详细的招聘相关报告。通过对雇用每位新员工的平均成本、各种渠道雇用员工情况，以及招聘环节中存在问题等进行分析，为提供更加高效的服务奠定基础。通过优化招聘各环节流程与内容，提升求职候选人应聘体验，在应聘过程中，感受酒店文化与服务理念。例如，酒店人力资源管理部门通过构建线上招聘应用系统，将求职简历信息与职位要求进行自动比对，大大缩短招聘简历甄选时间，及时将信息反馈给求职候选人。再如，酒店人力资源管理部门通过优化线上简历要求编排和提交格式及流程，作出信息保密承诺，方便求职者高效上传个人信息，打消求职者因个人信息保密顾虑漏报或少报有效信息。

二、入职阶段服务管理

通过甄选，新入职员工基本具备胜任岗位素质与能力，却不了解具体应该做什么及如何完成工作任务。在员工入职阶段，酒店人力资源管理部门将提供新员工引导与入职培训，帮助新入职员工更加深入地了解酒店的企业文化、服务理念、具体工作任务与目标，以及如何达成目标任务等。

（一）新员工引导服务

酒店新员工入职引导主要是向新入职员工提供着手工作所需要的一些信息，帮助其更加迅速地建立与酒店的感情联系，顺利开展工作。因此，酒店人力资源管理部门往往采取以下三方面的行动。

1. 破冰行动

酒店人力资源管理部门通过采用集体会议、现场参观、集体就餐、团建活动等方式，在仪式与活动中为新入职员工营造归属感，使员工感受到自己受到了欢迎，成了团队中的一员。

2. 工作信息提供

酒店通过员工手册、专题讲座、学习测试等方式，为新入职员工介绍各项规章制度、内部系统运用、期望的工作行为等相关信息，帮助员工迅速理解工作目标、工作任务与工作完成方式，以便迅速适应工作环境，进入工作状态。

3. 组织信息共享

酒店人力资源管理部门通过活动组织与信息共享，帮助新入职员工了解酒店企业历史、企业文化、企业战略及未来愿景。换言之，帮助新入职员工了解工作要求的最底层逻辑，在酒店特定的愿景、使命与文化环境下适应公司文化、价值观及做事方式，帮助其工作、成长、发展。

（二）入职培训服务

在完成新员工入职引导后，酒店往往会在新员工入职较短时间内开展入职培训，入职培训服务提供的是帮助新员工获得完成工作所需要的各种技能。酒店入职培训可能是帮助新入职的前厅服务人员了解该酒店的前厅服务流程与服务标准；也可能是告诉一位新入职的酒店市场部营销专员了解自己的周期性业绩指标；还可能是教一位新入职的酒店财务部门财务人员怎样使用该酒店的财务系统等。

在甄选阶段，虽然酒店已经雇用了高潜质员工，但在这些高潜质员工并不了解自己的工作任务，以及酒店所希望的工作方式前提下，并不能保证这些高潜质员工能够有效完成工作。因此，酒店人力资源管理部门通过培训需求分析、入职阶段教学设计、实施入职培训计划、进行入职培训结果评估来保障新入职员工在进入酒店后短时间内获得有效工作信息，加快适应工作内容与工作环境。

三、在职阶段服务管理

员工在职阶段，酒店人力资源管理部门通过企业文化与工作场所价值观塑造、规章制度构建完善、员工个性化服务等，为员工提供培训、评价、绩效、薪酬、福利、职业生涯发展规划等全方位服务，保障员工在具有良好道德文化、公平公正的环境中工作。

（一）在职培训服务

正如入职阶段培训是为新入职员工提供完成工作所需的各种技能，在职阶段培训也是为员工完成工作提供所需的各种技能。与入职阶段培训不同，在职阶段培训是随着工作内容丰富、工作技术更新升级、岗位轮换等，员工在工作过程中所需技能与水平要求不断提高。因此，酒店人力资源管理为满足工作各要素变化所提供的持续性培训。

（二）绩效管理与评价服务

从员工服务角度而言，酒店人力资源管理中的绩效管理与评价服务，强调的是为员工提供绩效评价标准，帮助其了解绩效评价内容，在绩效评价后，及时为与员工沟通反馈绩效评价结果与下一步提升绩效的有效途径和方式方法。具体服务内容包括：制定工作目标与工作标准，根据标准对员工实际工作绩效进行评价，绩效结果有效反馈。

（三）薪酬与福利服务

在薪酬与福利方面，酒店人力资源管理部门向员工提供薪酬政策咨询、薪酬福利规划及具体落实服务。薪酬政策制定与执行是酒店人力资源管理部门的基本职能，在面向员工的服务中，不仅要完成好薪酬福利政策制定与落实，还要对员工的咨询问题进行答疑解惑，并依据执行要求，将薪酬福利落实到位。

（四）职业生涯发展服务

在酒店员工职业生涯发展中，人力资源管理部门通常提供教练辅导服务。教练辅导指的是教育、指导和培训员工。人力资源管理部门通过跟踪员工工作表现、绩效评价，构建人才信息库，对每位酒店员工提供职业发展和工作能力提升方面的建议、咨询和指引，帮助员工能够更好地了解自身职业技能和兴趣，有针对性地开展职业探索、职业确立、获取职业成功、获得职业满足。

四、离职阶段服务管理

在员工离职阶段，酒店人力资源管理部门为员工办理离职手续，结束劳动关系，并给予员工离职后协助。在员工离职过程中，员工提出离职申请，人力资源管理部门协助进行离职审批，按照酒店相关规定，办理离职手续，进行薪酬结算，交接工作，酒店与离职员工协商一致可以解除劳动合同。

酒店人力资源管理部门应对离职员工进行面谈，一方面了解离职员工在离职过程中的工作交接情况，确认离职相关事宜及具体细节，签订解除劳动合同协议等；另一方面在面谈过程中，如若员工自主提出离职意愿，人力资源管理部门应主动了解离职原因，对离职中涉及酒店企业文化方面或者管理方面的问题进行记录，并对此加以改进。若因酒店经营管理或战略调整对员工进行裁员，酒店人力资源管理部门将需要提前三十日通知员工，并给予一定的经济补偿。

员工离职后，酒店人力资源管理部门还将为离职员工提供工作证明，根据员工工作实际情况提供推荐信和配合员工新应聘企业进行背景调查等。

思政园地

思考与练习

一、选择题（请将正确的选项填在题目后面的括号内）

1. 酒店人力资源管理所扮演的角色有（　）。

A. 战略伙伴　B. 专家顾问　C. 员工服务者　D. 员工激励者

E. 变革推动者

2. 员工雇用旅程周期人力资源管理部门通常提供哪些服务？（　）

A. 应聘阶段服务管理　B. 入职阶段服务管理

C. 在职阶段服务管理　D. 离职阶段服务管理

3. 酒店人力资源管理提供的新员工引导服务有（　）。

A. 破冰行动　B. 工作信息提供

C. 组织信息共享　D. 入职培训

4. 酒店人力资源管理部门的绩效管理与评价服务具体内容包括（　）。

A. 制定工作目标与工作标准

B. 隐瞒员工绩效评价内容

C. 对绩效评价结果及时反馈

D. 根据标准对员工实际工作进行绩效评价

5. 酒店人力资源管理部门在酒店企业变革中所承担的具体职能是（　）。

A. 重塑愿景　　B. 动员承诺　　C. 改变体系　　D. 延续变革

二、填空题（将正确的答案写在横线上）

1. 酒店人力资源管理的角色，在______、______、______、______等多重因素的影响下，根据酒店人力资源管理关注点与主要管理活动内容不同维度划分，主要扮演战略伙伴、专家顾问、员工服务者、员工激励者、变革推动者角色。

2. 酒店人力资源管理部门在组织甄选过程中，根据岗位需求、招聘成本等工作具体实际情况，采用______、______、______、______、______等不同的测试与甄选工具，帮助酒店其他职能部门甄选出与空缺岗位相匹配的员工。

3. 酒店外部信息发布通常采用______、______及______三种方式开展。

4. 在工作目标设定中，酒店人力资源管理部门通过设定______、______、______、______及______工作目标，鼓励员工参与目标设定，帮助员工更加明确工作目标任务与行为标准。

5. 在员工离职阶段，酒店人力资源管理部门为员工______、______、______。

三、简答题

1. 酒店人力资源管理为什么担任战略伙伴、专家顾问、员工服务者、员工激励者、变革推动者角色？

2. 请思考对于酒店人力资源管理部门来讲，员工雇用周期的人力资源服务的目标任务是什么？

参考答案

3 项目三 工作分析及人力资源规划的量化管理

项目导读

工作分析及人力资源规划是酒店人力资源管理的重要工作内容，对后续的工作起到指导作用。本项目主要围绕什么是酒店工作分析、人力资源规划，为什么要做工作分析、人力资源规划，以及如何做好工作分析、人力资源规划等内容展开，通过介绍当前酒店业的用工趋势，明确人力资源规划的重要性，阐述工作分析的含义和方法，解读酒店人力资源规划的量化管理内容。希望学习者通过本项目的学习，能够编制岗位说明书及酒店人力资源规划报告。

学习目标

1. 了解工作分析及人力资源规划工作的重要性。
2. 掌握工作分析的流程、方法及岗位说明书的编制要求。
3. 熟悉酒店人力资源规划的概念、程序及量化管理方法。
4. 掌握酒店人力资源规划的实施过程及注意事项。

思维导图

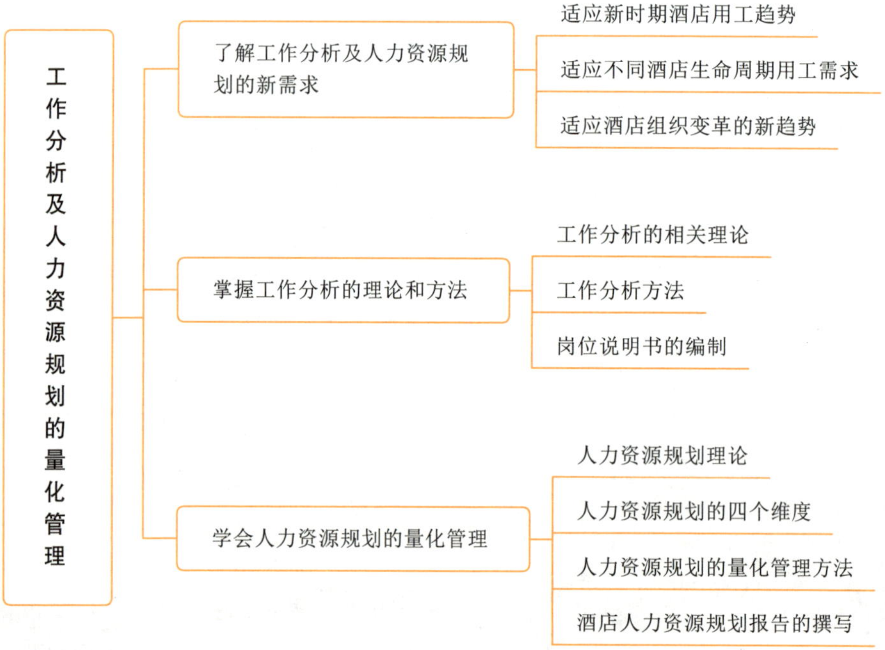

任务一　了解工作分析及人力资源规划的新需求

工作分析是现代酒店人力资源管理工作的基础，是全面了解、获取与工作相关的详细信息的过程。只有做好工作分析，才可以更好地开展和完成人力资源开发与管理的其他各项工作。人力资源规划是对酒店未来的人力资源供需进行计划和安排，它是酒店战略规划中非常重要的组成部分。总之，工作分析是对“事”的分析，人力资源规划是对“人”的分析，人和事是酒店工作中两项基本的工作，做好这两项工作，其他工作就有了方向和目标。

一、适应新时期酒店用工趋势

（一）新时期酒店用工特点

从组织角度来看，随着社会的进步和科学技术的日新月异，社会正在逐步向着开放、公平、公正、民主的方向发展。如果酒店仍依靠传统的用工模式，可能会增加酒店的人力成本，也可能会使酒店在竞争中处于不利地位。

1. 高素质员工需求

在我国酒店业供给过剩的背景下，以酒店业人员聚集的餐饮、会议等面临着业务萎缩的问题。再加上客户需求的迭代加速和在线预订消费习惯的养成，酒店供给侧结构性改革和效率提升已是大势所趋。 酒店的产业升级转型及服务效率的提升等需要高素质人才的支撑。

2. 灵活用工需求

随着云计算、大数据、物联网、智能硬件等新兴技术的广泛应用，各行各业都面临着创新与重构。作为劳动密集型行业的酒店业，为降低人力成本，酒店传统的用人理念在潜移默化中发生了巨大变化，兼职、临时工或实习生等雇用形式受到青睐。在降低成本的同时，也面临着兼职工的服务质量无法保证的问题。如何破解这个难题，给人力资源管理提出了新要求。

3. 人工智能需求

随着人工智能技术的发展，服务行业将会从有人向无人服务转变，但服务系统的背后却需要将人才与人工智能相结合的服务和管理。人工智能可以帮助员工处理诸多复杂、基础的运算工作，比如酒店前台的入住自助机；可以代替某些简单重复的劳动岗位，如餐厅领位、地面清洁等；人工智能将催生一些新的工作岗位，如 AI 训练师、AI 维护人员等技术性岗位，以及某些专业化和人性化的服务大使岗位，专门服务人工智能无法进行的情感服务问题。

（二）新时期酒店用工趋势

1. 用新技术代替部分用工

5G 时代的到来，人工智能的流行，解放了员工的双手，这不是让员工失业，而是让员工做更有意义的事情。大量简单重复的劳动，可以由人工智能来辅助完成。当前，已经有不少高星级酒店引进人工智能机器人，负责客房内物品的投送、领位、公共区域卫生清洁等基础性工作。

2. 从灵活用工到“共享用工”

激烈的市场竞争使酒店的产品趋于廉价，而逐年递增的人力成本使管理者不得不考虑用工模式的调整。首先，酒店内部可以更加灵活地进行人员安排。除了酒店在最忙碌的时间段要求大家集中上班外，其余时间可以将人员重新分配至其他岗位或者安排休息以储备员工工作时间；其次，可以借助酒店人力资源用工平台补充临时工的需求。一些大型会议、宴会等团体接待造成的突增性用工需求，可以借助平台随时提出用工需求，平台借助大数据技术自动精准搜索，匹配到酒店需要的人才，这被称为“共享用工”。就“共享人”来说，工作内容变得更为丰富，时间自主灵活度更高，他们可以根据自己的兴趣爱好、专业特长选择适合自己的工作。

3. 有创新能力的复合型人才将备受青睐

基于人工智能的发展趋势，未来人才的需求结构、素质能力要求及技能需求都将发生变化，因此未来酒店行业的人力资源管理也将面临较大的挑战。后疫情时代，酒店对懂服务、会营销的人才的需求也会增加。比如，会利用直播、短视频进行线上销售的人才。

二、适应不同酒店生命周期用工需求

酒店生命周期是指一家酒店从创立到衰退甚至消失所经历的不同阶段。一般分为筹备期、成长期、平稳期及衰退期。在不同生命周期阶段，酒店呈现出不同的发展特征，对人才的要求也会有所不同。

（一）筹备期的用工需求

在这一阶段，酒店刚刚起步，资金少、收益少，市场占有率低下，市场影响力小，需要提高知名度和美誉度来形成良好的口碑。虽然员工缺乏相关培训及经验，但有一种“新人”“新企业”“新面貌”的感觉，员工的积极性和士气高涨，团队合作意识很强。因此，在筹备期，通过工作分析和人力资源规划，建立良好的员工激励机制，增强对员工的培训，充分挖掘员工的潜能和综合能力，做好人才的储备工作。

（二）成长期的用工需求

在这个阶段，酒店已经进入了正常的运营轨道，规模不断扩大，业务量也在增长，岗位分工越来越细致，对员工的管理也会变得越来越难。因为这个时期的员工有一种自豪感和成绩感，如果关注不到他们的需求，不做好人力资源规划，可能导致较多的人才流失。如果酒店在筹备招工计划时没按岗位标准配置人数，那么会有两种情况：一种是营业初期往往客流量较少，为降低成本，裁掉一部分员工；另一种是新店开张，一些追求新鲜好奇的客人纷纷选择该酒店消费，酒店业务量剧增，而员工业务不熟练，身心倍感压力，主动提出辞职。这个时期，酒店要做好人力资源规划，根据酒店淡季、旺季的经营情况合理平衡地配置人员。

（三）平稳期的用工需求

这一时期酒店的业务发展速度开始变慢，甚至出现停滞状态，市场占有率和酒店收益达到最大化。酒店的规模和员工数量基本稳定，但是员工对酒店的热情减弱，对工作成果的期望变弱，会产生一些懈怠心理。这个时期，对老员工应该要培养他们的忠诚感和归属感，为他们提供培训或学习的机会，以及提供晋升的机会；另外还要进行多渠道招聘，雇用一些不同教育背景、不同工作经历、不同年龄层次的员工，为酒店注入新的活力，提高酒店的竞争力。

（四）衰退期的用工需求

这一阶段的酒店开始走下坡路，业务量开始下滑，市场占有率和利润下降。对员工培训的时间和金钱投入较少，员工开始考虑未来职业的发展，跳槽频繁，导致酒店人力流失严重。这一时期要关注员工的反应和需求，增强他们的责任心和奉献意识，提高工作积极性和效率；另外，可以通过合理裁员、实行高弹性工资制、实行末位淘汰制度等控制人力开支，对优秀的人才给予股票期权奖励、职位晋升激励等，留下一批高素质和业务能力强的员工，为酒店的再成长计划储备人才。

三、适应酒店组织变革的新趋势

（一）酒店数字化转型对岗位的新需求

近些年来，酒店服务业进入了数字化的生态圈，酒店寻求的产能驱动变成了数字化转型，包括领导力的转型、组织架构的转型、运营管理的转型等，酒店在关注数字化转型的同时，也应该关注人才的断层、新型人才的稀缺及人才的转型。越来越多的酒店开始探讨新型岗位：包括“关注客户”领域的消费者行为数据观察、客户数据库管理；注重“市场运营”的新零售、短视频营销、社群运营；旨在提升“服务与产品”的品控师、酒店入住体验师等。酒店的工作分析及人力资源规划应该考虑到一些新的工作职位，以及新职位产生后对人力资源的需求与供给做出预测及平衡。

（二）数字化学习型组织对员工培训的新要求

酒店工作分析及人力资源规划工作是其他工作的基础，如招聘、培训、绩效考核等。目前越来越多的酒店意识到人才的重要性，当外部供给存在诸多不确定性且容易打击员工积极性的时候，一些酒店开始注重内部的培养，直接促成了内部培训甚至是定制式培训的增多。数字化分析与营销内容运营、客户关系管理、新媒体运营、品控管理、市场营销、危机处理等逐渐成为培训的热门主题。

任何组织都是处在一个动态变化的环境中，员工与职位的适应关系也是动态变化的。因此，提前做好工作分析和人力资源规划，充分发挥人力资源的优势，这是时代进步的需要，也是酒店适应发展变革必然要采取的措施。

任务二　掌握工作分析的理论和方法

一、工作分析的相关理论

（一）工作分析的概述

1. 工作分析的内涵

工作分析又称职位分析、岗位分析，是指对酒店中各岗位工作的内容和责任、与其他工作岗位的相对重要性、胜任该岗位所应该具备的任职资格等进行描述的过程。工作分析的结果是产生工作说明书和工作规范书，如图 3-1 所示。

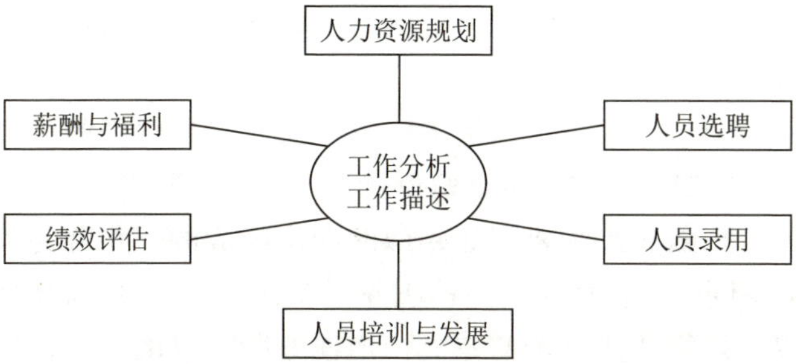

图 3-1　工作分析在人力资源管理工作中的地位

2. 具体内容

工作分析是人力资源管理工作的基础，其分析质量对其他人力资源管理模块具有举足轻重的影响。通过工作分析，需要明确两个根本问题：一是“这个职位是做什么的”，也就是职位的名称、工作的职责、工作的要求、工作的场所、工作的时间及工作条件等；二是“谁适合这个职位”，也就是从事该职位的人的资格，包括专业、年龄、必要的知识和能力、必备的证书、工作经历及其他素质要求等。具体而言，工作分析的内容可以用 6W1H 来概括。

WHO：谁来完成这项工作？对人员的学历及文化程度、专业知识与技能、经验及职业素质等任职资格要求等进行说明。

WHAT：做什么？对某项职位具体的工作内容及职责进行说明。

WHEN：什么时间来做？说明完成某项工作的时间安排。

WHERE：工作的地点在哪里？

WHY：为什么要做这项工作？说明从事这项工作的目的。

WHOM：为谁而做？即顾客是谁。说明这项工作的服务对象。

HOW：如何来进行这项工作？即工作程序、规范及为从事该工作需要的权利。

3. 相关术语

在具体的工作分析中，会用到一些专业术语，理解并掌握这些术语的含义，对于科学、有效地进行工作分析十分必要。

（1）工作要素。是指工作中不能继续再分解的最小动作单位。例如，饭店的迎宾服务工作要素：开门、打招呼、请客人进来。

（2）任务。指工作中为了达到某种目的而进行的一系列活动。任务可以细分出活动、活动程序、要素等更细微的单元。它可以由一个或多个工作要素组成。

（3）职责。指任职者为实现一定的组织职能或完成工作使命而进行的一项或一系列的工作。

（4）职位。职位也叫岗位，是指担负一项或多项责任的一个任职者所对应的位置。一般情况下，有多少个职位就有多少个任职者。

（5）职务。是由一组主要责任相似的职位组成的，也称为工作。在不同的组织中根据不同的工作性质，一种职务可以有一个或多个职位。

（6）职权。是指依法赋予的完成特定任务所需要的权力，职责与职权紧密相关。

（二）工作分析的意义和作用

1. 工作分析为酒店人力资源开发与管理活动提供依据

酒店人力资源开发与管理工作是一项系统工程，涉及人力资源规划、招聘与配置、培训与开发、绩效管理、薪酬福利管理、劳动关系管理等六大模块，工作分析作为整个人力资源管理系统的“基石”，有助于人力资源体系的完善和各个功能模块的实现。

（1）为酒店人力资源规划提供必要的信息。酒店进行科学的人力资源规划对自身的生存和发展来说意义重大，需要根据市场的变化及实际需要，对每个部门的人力资源需求与供给做出合理的预测。包括酒店的工作岗位数量、每个岗位实际的人员配备情况、今后几年内职务和工作可能发生的变化、人员结构会做出哪些相应的调整等。

（2）为酒店的人员招聘与配置工作提供明确的标准。工作分析是酒店员工招聘、选拔和任用的基本前提。工作分析所形成的岗位职责、任职资格等文件内容都有详尽的说明和规定，为人员的招聘、录用提供明确的标准，减少了主观因素的影响，提高了招聘录用的质量和人岗匹配率。

（3）为酒店的人员培训与开发工作提供明确的依据。为了使员工更好地适应工作，解决工作中出现的新问题，提高知识与技能水平，更好地为客人服务，酒店会开展定期与不定期的培训。开展什么类型的培训、培训的内容是什么、培训想要实现的目标是什么等，都会围绕具体的工作来进行，而对具体工作的分析就是工作分析，它是酒店培训与开发工作的重要依据。

（4）为酒店科学的绩效管理提供帮助。酒店中的绩效考核工作的管理对象是员工，它是对员工职责的履行情况进行考核，目的是对员工在工作中的表现及取得的成绩进行评估。评估必须结合员工具体的工作。对企业而言，经常使用的方式是将组织成员业绩情况同之前制定好的标准进行比较，并根据表现情况进行奖惩。而这个事先拟定的标准正是在工作分析的基础上得出的每个岗位的职责与业务。

（5）为酒店的薪酬管理工作奠定基础。薪酬管理工作是人力资源管理工作中较为敏感的一个部分，因为它关系到每一位员工的切身利益，也影响到酒店的发展。在流失率较高的酒店行业，为用人留人计划发挥关键性作用的就是薪酬管理。科学合理的薪酬管理体系是控制流失率的重要杠杆之一。员工自身的综合素质和资质、工作岗位的难度和工作强度、工作职责的范围大小及工作环境的好坏都决定着薪资报酬。依据工作分析对不同岗位进行评价，从而确定薪酬标准，是确保薪酬的合理性和公平性的重要基础。

（6）为员工的职业生涯规划与管理提供方向。通过工作分析，明确岗位的性质和需求，员工根据自身擅长和掌握的技能选择岗位，酒店把员工配置在相应的岗位上，这对员工的职业发展有一定的促进作用，可制定出行之有效的员工职业生涯规划；另外，工作分析也使员工有机会或能力了解工作性质与规范，制定出合适自身发展的职业规划。

2. 工作分析为酒店组织职能的实现奠定基础

（1）落实酒店职责，有利于组织目标的实现。工作分析能够把酒店组织实现战略的职责落实到具体组织成员，确保酒店组织能正常运转，有利于组织目标的实现。

（2）发现工作中的问题，有利于实现职位对组织的贡献。工作分析会对职务的工作做出明确的规定，员工根据工作分析的内容，反省和审查自身的工作内容和行为，能及时主动寻找并发现工作中存在的问题，圆满实现职位对组织的贡献。

（3）掌握酒店组织中的职位分工与协作，有利于提高组织的协同效应。通过工作分析，酒店的各层级管理者能够了解目前的岗位分工情况，掌握员工的工作职责，可以了解职位之间是否存在职责交叉、是否有职责空缺现象等，以便及时调整职位，有利于提高组织的协同效率。

（三）工作分析的原则

鉴于工作分析在酒店人力资源管理工作中的重要性，为确保人力资源管理工作发挥最大效果，使工作分析能够科学有效地进行，应该遵循以下 7 个原则。

1. 系统原则

酒店组织是一个庞大的整体，是由众多工作岗位组成。每一个岗位在整体系统中，既是相对独立的，又与其他岗位产生了密切的关联。我们在对某一工作进行岗位分析时，既要考虑到这项工作在整个组织中所处的地位，也要注意该项工作与其他工作的关系，从总体上对该项工作做出全面具体的分析。

2. 动态原则

工作分析是一项长期工作，它不是一蹴而就的，而是需要根据酒店的战略调整、外界环境的变化及工作内容的变化作出调整的。因此，工作分析要遵循动态原则，要经常性地对工作分析的结果进行调整。

3. 目的原则

在进行工作分析之前，需要明确工作分析的目的。目的不一样，侧重点也就不同。比如，工作分析是为了进行人员招聘与选拔，那么工作分析的重点就在于岗位任职资格与要求的明确；如果工作分析是为了确定薪酬等级，那么其重点就在于对工作责任、任务量、工作难易程度等进行界定等。

4. 参与原则

工作分析是酒店人力资源管理工作的重要内容，由酒店人力资源部主持开展，但也要遵循多方参与的原则。需要工作承担者、工作承担者的上级主管及其他相关人员的广泛参与，尤其需要高层管理者的重视和业务部门的大力支持和配合，只有这样，工作分析的结果才会更科学、更全面。

5. 经济原则

工作分析是一项涉及面很广的工作，该项工作的开展耗时、耗力、耗财。比如，我们收集工作分析信息时，可以选用问卷调查、现场观察及访谈等一种或几种方法，选用不同方法时，其耗费成本也会不同。那么，就应该根据工作分析的目的与内容，本着经济的原则选择一种或几种适用的方法。

6. 职位原则

工作分析针对的是“职位”而非“人”。分析职位的内容、性质、环境及从事该职位的人所应该具备的资格条件等，而不是在岗的工作人员如何。但在岗的人员可以依据工作分析的结果明确自身的职责和应该完成的任务。

7. 应用原则

工作分析不能流于形式，而应该应用到具体的工作中。工作分析结果所形成的工作说明书和职位说明书等，要应用于酒店管理的相关方面。人员招聘与选拔、培训与考核、薪酬与绩效管理等，都要严格按照工作分析的结果来进行，这样工作分析也有了实质意义。

（四）工作分析的程序

工作分析是对酒店的工作进行全面了解的过程，一般来说，其程序有准备阶段、调查阶段、分析阶段和完成阶段。

1. 准备阶段

这一阶段需要完成的任务有以下 4 项。

（1）确定工作分析的目的。由于工作分析的岗位不同，工作分析的对象会存在差异，工作分析的目的就会不同。因此，在开始工作分析之前，明确工作分析的目的是十分必要的。只有明确了工作分析的目的，才能有针对性地选择调查对象、收集信息资料，确保分析的科学性。

（2）成立工作分析小组。为保证这项工作的顺利进行，需要在准备阶段成立工作分析小组。本着精简、高效的原则，小组成员可以由以下几类人员组成：酒店的高层管理者、人力资源部门管理者、各部门熟悉工作的人员、外部的有关专家和顾问等。

（3）确定调查分析的样本。根据工作分析的目的，明确需要收集的信息，确定调查分析的样本。样本的选择要有代表性，要能反映出整体的情况。

（4）其他必要的准备工作。这一阶段还有其他需要准备的工作，例如，向有关人员做好宣传解释工作，特别是从部门抽调参加工作分析的人员时，可能会影响部门的正常工作，提前向部门管理者进行解释，以便于他们做出人员工作的调整；另外，还需要为工作分析列出详细的计划，确定工作的基本难度等。

2. 调查阶段

这是工作分析的第二阶段，也是非常重要的一个阶段。这一阶段的主要任务是对整个工作过程、工作环境、工作内容和工作人员等做一个全面的调查。

（1）编制各种调查问卷和提纲。根据调查目的、调查内容设计问卷题目，列出谈话提纲。

（2）选择相应的调查方法。根据工作分析目的，选择收集工作内容及相关信息的方法。比如问卷调查法、观察法、关键事件法等，关于各种方法的优缺点，后面会详细介绍。

（3）广泛收集与工作有关的背景资料，如国家职业分类标准或国际职业分类标准、有关整个组织的信息、现有的职位说明书或有关职位描述的信息等。职业分类标准和以前的工作分析资料可以帮助调查主体更好地了解职位信息，组织信息如酒店的组织结构图、工作流程图，它们分别表明了部门或职位之间的静态联系和动态关系。帮助调查主体更全面地了解具体职位的信息。

（4）着重收集工作职位相关的信息。工作职位相关的信息包括职位名称、工作内容及职责、工作环境及任职资格等（表 3-1）。

表 3-1　工作职位相关信息

类别	具体内容
岗位基本信息	岗位名称、职衔
	岗位存在的目的及意义
	岗位的主要职责
	岗位核心的职责和负责的核心领域
工作的背景条件	该岗位的工作如何与其他工作协调
	岗位工作的特点，如工作时间、地点，是否有特殊的工作环境等
	完成岗位工作所需要使用的工具、设备等
	如何检查和审批工作的分配及完成情况
任职资格及绩效信息	岗位任职人员需要有什么行为、技能、知识和经验
	完成工作所耗费的时间、所需要投入的成本
	岗位任职者需要负责的具体工作及被考核的成果是什么

在收集以上信息时，可能因为被调查者所处的立场不同，对信息的描述会存在一定的主观偏差，工作分析人员需要站在中间的立场来听取各方的意见，从而掌握准确客观的信息。

3. 分析阶段

在收集到相关的资料后，工作分析就要进入关键环节，即分析阶段。这个阶段需要对获得的资料进行汇总、整理、分类、总结，并进行必要的判断，从而得出对岗位全面、准确和条理性的认识。因此，这个阶段主要包括以下三方面的工作。

（1）仔细审核收到的信息。酒店人力资源管理工作中信息无效的问题时有发生，当信息和实际的情况不一致、信息过时等，就会大大降低工分析结果的合理性和准确性。在此基础上，分析工作人员在拿到信息资料之后，必须全面地对资料进行核对和审查。查看是否有遗漏的项目、是否有重复的信息和不实信息等。

（2）创造性地分析、发现与工作有关的关键成分。在开展这项工作的过程中，要严格对信息资料进行整理和分类，根据不同的内容来分类信息。分析时，将某项职责分解为几个重要的组成部分，然后再将其重新组合，以发现其中的一些关键问题。可以通过工作日志来提高效率，岗位相关人员对自身的工作任务、内容及过程进行详细的记录，工作人员对工作日志进行总结和提取，加工成工作分析所需要的信息。

（3）归纳、总结出工作分析的必需材料和要素。根据前面深入的分析，做好归纳总结工作。需要注意的是，要以当前的工作为依据，针对具体职位而不是人。比如，对前接待员岗位的分析，工作环境的描述中可能涉及要使用相关的操作软件，那么就需岗位工作人员具备相应的学历要求、英语、电脑等相关知识。那么在分析这一职位时，就不能因为现在的员工是初中学历，而将这个职位的学历要求规定为初中以上。

4. 完成阶段

（1）编制岗位说明书。岗位说明书的“实用、好用”，不仅在于设计，更取决于编制过程。首先，要按照一定的格式编写工作说明书的初稿，任职者最了解本岗位职责和规范，通过编写过程，积极思考岗位内涵，明确工作要求，找准定位。其次，反馈给相关人员进行核实、修订。最后，部门负责人要严格把关。人力资源部进行及时的技术指导和反馈，负责岗位说明书的最终审核与定稿。

（2）分析总结。对整个工作分析过程进行总结，找到其中成功的经验和存在的问题，比如如何更好地节约成本、如何更全面地获取信息等，以便于以后更好地进行工作分析。

（3）工作分析的应用与修订。将工作分析的结果运用于人力资源管理及酒店管理的相关方面，在实际工作中具体展开。根据实际运用中出现的问题，可以进行动态修订与完善。例如，在对岗位职责进行描述时，有员工表示不理解意思，不知如何执行时，就需要根据实际情况来修改，对词语的使用更加规范、清晰。

二、工作分析方法

正所谓“工欲善其事，必先利其器”，这个“器”就是工作分析中我们所使用的方法和工具。收集工作分析相关的信息，常用方法有观察法、问卷法、访谈法、工作日志法、关键事件法等，各种方法各有优劣，要根据实际情况选择一种或几种方法。

（一）观察法

观察法是指工作分析人员在工作现场直接观察员工工作的过程、行为、内容和工具，并用文字或图表的形式进行记录、分析和归纳总结的方法。一般来说，观察法包括观察设计和观察实施两步。在实际工作中，工作分析人员很容易忽略观察设计这一步，结果可能会导致观察实施失败或所获信息不全。那么，观察设计主要包括两个工作：一是确定观察内容，确保观察内容能够准确反映工作分析的目的，目的不同，观察的侧重点肯定也不同。二是设计观察记录表。观察记录表的设计应做到简单易操作、直观明了，这是提高观察效果的重要工具和技术手段（表 3-2）。

表 3-2　工作分析观察记录

被观察者的姓名：	部门：
观察人：	观察起始时间：
岗位名称：	工作类型：
观察内容：	
1. 上午正式工作的时间是：	
2. 站立多长时间：	
3. 上午共工作多长时间：	
4. 上午休息几次？每次的休息时间分别为：	
5. 上午与同事交流了几次？分别是与哪个部门的同事，交流了多长时间？	
6. 上午喝了几次水？	
7. 上午共完成了哪些工作？	
8. 上午有没有工作失误？	
……	

观察法要求观察者有足够的实际操作经验和观察能力，这种方法也有其优缺点。优点在于能够直观全面地观察实际工作场景、工作氛围和情境，所获得的信息比较客观准确。适用于工作内容比较简单、身体操作活动占主导的工作岗位，如酒店 PA 部员工、前台礼宾员、保安部员工等所执行的一些基础工作等。其缺点在于对环境的依赖性较大，而且如果被观察者知道自己处于被观察状态，会影响其正常的工作表现，导致观察的结果失真；另外，这种方法不太适用于中高层管理人员、技术人员等脑力工作占主导的复杂岗位，以及基础性工作岗位所遇到的紧急情况、复杂问题的处理等。

（二）问卷法

问卷法是通过将问题制作成问卷发放给员工，由员工在现场或在一定的时间内填写完成，从而获得一手信息的调查方法。问卷调查法是一种常用的方法，尤其适用于规模较大、员工整体文化素质较高的酒店（图 3-2）。

问卷调查法操作程序简单，成本较低，节省调查时间，并容易在短时间内获得大量的调查样本信息，方便进行量化统计。但是，这种方法不易了解被调查对象的态度、动机等深层次信息，在具体实施中常会遇到被调查者不愿配合、敷衍了事的情况，这样会影响调查的有效性和准确性。因此，这种方法成功的关键在于问卷的设计及问卷的实施过程。

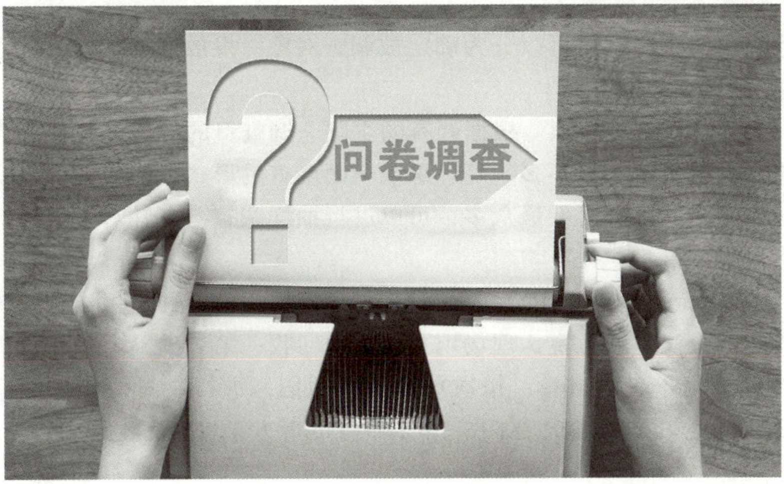

图 3-2　问卷调查法示意

1. 问卷的设计

工作分析调查问卷的设计包括结构的确定、问题的表述、回答方式与量表类型等一系列问题。问卷的结构一般包括标题、前言或引导语、调查主体问题及结尾。

（1）标题。问卷的标题是对问卷调查内容的概括，它使被访者对调查问题有一个大致的了解。问卷标题要简明扼要，同时又要点明调研对象或调研主题，如“酒店客房服务员工作岗位分析问卷”。

（2）前言或引导语。前言或引导语是向被调查者介绍问卷调查的目的、用途，并承诺保护他们的个人信息等，旨在引起被调查者的兴趣，消除他们的戒心，取得他们的信任，如“此次调查采取匿名形式”“感谢您的支持”等语言的表达。

（3）调查主体问题。具体问题的排列设计是问卷设计的核心，根据问卷的标准化程度，可以分为结构化问卷和非结构化问卷两种。结构化问卷的题目答案是提前设计好的，被调查者只要在答案中选择一个或多个即可；非结构化问卷的问题未事先列出任何备选答案，被调查者可自由回答。

（4）结尾。问卷的结尾通常有多种表达方式，可以结合调查的实际情况为问卷设计适宜的结束语。常见的有两种形式：一是周密式结束语，即提醒被调查者再次检查自己填写的答案，不要有遗漏或误填的内容，并对他们再次表示感谢；二是开放式结束语，即在结尾处设计一个开放的问题，以补充被调查者在标准化问题上无法回答的信息。

2. 问卷法的实施过程

问卷法的实施过程可以分为确定被调查对象、发放问卷、回收问卷、分析问卷及结果处理等。

（1）确定被调查对象。根据调查的主题、调查目的等确定哪些人需要配合调查。如果员工数量不多，可以采取全面调查的形式，即岗位的每个人员都是被访者；如果员工数量众多，可以进行抽样调查，有针对性或随机抽取部分人员参与调查。

（2）发放问卷。问卷的发放一般有三种方式：第一种是将被访者统一安排到固定的会议室或教室，现场填写，集中回收；第二种是由工作分析小组成员根据被调查者的名单，依次单独找到他们，进行一对一指导填写；第三种是将问卷发放到各个部门，由各部门负责人来完成问卷的发放和回收工作。

（3）回收问卷。根据问卷的发放量及回收量，计算问卷回收率；回收问卷时，注意问卷的有效性，剔除一些没有认真作答或作答不完整的问卷，统计有效问卷的数量。

（4）分析问卷。利用相关的统计分析软件，对回收上来的有效问卷进行科学统计分析。分析普遍性问题及个性问题。

（5）结果处理。将问卷分析的结果系统地进行整理，形成一份调研报告，为工作分析提供依据。

（三）访谈法

访谈法是指通过与工作相关人员进行面谈来收集信息的一种方法。访谈法是目前国内企业运用最广泛、最成熟、最有效的工作分析方法之一。根据访谈对象的不同，可以将访谈法分为三种类型：一是对任职者进行的个别访谈；二是对做同种工作的任职者进行的群体访谈；三是对主管人员进行的访谈。访谈法的优点有：能够简单、迅速地收集工作分析资料，适用性强；双方可以及时沟通，消除被访者的疑虑；访谈问题形式灵活。但访谈法费时费力，成本高；尤其是个别访谈时，会占用双方大量的时间；对访谈的技巧要求较高；被访者往往夸大其承担的责任和工作的难度，容易导致访谈结果存在较大的主观性。另外，访谈法如果想要获得较好的效果，需要做好以下工作。

1. 做好对访谈人员的培训

包括向其介绍工作分析访谈的目的、意义、时间安排；鼓励其列好访谈提纲；介绍相关访谈技巧，包括沟通、观察与记录的技术等。

2. 提前列好访谈提纲

为了保证访谈效果，在访谈前一般都要准备一个大致的提纲，列出需要提出的主要问题，这些问题包括：你平时需要做哪些工作？主要的职责有哪些？如何去完成它们？在哪些地点工作？工作需要怎样的学历、经验、技能或专业执照？基本的绩效标准是什么？工作有哪些环境和条件？工作的安全和卫生状况如何？

3. 学会使用一些访谈技巧

正式访谈前，尽量营造一个轻松、愉快的氛围，做简单的自我介绍，说明访谈的一些原则，如真实原则与保密原则等，以取得良好的信任；对于不善言辞的员工，要鼓励其多说；对于侃侃而谈的员工，要善于驾驭谈话，避免跑题；观察对方说话时的表情、行为、动作等，综合评估访谈信息。

（四）工作日志法

工作日志法是指让员工以工作日记的形式记录其日常工作活动的方法。这种方法适用于工作循环周期短、工作状态稳定的职位；适用于确定工作职责、工作关系及劳动强度等方面的信息（表 3-3）。这种方法的优点在于所获取的信息比较全面，可靠性较高，能很自然地揭示一项工作的全部内容。其缺点是使用范围较小；信息量大，归纳工作较为烦琐。使用这种方法进行工作分析，也要掌握一定的原则。

1. 及时

在一天工作开始之前，必须将工作日志放在手边，边工作边记录，切忌一天结束之后补记，以避免遗漏关键信息。

2. 详细

记录的内容越详细越好，使得其他人通过工作日志就能了解具体的工作内容。

3. 真实

鼓励记录者如实填写工作内容，不要担心记录的内容对自己有任何影响，工作日志关注的是“工作”而非“工作者”。

表 3-3 工作日志记录

序号	开始时间	结束时间	所耗时间	工作内容
1	8：00	8：20	20 分钟	做好客房清扫的准备工作：领取布草、工作车物品的摆放
2	8：30	8：35	5 分钟	敲门、报身份、开门、悬挂“请即打扫”牌，填写工作表，然后开始打扫房间
3	8：40	9：10	30 分钟	检查房间情况、撤走脏布草和拉锯、做床、抹灰、清理卫生间、补充物品、检查遗漏
4	9：10	11：30	2 小时 20 分钟	完成其他 6 间客房的清洁
5	……	……	……	……

（五）关键事件法

关键事件法是一种行为分析技术，通过一定的表格，对工作者在实际工作中特别有效或无效行为进行简短描述。它记录了员工工作中发生的事件、员工擅长的和有待提高的地方，以此作为将来确定任职资格的一种依据。表格记录的内容大致有：导致事件发生的原因；有效行为和无效行为的特征；行为产生的后果；工作者的控制范围及努力程度的评估等。这种方法的优点是针对性较强，对评估优劣等表现十分有效；缺点是应用起来费时，可能需要花大量时间去搜集关键事件，并加以概括和分类，对关键事件的把握和分析可能存在某些偏差。

表 3-4 几种主要工作分析方法的优缺点

方法名称	优点	缺点	适用范围
观察法	客观、准确	不能获得与任职要求有关的信息；对环境要求高	一些基础性、机械性体力工作
问卷法	操作简单、费用低、节省时间、调查范围广、便于统计分析	需经说明，否则会因理解不同而产生信息误差	可用于多种目的的工作分析
访谈法	易于控制，可获得更全面的职务信息	费时、费力、成本高，获得的信息可能存在较大主观性	其他方法的一种补充；适用于对文字理解有困难的人
工作日志法	信息全面、可靠性高	信息量大，归纳统计烦琐；对记录者要求高	适用于工作循环周期短、工作状态稳定、工作职责与关系等比较确定的工作

续表

方法名称	优点	缺点	适用范围
关键事件法	针对性强、反馈及时、成本低、易操作	耗费时间长、会造成员工的不安全感、不能作为单独的分析工具	适用于岗位职责的目标相对难以量化、工作流程和工作行为标准相对比较明确的岗位

三、岗位说明书的编制

微课 3-1

岗位说明书也称职位说明书，是对岗位的任职条件、职位目的、指挥关系、沟通关系、职责范围、负责程度和考核评价内容给予的定义性说明。包括两个方面，一是职位的描述；二是职位的任职资格。岗位说明书一般是根据酒店的具体情况进行制定。在编制时，要用浅显易懂的文字，内容尽量详细具体，避免形式化、书面化。

（一）岗位说明书的作用

1. 对酒店管理者的作用

（1）更加明确本部门的人员需求。

（2）为工作计划的制订、工作任务的安排提供参考。

（3）为绩效考核提供依据。

（4）更有针对性地为员工提供指导和帮助。

2. 对酒店人力资源管理专业人员的作用

（1）更清楚地了解酒店各岗位的工作情况。

（2）更有针对性地制订招聘计划及要求。

（3）为薪酬的制定提供基础。

（4）为员工培训工作提供依据。

3. 对任职者的作用

（1）明确本岗位的职责和任务。

（2）了解自己的岗位价值及努力方向。

（3）为自身任职素质的提升指明方向。

（4）有针对性地寻求帮助和指导。

（二）岗位说明书的编制内容

在实际工作中，岗位说明书的编制要根据外部环境、酒店规模及工作要求等变化而给予一定程度的修正和补充。一般来说，岗位说明书应包括以下内容。

1. 岗位基本信息

（1）岗位名称。指的是任职岗位的称谓，一般反映了工作岗位的性质、突出岗位的职能，如前厅部经理、中餐厅服务员等。

（2）岗位编号。一般由酒店人力资源部门统一规定，不同的编号代表不同的岗位。

（3）部门名称。指的是本岗位隶属的部门，如前厅部主管隶属前厅部。

（4）直接上级和下级。指的是所描述岗位的直接上级和下级的岗位名称，而不是具体人名。如西餐厅主管的直接上级是西餐厅经理，下级是西餐厅领班。

（5）工资等级。指的是根据岗位评价的结果，按照酒店的管理制度确认的薪酬级别。

（6）定员。指的是该岗位的人员编制数量。

2. 岗位目的

岗位目的描述了酒店为什么要设置这个岗位，以及这个岗位以后会发挥的作用等。通常用一到两句话概括而成，填写格式一般为：为了……，在……的影响（指导）下，做……（工作）。如酒店营销部总监岗位的目的可以写：为了开拓市场、创造销售利润，在酒店营业目标及产品影响下，制定营销方案及策略、提高部门绩效。

3. 岗位职责

这是最主要的内容，描述该职位所从事的具体工作，应全面、详细地写出完成工作目标所要做的每一项工作，包括工作的综述、活动过程、工作联系等。需要对岗位在每一项工作职责中所承担的具体责任进行界定和区分，即明确承担的是领导工作、组织工作还是具体执行工作或者协调和监督工作等。同时，在这一项中还可以描述每项工作的环境和工作条件，以及在不同阶段所用到的不同工具和设备。

4. 岗位主要权限

岗位主要权限是指为了达到岗位的目的，岗位有权自主处理的事情或做出的决定，一般包括决策权、建议权、审核权、审批权、执行权、考核权、监督权等。在描述这个部分内容时，需要有明确权限划分的依据，如法律、政策、制度等。一般来说，中高层岗位的权限主要包括业务的审批权、管辖部门的绩效考核权、对上级领导的建议权、权限内的财务审批权等；基层岗位的岗位权限包括建议权、申诉权等。

5. 工作沟通关系

工作沟通关系包括对内和对外两部分。对内主要指在酒店内部，需要和其他部门，或者上级岗位打交道，通常填写联系较多的3~5个部门或岗位；对外是指在酒店外部，需要和政府部门、相关企业、客户或社会中介组织沟通协作等。

6. 任职资格

任职资格指的是对已确立的岗位所需的任职基本要求作出判断，描述了什么样的人才能担任这个岗位的职责，主要包括：学历要求、外语和计算机要求、专业要求、专业知识、专业技能、工作经验、职业资格证书等。其中，专业知识是指胜任该岗位需要了解的政策法规、行业知识或涉及该岗位的一些专业知识；专业能力是指胜任该岗位工作所具备的一般性技能等。如某家酒店对中餐厅服务员专业技能的描述：熟悉托盘、摆台、餐巾折花、酒水服务和菜肴等服务技能技巧和一定的应变能力，能妥善处理服务中出现的投诉问题。

（三）岗位说明书的编制注意事项

岗位说明书为酒店人力资源管理的各项工作提供了一些基础和依据，但由于其在编制过程中存在这样或那样的误区，对于改善酒店的绩效、提升工作效率并无太大帮助，往往成为酒店或人力资源部门的一种展示性文件而被束之高阁。如何让岗位说明书发挥它应有的作用，需要掌握以下注意事项。

1. 广泛宣传动员，争取多方参与

岗位说明书的编制是一个自上而下，上下结合的过程，涉及酒店方方面面和各级员工。通过广泛宣传动员，让所有员工明确自己的工作责任、作用和基本要求，及时与酒店各级管理人员、骨干员工保持沟通，邀请他们参与岗位说明书的编制工作。各级管理人员和骨干员工是企业生产经营活动的中坚力量，获得他们的肯定和支持有利于岗位说明书编制工作的开展。

2. 规范词语使用，划清职责权限

首先，描述职责时，要注意体现流程，分清主次。通过对流程的深入分析，把握各职责之间的内在联系，掌握各职位的主要内容。主次分明，重点突出可以使任职者认识到其所在环节对系统整体目标的贡献，给任职者指明了努力的方向；其次，在使用规范的“动词＋宾语”的表述形式时，必要时辅以状语性的措辞，删除不必要的修辞；最后，对不同层次职位的职责描述要体现层次感。在同一个部门内，不同层级的员工在进行某一种工作履行其不同的职责时，有些工作内容是相似的，这时候语言描述要体现层次性，以反映出他们工作的侧重点有所不同。

3. 建立动态机制，及时更新完善

岗位说明书是企业岗位管理的基础，对岗位说明书的管理工作尤为重要。

社会的变化、行业的发展、企业的变革都会给岗位提出新的要求。因此，酒店编制出规范的岗位说明书后，人力资源部门应及时建立岗位说明书的动态管理机制，由专人负责管理与更新。一般而言，岗位说明书应至少一至两年修改一次，根据行业的发展和职责的变化情况灵活进行选择。当酒店发生重大组织变革和战略调整时，应及时修订岗位说明书。因此，岗位说明书的格式要求简洁实用，重点突出，项目不宜过多。

案例 3-1

过时的岗位说明书

一家老酒店经过大投入、大改造，从一家中档酒店升级为高星级酒店。一天，人力资源部李经理为招聘中餐厅服务经理一事与餐饮部经理沟通。李经理说："王经理，这次招聘中餐厅经理，已经筛选了三位候选人，这三个人看上去素质都不错，您再面试一下，看看选哪位合适。"

几天后，王经理找到李经理说："经过面试了解，这三位都不符合我们的要求。第一位虽然是一位经验丰富的主管，但原来就职于一家低星级酒店，没有高星级酒店的工作经历；第二位是酒店管理专业的大学应届毕业生，没有工作经验，无法胜任经理一职；第三位是我们酒店内部的一位老员工，虽然多次获得过'年度优秀员工'，但没有管理经验。我们需要的是有多年高档餐饮服务经营与管理经验的，能够直接上岗做事的餐厅服务经理。"李经理无奈地说："各部门总抱怨我们人力资源部没能及时补充职位空缺，影响餐厅的正常运营，其实人力资源部都是按照符合这个岗位说明书的要求来招人的。"王经理一脸茫然："我来酒店三年多了，根本就没见过你说的什么工作说明书。"听到这句话，李经理拿来了多年以前制定的中餐厅服务经理岗位的工作说明书。当他们将岗位说明书与现实岗位所需要求逐条加以对照时，才发现几年前制定的岗位说明书已经严重脱离了酒店目前的实际情况，远远满足不了酒店发展的需要。

点评：岗位说明书是要根据酒店内外环境及经营情况的变化而及时更新的，岗位分析在变化，人员要求也在变化，过时的岗位说明书怎么能帮助酒店招到合适的人才呢？

任务三　学会人力资源规划的量化管理

案例 3-2

焦头烂额的人力资源部经理

一家小型单体酒店经过几年发展，逐渐壮大为连锁品牌酒店。原来，酒店规模小，业务量少，从来没有制订过人力资源计划，需要人了就到人才市场现招。但随着酒店的规模逐渐扩大，人力资源部经理也考虑在每年年初的时候制订招聘计划。然而，一年中，经常出现员工升迁、平调、降职、辞职、退休等，使得人力资源经理一年到头都在往人才市场跑，年初制订的招聘计划根本赶不上变化。

有一年，酒店内部3名主管人员升迁了，2名跳槽到其他酒店，酒店的日常业务受到较大影响。酒店高层命令人力资源部经理在3天内招到合适的人才顶替空缺，不要影响酒店正常经营。人力资源部经理3天内，又是在网上招聘、又是去人才市场招聘，忙了3天没睡觉，总算解决了问题。这个问题刚解决好，又接到了其他门店的经理电话，表明无法给酒店新来的5名实习大学生安排岗位，理由是：2个月前缺人，现在人员满了。接到电话的人力资源部经理瘫坐在地上，叹气道：人力资源管理工作怎么这么难！

点评：随着市场行为日益规范，企业日益壮大，缺少人才成为企业发展的瓶颈，但很多企业仅限于发现缺人，却不知道为什么缺人，更不了解如何解决这一问题。案例中的这位人力资源部经理对酒店内外的人员需求、供给未能进行充分了解，导致“焦头烂额”却又“问题频出”。由此可见，做好人力资源规划至关重要。

一、人力资源规划理论

（一）酒店人力资源规划的内涵

人力资源规划是酒店发展战略的重要组成部分，也是酒店人力资源管理各项工作的起点和依据。酒店人力资源规划，是指酒店为实现其发展战略目标，根据酒店内外部环境的变化，运用科学的方法，以整体超前和量化的方式对酒店人力资源的供求进行预测，并制定相应的政策与措施，从而使酒店人力资源的供给和需求在酒店未来的发展过程中实现综合平衡的过程。

（二）酒店人力资源规划的作用

1. 有助于酒店制定科学的发展战略

一般来说，酒店的人力资源规划是在酒店整体的发展战略的基础上制定的。酒店的发展战略作为对酒店未来发展的规划，需结合自身实际情况而制定，其中也会对具体人力资源状况进行详细分析。由此可见，酒店的发展战略与人力资源规划相辅相成，二者形成良好的互动关系。人力资源规划在一定程度上反作用于酒店所制定的战略，使二者在实际运营中得到良好配合。

2. 使酒店人力资源管理活动有序化

酒店业是服务性行业，受外界环境及宏观政策的变化影响较大，需随时根据环境的变化对酒店的经营规划和组织结构加以及时调整，包括酒店员工数量和结构的调整。除此之外，少数员工的离职、升迁等也会导致人力资源的数量和结构发生改变。而这种变化会给酒店的正常运营带来一定的影响。为避免因人力资源的数量和结构调整产生不良影响，确保酒店的正常运营，需提前做好酒店人力资源规划，维持人力资源的动态平衡。

3. 有利于酒店合理利用人力资源、降低人工成本

人力资源是企业非常重要的资源，它给企业带来收益的同时也可能会增加经营成本。一家酒店的人力资源如果和自身实际需求不相匹配，可能会出现因人力资源配置不合理而导致的资源浪费现象，如“人浮于事”的情形。也可能会增加酒店的人力成本的支出，影响酒店的实际收益。那么，通过科学的人力资源规划，将酒店的人力资源的数量和质量控制在合理的范围内，并能降低人工成本，实现酒店增收。

4. 提高酒店人力资源利用效率，调动员工积极性

员工流失率高是困扰酒店业运营的难题。2023 年中瑞酒店管理学院酒店业研究中心发布的《中国酒店人力资源现状调查报告（2023）》报告显示，参与数据统计的酒店餐饮部员工流失率高达 85%，前厅部 80%，客房部 68%。“提高薪酬和福利待遇”“获得更多的内部晋升机会”和“获得管理人员在日常工作中更多的关注，必要时得到其有效帮助”3 种原因排在员工选择离职的前三位。员工进入酒店工作，不仅是为了获得物质报酬，同时也是为谋求自身的发展。酒店应通过人力资源规划，根据整体人力资源战略要求，引导员工设计职业生涯发展规划，使其明确自身价值、发展前景，从而充分调动他们的积极性。

（三）酒店人力资源规划的分类

人力资源规划服务于组织的发展战略，是为了保证实现组织的战略发展目标而实施的一系列行动方案。按照不同的标准，可以将酒店人力资源规划分为以下几种类型。

1. 按范围划分

酒店人力资源规划按其涉及的范围有宏观、中观和微观规划。宏观规划一般是酒店的整体发展战略规划，关系到整个组织的人力资源管理活动，包括招聘、培训、考核、激励等。中观规划则是一个部门的发展部署，包括各种职能部门制订的职能计划，如技术部门的人员补充计划、销售部门的培训计划等。而微观规划偏重具体安排。如针对人力资源管理活动的特定课题做出决策的规划。人力资源宏观规划是中观和微观规划制定的依据，微观规划需在宏观和中观的指导下制定。

2. 按时间划分

酒店人力资源规划按其涉及的时间期限则有短期、中期和长期规划之分。短期规划通常是一年以内的规划，是组织年度计划的重要组成部分，中期规划则是组织发展 1 至 3 年的部署，长期规划一般在 3 至 5 年以上。规划历时长短受组织环境确定性、稳定性及人力资源素质要求高低的影响。

3. 按用途划分

酒店人力资源规划按用途划分可进一步分为总体规划和专项规划。总体规划提出人力资源开发与管理的总目标、总政策、实施步骤、总体预算的安排，它是酒店发展战略的重要组成部分，也是制定专项规划的依据。专项规划则是总体规划的具体化，由贯彻总体规划的组织结构、制度、人员等各项分目标、分任务、分政策、分步骤及分预算组成。

二、人力资源规划的四个维度

（一）组织规划

人力资源的组织规划是人力资源规划中的重要一环，与酒店的人力资源战略融为一体。酒店的经营规模、战略目标都会影响组织规划。从人力资源管理的角度来说，组织规划实质上就是预测未来的组织任务和环境对组织的要求，通过对组织内外环境信息的收集，做出对组织架构的设计与调整、组织机构的设置等。比如酒店规模小、对管理效率要求高，就可以将组织机构设置成直线式。

（二）制度规划

制度规划是人力资源管理整体规划目标实现的重要保证，涉及人力资源管理制度体系建设的程序、制度化管理等内容。制度规划必须从酒店实际出发，认真分析酒店内外的有利与不利因素，使人力资源管理制度充分反映自身的环境、性质和特点；另外，制度规划还应考虑到员工的根本利益，将员工的发展与酒店的发展放在同等重要的地位，这是酒店人力资源规划制度规划的基本要求。当然，制度规划也应重视管理制度的不断变革和创新，使人力资源管理活动能与时俱进，充满活力。

（三）费用规划

对于现代酒店而言，成本费用的控制是一项重要的工作，是提高经济效益的重要手段。因此，需要做好人力资源的费用规划。费用规划是对酒店人工成本与人力资源管理费用的整体规划，包括人力费用的预、决算及人力成本控制等。在人力资源管理工作中，有人工成本、招聘及培训、薪酬及激励费用等，对人力资源管理工作进行科学规划，在合理的范围内控制成本和费用，不仅能提高酒店经济效益，也有利于促进人力资源的合理配置，提高员工的综合素质。

（四）人员规划

酒店的人员规划是对企业人员数量、结构、配置与流动的整体规划，包括人力资源现状分析、人员需求和供给预测等。包括对现有员工团队的人员构成进行分析，分析现有人员是否符合酒店要求，不符合要求的员工的潜力、成长周期、成长所需的资源条件，需要怎样的培训等等。因此，人员规划是酒店人力资源规划中较为微观的部分，也是非常重要的部分，因为酒店人力资源管理工作的核心是“人”（图 3-3）。

图 3-3 人力资源规划的维度

三、人力资源规划的量化管理方法

（一）酒店人力资源需求预测

1. 人力资源需求预测的步骤

人力资源需求预测分为现实人力资源需求、未来人力资源需求预测和未来流失人力资源预测三部分。对酒店人力资源需求进行预测，可以通过岗位分析和岗位职责的分析来进行，具体包括以下步骤。

（1）根据职位分析的结果，确定职位编制和人员配置要求。

（2）对职位现有的人力资源进行盘点，统计缺编、超编及“人岗匹配”情况。

（3）对前两步的结果进行对比讨论，确定现有人力资源需求。

（4）对预测期内的人员退休、晋升、离职情况进行统计和预测，得出未来流失的人力资源数量。

（5）根据酒店发展战略和规划目标，明确各部门的工作量。

（6）根据工作量的增长情况，确定各部门需要增加的职位及人数，即未来要增加的人力资源需求。

（7）将第三、第四、第六步的结果进行汇总，得出酒店整体人力资源需求预测。

2. 人力资源需求预测的方法

酒店人力资源需求的预测是一项复杂的工作，在具体操作过程中，可以采用多种方法来进行预测。

（1）经验判断法。经验判断法是酒店根据以往的经验对人力资源需求状况进行预测的方法。这种方法借助的是以往的经验，简单易行，成本较低，适用于一些规模较小且管理人员有丰富经验的酒店，一般经常用在对某段时间的人力资源需求的预测上。但这种方法容易受到各个部门自身利益的制约，影响结果的客观性，可以通过多人综合预测或查阅历史记录等方法提高预测的准确率。

（2）现状规划法。现状规划法是假定当前的职务设置和人员配备是合适的，即酒店目前各种人员的配备比例和人员的总数能完全适应预测规划期内的人力资源的需求。酒店没有职务空缺，人力资源未来的需求完全取决于人员退休、辞职等情况的变化。因此，人力资源需求预测就相当于对人员退休等情况的预测。退休的人员数量是可以准确预测的，人员的主动离职、调动等情况可以根据以往的历史资料和分析比例来进行预测。它是一种简单的预测方法，容易操作，适合中短期的人力资源需求预测。

（3）德尔菲法。德尔菲法又称“专家预测法”，是一种由专家们对影响酒店发展的某一问题进行预测并最终达成一致意见的方法。具体做法是：拟定主题，设定预测的内容；邀请相关的专家或经验丰富的管理人员，以匿名的形式提出各自的预测；组织者综合专家的意见，并将意见整理汇总后反馈给专家，由专家再次分析判断并做出新的预测；如此反复，直到形成一致的预测结果。这种方法要求参与预测的专家对相关背景知识或资料了解得比较详细，只需要专家进行粗略的估算，不需要精准的结果，适合人力资源需求总额的预测。

（4）比例预测法。即依据已经存在的人力资源方面的比例关系，来推算未来的人员需求情况。比如目前某酒店的客房职工比为 2∶1，预测期内计划扩大规模，增加客房 50 间，那么，人力资源的需求预测为 25 人。

（5）趋势预测法。趋势预测法是通过对酒店在过去五年或者更长时间内的员工雇用变化情况进行分析，据此来预测酒店未来人员需求的方法。这种方法的大概步骤是：收集酒店过去几年的人力资源需求数据，根据这些数据列图表进行分析，或作适当调整，然后根据图中的相关数据建立数学关系，由此预测未来的需求情况。

表 3-5　某酒店餐饮部人力资源需求

年份	就餐人数（人 / 天）	服务员的劳动生产率（每天可接待就餐客人数）	服务员需求量
2012	1000	50	20
2013	1100	52	21
2014	1100	54	20
2015	1200	55	22
2016	1250	60	21
2017	1400	54	26

根据 2012—2016 年的历史数据，得出服务员的劳动生产率为 54%。根据对 2017 年就餐人数的预测可以推算出 2017 年服务员的人员需求数量为 26 人（表 3-5）。

（6）回归分析预测法。回归分析预测法主要是通过了解一个或一系列变量的变化来预测另一个变量。酒店人力资源需求受到诸多因素影响，回归分析法需要确定那些和人力资源需求密切相关的因素，据此建立一个科学的回归方程式，来预测酒店未来人员需求的技术。回归分析预测法不仅适用于短期的人力资源预测，而且适用于中期、长期的人力资源预测。根据涉及的变量个数，可采用一元回归分析和多元回归分析两种模型。多元回归涉及因素较多，操作的复杂性和难度也大很多。在实际工作中，一元回归分析模型能较为方便地预测人员需求。下面仍然用上述例子，简单演示一元回归分析方法的操作。

将服务员的需求数量设为 Y，就餐人数设为 X，一元回归方程为 $Y=a+bX$，根据给出的数据，稍微调整一下，得出 $a=10$，$b=0.01$，那么假设 2017 年就餐人数为 1400 人，那么服务员的需求数量 $Y=10+0.01\times1400=24$（人）。

（二）酒店人力资源供给预测

1. 人力资源供给预测的步骤

人力资源供给预测是酒店为了实现既定目标，对未来一段时间内酒店内部和外部各类人力资源补充情况的预测。人力资源的供给一般分为内部供给和外部供给两个部分，内部供给是指从内部劳动力市场提供的人力资源；外部供给是指从外部劳动力市场获取的人力资源。基本步骤如下。

（1）对酒店现有的人力资源进行盘点，了解酒店目前的员工数量和质量结构。

（2）根据历史数据及各部门主管人员的意见，预测可能出现的人事调整情况。

（3）根据前两步的数据，得出酒店内部人力资源供给预测。

（4）分析外部劳动力市场状况、择业偏好、本酒店的吸引力、外部竞争力等因素，得出酒店外部人力资源供给预测。

（5）根据酒店内部和外部人力资源供给预测，得出酒店人力资源供给预测。

2. 人力资源供给预测的方法

酒店在明确人力资源的内部需求后，还要确保现有的人力资源供给渠道能够满足其供应需求，如果无法满足，则需要开拓新的人力资源市场渠道。所以，酒店人力资源供给预测主要是通过对酒店内部人力资源信息的调查开始的。主要有以下方法。

（1）技能清单法。技能清单法是通过调查并记录酒店员工工作能力特征等数据，为员工（非管理人员）建立信息档案。这些技能数据一般包括员工的基本信息、技能信息、个性特征、兴趣爱好及工作评价等内容。

（2）管理人员置换图法。这种方法是对酒店现有人员的状况做出评价，然后对他们晋升或者调动的可能性做出判断，以此来预测酒店潜在的内部供给，从而对酒店人力资源流动情况进行控制和调整的一种方法。这种方法较为直观，当某一职位出现空缺时，就可以及时地进行补充。为了保证预测的准确性，需要对人员的替换信息进行动态更新。

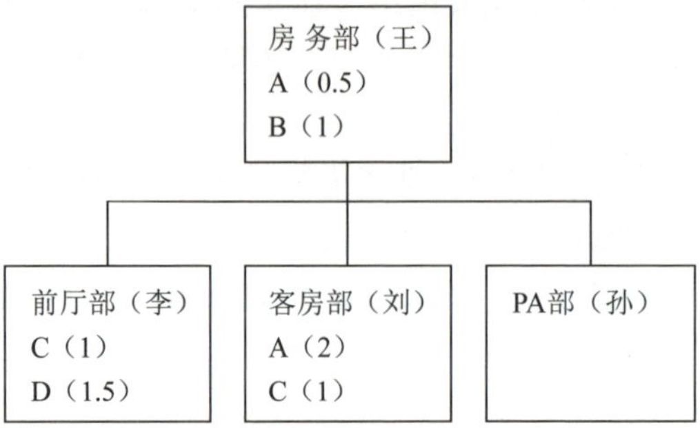

图 3-4　管理人员置换图

以图 3-4 的置换图为例进行解释。图中反映了房务部的王某、前厅部的李某、客房部的刘某能够调动到 A、B、C、D 四个岗位的适应时间。王某大概需要半年可以适应 A 岗位的工作，1 年适应 B 岗位的工作，李某、刘某以此类推。孙某暂时还不能调动或晋升。这样可以很清晰、直观地看到人员的岗位适应情况，也便于对人力酒店的流动进行控制和调整。

（3）马尔科夫模型。这种方法是用来预测等时间间隔点上（一般为一年）各类人员分布状况的一种动态预测技术。它科学、定量地预测分析酒店各岗位人员流动的情况，有效地弥补了其他方法只能推算出酒店的整体数据或某一个部门的人员变动数据的不足，其数据分析的关键依赖于转移概率矩阵的可信度。下面举个例子，简单演示下这个方法的应用。

酒店目前的 A、B、C、D 四类职位的人员数量分别为 50、100、200、300。预测期内的人员变动情况如表 3-6 所示。

表 3-6　酒店人员转移率矩阵

	A	B	C	D	离职率合计
A	0.9	0	0	0	10%
B	0.1	0.7	0	0	20%
C	0	0.1	0.8	0.05	5%
D	0	0	0.2	0.6	20%

从表 3-6 可以看出，预测期内，A 类职位有 90% 的人在职，有 10% 的人离职；B 类职位有 70% 的人在职，10% 的人调到 A 类职位，有 20% 的人离职；C 类职位有 80% 的人在职，10% 的人调到 B 类职位，5% 的人调到 D 类职位，5% 的人离职；D 类职位有 60% 的人在职，有 20% 的人调到 C 类职位，20% 的人离职。根据这些数据，就可以预测出未来的人力资源供给量（表 3-7）。

表 3-7　预测期内酒店人员的分布情况

	初期的供给量	A	B	C	D	离职率合计
A	50	45	0	0	0	5%
B	100	10	70	0	0	20%
C	200	0	20	160	10	5%
D	300	0	0	60	180	20%
所测的供给	—	55	90	220	190	—

由表 3-7 可以看出，预测期内，四类职位的人员供给量分别为 55、90、220、190。这些数据就可以为四类职位的人员规划工作提供参考。

四、酒店人力资源规划报告的撰写

酒店人力资源规划要求规划主体在酒店的远景目标、战略规划的指引下，根据酒店人力资源活动的特点，总体把握酒店人力资源的供求状况，对人力资源进行统筹规划，以实现酒店的目标。人力资源规划报告的撰写是一个复杂的过程，一般来说包括 4 个阶段（图 3-5）。

（一）准备阶段

调查、收集、整理涉及酒店战略决策和经营环境的各种信息，根据战略目标的要求，分析满足战略目标需要的人力资源，并对现有的人力资源状况进行盘点，主要包括人员结构分析和素质分析。分析现有员工是否适合现有岗位，以及未来晋升和岗位轮换的可能性。

（二）预测阶段

在充分掌握信息的基础上，运用定性和定量相结合的各种科学预测方法，对酒店在未来某一个时期的人员供给和需求进行预测。它是一项技术性较强的工作，在整个酒店人力资源规划中，这是最为关键也是难度最大的一部分工作，其准确程度直接决定了规划的效果和成败。只有准确地预测出需求与供给，才能采取有效的措施和方法平衡人力资源供需关系。

（三）实施阶段

在预测了酒店人员需求和供给之后，酒店就可以将供需的结果进行比较，确定是劳动力剩余还是劳动力短缺，据此选择并实施平衡供求的措施，使酒店对人力资源的供求得到平衡。如果预测出劳动力剩余，酒店要设法减少员工数量，方法包括冻结招聘、减少工作时间、提前退休等；如果预测出劳动力短缺，酒店可以考虑延长员工劳动时间、提高劳动生产率、增加招聘，甚至可以考虑将某些业务外包出去。在制定具体的平衡措施时，应该使酒店人力资源的总体规划和业务规划与酒店的其他规划相协调、相一致。

（四）评估阶段

这一阶段是对酒店人力资源规划实施的效果进行调整评估。由于预测与实际情况可能产生一些偏差，要求酒店人力资源规划也需要根据内外环境的变化，适时进行调整。具体而言，对预测结果的准确性进行评估，对制定措施的有效性进行衡量，并总结其中产生的问题及经验，为后续相关工作的开展提供借鉴。

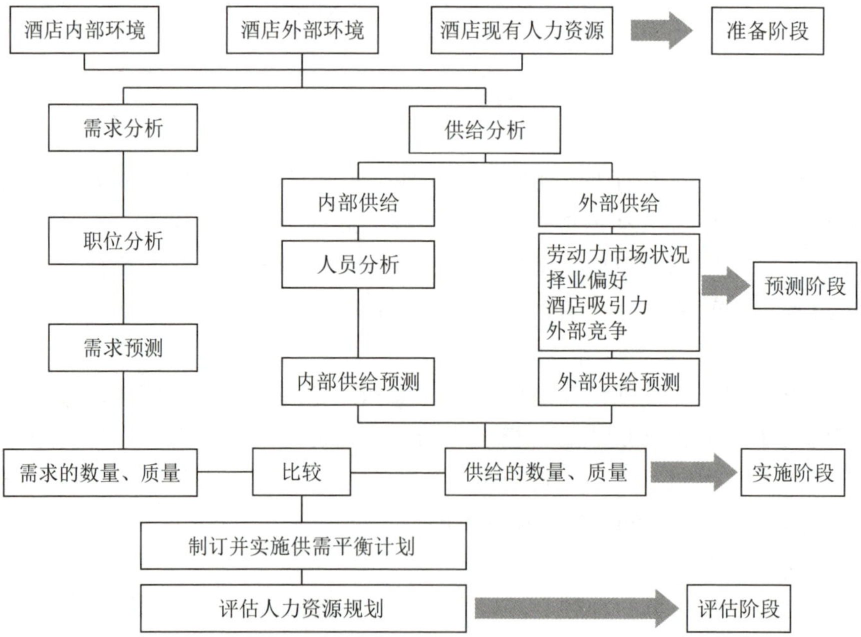

图 3-5　酒店人力资源规划报告撰写过程

人力资源规划对自身人力资源管理及酒店的发展意义重大。酒店应根据自身的发展需要，做好人力资源规划工作，确保对人才的合理使用，创建完善、科学的奖惩机制，强化员工管理，发挥员工潜能，获得更好的发展。

思政园地

思考与练习

一、选择题（请将正确的选项填在题目后面的括号内）

1. 以下属于人力资源规划作用的有（　）。

A. 有助于酒店制定科学的发展战略

B. 使酒店人力资源管理活动有序化

C. 有利于酒店合理利用人力资源

D. 有利于酒店降低人工成本

E. 提高酒店人力资源利用效率，调动员工积极性

2. 对任职者的资格条件分析包括（　）。

A. 经验　　B. 技能　　C. 教育　　D. 培训

E. 心理及生理因素

3. 企业要编制用人标准，即需要加强（　）工作，促进企业劳动组织的科学化。

A. 定编　　B. 定额　　C. 定岗　　D. 定员

E. 定薪

4. 工作分析的内容有（　）。

A. 工作职责分析　　B. 工作流程分析

C. 工作权限分析　　D. 工作关系分析

E. 工作环境条件分析

5. 在人力资源规划中，人员规划的内容包括（　）。

A. 企业劳动定员　　B. 人力资源现状分析

C. 人员供需平衡　　D. 人力资源费用控制

E. 职业生涯规划

二、填空题（将正确的答案写在横线上）

1. 工作中不能继续再分解的最小动作单位是________；工作分析的直接成果是________。

2. 让有关人员以书面形式回答有关工作岗位问题的工作分析方法是______

______；人员需求预测方法中，属于定性分析方法的有______、______。

3. 人力资源规划的四个维度分别是组织规划、______、______和______。

4. 对酒店现有人员的状况做出评价，然后对他们晋升或者调动的可能性做出判断，以此来预测酒店潜在的内部供给，从而对酒店人力资源流动情况进行控制和调整的一种方法是______；为了保证预测的准确性，需要对人员的替换信息进行______。

5. 岗位说明书的编制内容包括岗位基本信息、岗位目的、______、______、工作沟通关系和______。

三、简答题

1. 工作分析的原则有哪些？

2. 酒店人力资源规划包括哪些方面的内容？

3. 收集酒店工作分析信息的方法有哪些？

四、案例分析题

某酒店是一家专门接待高端客人的高星级酒店，高质量的细致服务为该酒店赢得了众多客人，塑造了良好的口碑。随着酒店的发展壮大、客流量的逐渐增多，酒店在对客人的重视程度和在服务质量的精细程度上均有所下降。另外，由于客情存在较大的不确定性，繁忙时服务员人手紧张，接待量小时又出现人员大量闲置的情况，而且因为接待的顾客对象不同，要求不同，对接待服务质量的要求也有所不同。而该酒店仍然按照统一的标准服务所有的客人。渐渐地，酒店口碑下降，经营成本增加，利润下降。

请根据该酒店的情况分析：

1. 该酒店为什么会出现忙闲不均的现象？

2. 应该如何解决该酒店目前的困境？

参考答案

4 项目四 招聘与配置

项目导读

本项目以酒店需要什么样的员工，如何获取应聘者的信息，以及如何选聘到适合酒店所需要的员工为主线，通过招聘需求的确定、招聘渠道选择、甄选与评估四个环节的介绍，使学习者对招聘工作有深入理解的同时，提升学习者制订招聘计划及甄选员工的业务能力。

学习目标

1. 了解酒店员工招聘与配置的基本工作内容。

2. 了解酒店员工招聘渠道选择、员工甄选方法。

3. 理解背景调查的意义及重要性。

4. 掌握在招聘与配置过程中利用量化管理与数据分析方法提高招聘效率的能力。

思维导图

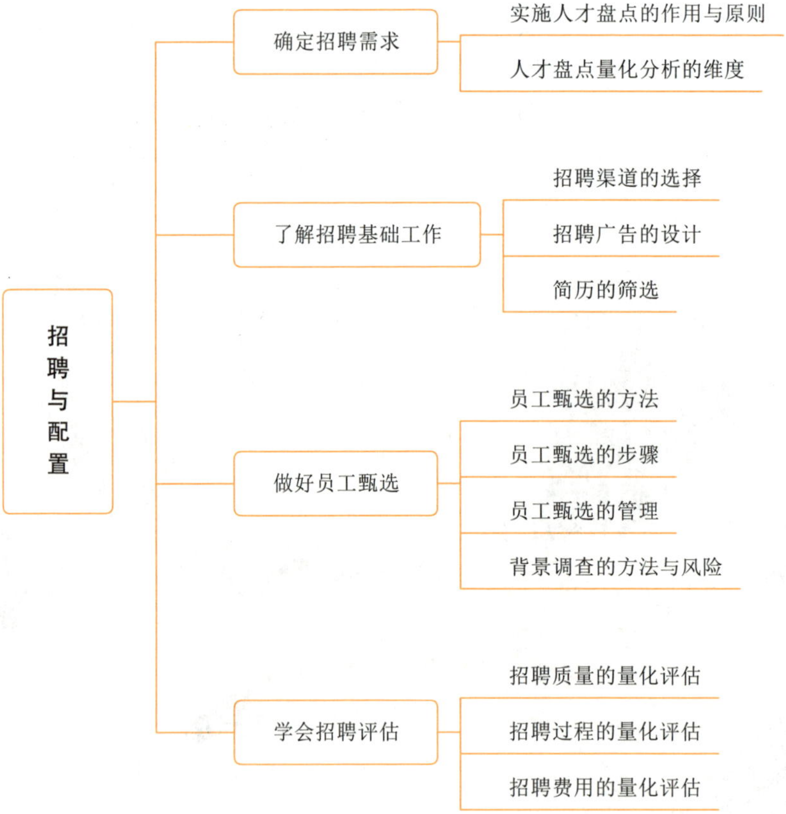

任务一　确定招聘需求

美国学者乔治·米尔科维奇等认为，招聘是确认和吸引大量候选人并从中挑选符合雇用要求的人的过程。亚瑟·W. 小舍曼等认为，招聘是寻求和鼓励潜在的应征者申请现有的或预期的空缺职位的过程。在此过程中，组织应致力于使应聘者得到工作要求和职位机遇的全部信息。某项工作是由组织内部还是外部来承担，取决于人员的可用性、组织的人力资源政策和工作的要求。

我国学者对招聘给出了很多定义。廖泉文认为，招聘是企业获得合格人才的渠道，是组织为了生存和发展的需要，根据组织人力资源规划和工作分析的数量与质量要求，通过信息发布和科学甄选，获得本企业所需的合格人力资源，并安排他们到企业所需岗位工作的过程。胡君辰等认为，招聘分为广义和狭义两种，广义的招聘是指企业为了发展的需要，为了填补空缺的岗位，向企业内外吸收、挑选、安置人力资源的全过程；狭义的招聘是指企业为了发展的需要，为了填补空缺的岗位，向企业内外发布有效信息，集合应聘者的全过程，不包括选拔与安置过程。

总体而言，招聘是指企业为了生存和发展的需要，根据市场需求和人力资源规划、具体用人部门的职位要求，采用一定的方法和媒介，向目标受众发布招聘信息，吸纳或寻找具备任职资格和条件的求职者，并按照一定标准采取科学的方法筛选出合适的人员予以聘用的工作过程。

一般来说，酒店招聘工作伴随着酒店企业运营管理的全过程。酒店初创时期，大部分岗位人手空缺，酒店人力资源部门要在规定的时间内需要完成空缺岗位人员的招聘；酒店正常运转时期，酒店员工会离职、退休、不胜任岗位、职务调整等，及时满足以上原因产生的酒店人力资源新需求；酒店企业战略调整时，人力资源部门会根据企业战略调整，从长远发展的角度，为酒店发展提供战略人力资源支撑；酒店扩张时期，新开业酒店对酒店人力资源产生新需求，人力资源部门需要及时完成缺岗人员的招聘和选拔。因此，招聘和选拔工作是酒店人力资源部门的日常工作中高频率的工作任务，确定招聘需求是做好招聘的关键和前提。

一、实施人才盘点的作用与原则

酒店人才的获得途径主要有两种，一种是通过外部招聘获得所需的人力资源；另一种是通过内部选拔的方式进行补充。因此，要做好酒店内部人才盘点，明确酒店现实人力资源供给及需求提供准确的信息支撑。

人才盘点（Talent Review）起源于日本“大荣”公司内部进行的轮岗工作，作为企业战略布局中的关键一环，既是人才管理的有效工具，也是企业人才战略实施中不可或缺的一部分。全球竞争日益激烈，各国综合实力的竞争归根结底是人才的竞争。人才盘点通常会遵循“战略—组织—人”的逻辑原则，企业的战略方向会改变人才队伍的标准，而企业人才库中拥有人才队伍的质量、素质和管理体系等，也会影响员工个人职业生涯的发展方向。人才盘点是指通过评估企业内部的人才能力和素质，对企业人才进行识别与挖掘，从而发现人才，针对性培养人才的活动。其特点是：它可以应用在业务转型、组织激活、梯队建设、人才审计和高潜识别五大场景中，帮助组织提前识别高潜，留住核心人才，记录学历、工作经验等基础数据，分析员工个人能力与组织人才标准之间的差距，并通过清点人才优势、职业发展的可能路径及可能的继任者创建人才九宫格，系统评估内部人才质量和结构，使员工能力透明化和结构化，加强员工自我认知、提升员工能力，推动战略与决策科学化。

人才盘点主要回答 3 个问题：一是数量，即人员的数量；二是结构，人员各维度结构是否合理；三是能力，人才的能力是否满足企业发展需要。

（一）人才盘点的意义和作用

1. 人才盘点的意义

（1）人才盘点帮助企业实现战略目标。人才盘点的首要目标是支撑企业战略目标的达成。在酒店业竞争日益激烈的当今，人才往往是决定企业发展的关键要素。通过人才盘点，摸清现有人才的实际情况，判断这些人才能否支撑企业战略的达成，及时发现人才缺口，采取相应的人才补缺计划，为实现企业战略目标打下人才基础。

（2）人才盘点帮助企业员工快速成长。从企业的角度看，人才盘点是发现企业高潜质人才，查找人才缺口，建立完善的人才发展体系，为人才选、聘、育、留提供决策的工具。从个人的角度来说，它可以让员工看到自身优势和不足，能够引导个人良性发展，为工作绩效的提高提供帮助，同时也是个人职业生涯发展的落地措施，督促员工快速成长（图 4-1）。

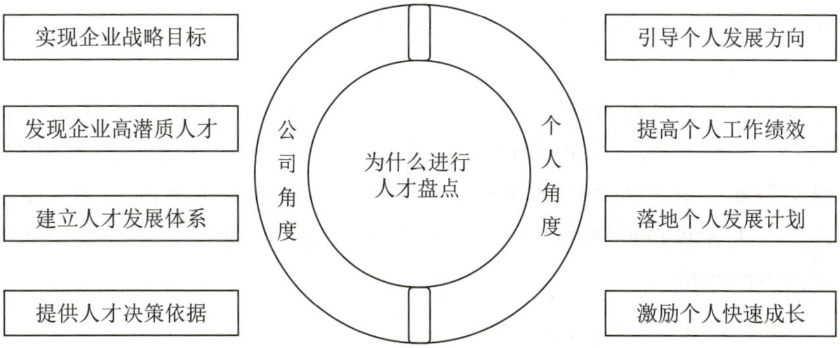

图 4-1 人才盘点对企业和个人的作用

（3）人才盘点不仅盘存现在，而且展望未来。人才盘点不仅要对企业现实情况进行盘点，比如要盘点在岗人员的人岗匹配情况，员工的稳定性及影响稳定性的相关因素，现有人员的绩效情况，以及针对现有绩效所做出的绩效改进措施。对现状的盘存是摸清企业的人才现状。同时，结合公司战略目标，确定公司长期的人力资源需求，核心骨干岗位的配置，人才梯队建设，并制订有针对性的人才培养和人才招募计划，以确保企业对人才的需要（图 4-2）。

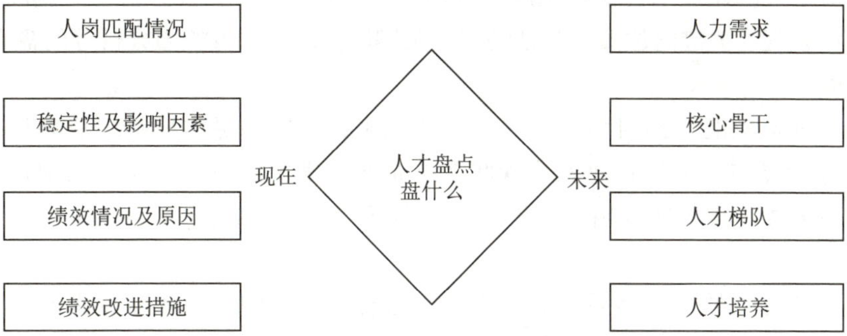

图 4-2 人才盘点对组织人才未来的影响

2. 人才盘点的作用

（1）为招聘服务。通过人才盘点，找出企业人才缺口，明确企业所需人才及现有人员情况，为招聘决策提供依据。

（2）为人才培养服务。人才盘点可以摸清企业人才的家底，知道现有的人才处于什么水平，未来的组织需要什么样的人才，找出差距，并根据人才培养需要，制定出具有针对性的培育措施，从而提高人才个人能力。

（3）为留人、育人服务。人才盘点可以明确现有人员的绩效情况，并针对绩效现状制订绩效改进方案，并制定激励措施，刺激员工绩效提升。

（二）人才盘点的原则

人才盘点是人才战略中的一种过程工具，是将企业内的人才作为“存货”进行盘存，为后续的人力资源管理提供数据上的支撑。人才盘点可以根据企业的现实需要，盘点人才的各类信息，也可以简单盘点人才的一些基础数据。也就是说，人才盘点要坚持“以终为始”的原则，根据目的和结果如何使用，来确定盘点的维度。

1. 组织盘点优先于人才盘点的原则

人才盘点包括两部分，一部分是组织盘点，另一部分是人才盘点。关于组织盘点和人才盘点的关系，确切地说，组织盘点是人才盘点的上游。从逻辑上讲，人才盘点之前，确实需要先做好组织盘点，包括未来的总体结构、各部门定位、增减去留、关键岗位设置、管控权责、协作关系等，才好继续往下做人才的盘点。否则，你都不知道人往哪里放、他的任务是什么、哪些人需要增减等等，你还去搞人才盘点，自然不会有很好的效果。特别是在未来组织要转型的情况下，更加需要先做好组织盘点乃至组织规划，才能往下做人才盘点。组织盘点包括组织战略、组织架构、关键岗位职责、人员编制、组织氛围等的盘点。对于人的盘点则包括组织内人员结构与分布、人才状况分析、关键岗位员工业绩表现、关键岗位员工胜任情况、关键岗位流失率及原因分析等的盘点。

2. 战略导向的原则

人才盘点既要面对现状，又要展望未来，要以满足实现组织战略目标所需人才为导向，关注企业人才现状及与企业未来发展对人才需求的缺口。因此进行人才盘点要适度超前，不能只看当下。

3. 定性定量原则

人才盘点的最终结果需要用数量来进行表达，因此人才盘点本质上是对企业人才的一次定量分析。与此同时，仅仅对企业的人才量化进行分析还不够，人才盘点时还要把握企业人才的变化趋势，未来人才获得面临的困难和问题等，这就要求对人力资源要进行定性分析。

4. 上下互动原则

人才盘点需要经历“自上而下”和“自下而上”两个互动过程。如果仅进行自上而下的盘点，而不进行“自下而上”的互动，容易导致员工个人、部门与企业的发展方向偏离。部门往往站在自身发展角度，没有站在企业未来发展需要的角度招募人才、培育人才。而如果只进行自下而上，往往缺乏全局观和发展观，导致人才盘点就事论事，就人论人。因此两者必须相结合。

二、人才盘点量化分析的维度

在人力资源管理中，对人才质量的盘点要比对人才数量的盘点更重要。人才盘点常常归结为人才质量的 3 个维度，分别是工作态度、工作能力及绩效水平。

员工工作态度是员工对工作所持有的评价与行为倾向，包括对待工作的认真程度、责任程度、努力程度等。由于这些因素较为抽象，通常通过主观性评价来考评。态度的对象是多方面的，其中有客观事物、人、事件、团体、制度及代表具体事物的观念等。著名心理专家郝滨老师曾指出："对一份工作的主观评价，在很大程度上决定了工作态度和工作效率。"

员工工作能力可以简单概括为员工有没有能力把工作做好或者说做好工作的可能性有多大。而工作能力往往是以员工的个人素质、知识水平、技能水平、工作经验或者熟练程度为基础的，因此人们在评价员工工作能力时，往往借助员工已有的素质、知识和经验等。

工作绩效，包括员工在工作岗位上实际展现出的成果，就是员工实际上有没有达到要求的工作目标，有没有达到公司的要求，有没有把工作做好。

通过评估人才在这 3 个维度上的表现，人力资源管理部门可以简单地形成人才质量的统计表，如表 4-1 所示。

表 4-1 人才盘点统计样表

姓名	工作态度	工作能力	工作绩效
李明			
王强			
刘美			

这张表只是粗略的概括性结果展示，酒店可以根据自己的实际需要，对此表格中的 3 个维度进行丰富。为了进一步细化工作态度、工作能力和工作绩效 3 个维度，人才盘点的方法和工具也应进一步丰富。根据测评侧重的不同，可以分成 3 个类别。

（1）工作绩效评价，用来测评员工的绩效水平。常见的工具包括目标管理法（MBO）、关键绩效指标（KPI）、目标结果法（OKR）、平衡计分卡（BSC）、360 度评估、关键事件法、行为锚定法、观察法、强制排序法等。

（2）胜任力测评，用来测评员工的能力水平。常见的工具包括岗位胜任力模型、DISC 职场行为风格测评、MBTI 性格测评、九型人格测评等。

（3）专业能力测试，用来测评员工的态度及潜能。常见的工具包括心理测试、思维能力测试、专家访谈、角色扮演、管理游戏等。

当然在人力资源管理实践中，为了突出重点，满足酒店管理的实际需要，人才盘点还可以就工作态度、工作能力和工作业绩 3 个维度进行全面盘点，也可以就某一个维度或者某两个维度进行盘点。

（一）单维度人才盘点的量化分析方法

人才盘点单一维度分析就是从 3 个维度中抽出一个维度进行盘点。比如，单看能力这个维度。人力资源管理者可以根据公司人才能力的不同，测绘出本公司的人才能力结构图。人力资源管理者可以把公司所有参与测评的对象的能力测评结果分成优、中、差 3 个层级，然后把所有员工的名字填到这 3 个层级中。

根据每个层级的人数不同，能够绘制出公司人才能力的结构图，从而非常直观地看出整个公司当前的人才能力结构是什么情况。常见的人才能力结构图可以分成五种类型，分别是橄榄型、倒金字塔型、直方型、花生型、金字塔型，如图 4-3 所示。

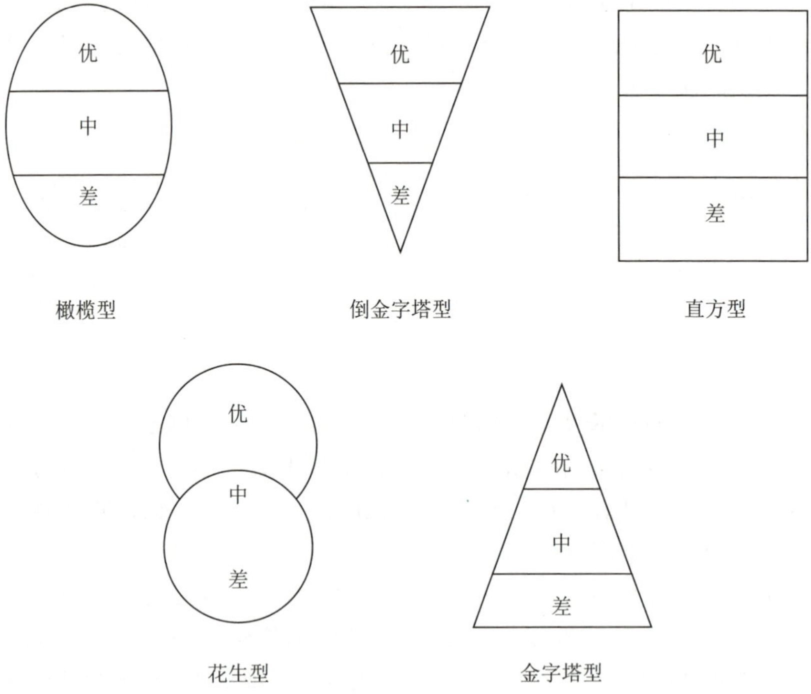

图 4-3　人才能力结构示意

五种结构图是按照从优到劣的顺序排列的。第一种的橄榄型结构一般来说是最健康的人才能力结构。在这种结构中处于中间位置的人数是最多的，处于优和差的人数比较少。从人才分布上看，公司优秀的人才并没有中等人才多，但如果企业发展能够提供更好的平台，很多能力处在中等水平的人就会得到很好的成长和发展。如果公司发展需要，可以对这批人才进行培养和提升。因为差的人比较少，不至于对公司的发展形成阻碍。有些管理者可能会认为第二种倒金字塔型才是最好的，原因是这种结构代表了公司当中能力强的人非常多，用一个词来形容就是“人才济济”。

在一家公司中，素质和能力差的人不应占多数，否则公司的发展就没有足够的人才支撑。但同时，能力优秀的人也不需要占多数，因为如果优秀的人才太多，公司提供的职业机会、发展空间和薪酬待遇可能都是有限的，反而会导致大部分人得不到锻炼或者得不到想要的待遇，最终会迫使人才选择离开公司，这对公司的发展是不利的。

如果公司处于快速发展的时期，有足够的发展空间和平台提供给这部分优秀人才，那么优秀人才占比应当多一些。如果公司不能快速发展，往往会导致企业人才过剩，很多人才由于无法得到很好的发展而选择离职，存在人才流失的风险。对于一般的公司来说，素质和能力中等的人占公司人才比例为 50%~70% 是比较理想的状态。

直方型的人才结构看起来比较平均，优秀、中等、差的人才数量都一样，对于如何提升较差员工的工作潜力，是在公司面前急需解决的问题。

问题比较大的是花生型和金字塔型结构。花生型结构表明中等能力人才数量比较少，这种结构容易导致企业出现人才断层现象。金字塔型结构是能力差的员工多，能力优秀的人才少，导致无法支撑公司的发展，而且能力较差的人又较多，会拖累企业发展。花生型和金字塔型的人才结构形态都属于不健康的人才结构类型，如果企业出现这两种人才结构形态要马上采取行动。

企业也可以用态度和绩效两个单维度分析，画出人才的态度结构图或绩效结构图。根据图形中展示的人才结构，分析公司当前的人才态度或绩效状况是否健康。

（二）双维度人才盘点的量化分析方法

人才盘点可以两个维度一起分析。把人才的能力和态度两个维度划分成高和低两种层次进行比较，形成“能力—态度”的四宫格工具，如图 4-4 所示。

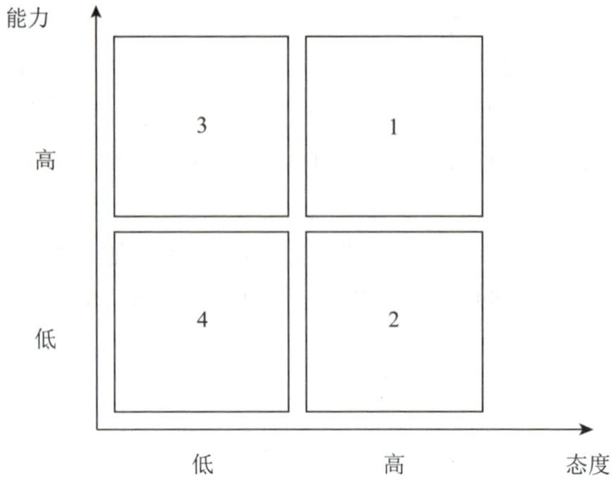

图 4-4 “能力—态度”四宫格

无论是绩效评价还是能力测评，人力资源管理者首先要划分出一个明确的标准，绩效和能力的高和低都严格遵守这个标准。比如 70 分以上的算高，70 分以下的算低，或者绩效被评为 A 级和 B 级算高，绩效被评为 C 级和 D 级算低。当按照“能力—态度”四宫格工具把人才全部放在 4 个区域中之后，人力资源管理者就可以针对不同区域的人才采取不同的策略了。

处于第一区域的人才，代表了人才工作态度的积极性比较高、能力比较强。人才是公司的宝贵财富，他们是公司发展的中流砥柱。可以说，在推动公司发展、为公司创造价值方面，绝大多数的贡献是由这部分人才完成的。

对于这类比较杰出的人才，公司应该重点给予晋升和发展机会，或者给他们提供特别的福利或者特殊的照顾。如果公司持续对他们不闻不问的话，这种比较优秀的人才很有可能受到其他公司尤其是竞争对手的青睐。如果他们遇到自己认为较为优厚的条件时，往往会选择跳槽离开。

处在第二区域的人才，代表了他们拥有较高的工作积极性，但是在工作能力上有所欠缺。他们具备成为公司发展中坚力量的潜力。对于这类人才，人力资源管理者应该给他们提供一些必要的培训，想方设法提高他们的能力，让他们朝第一区域努力。

处于第三区域的人才，代表了他们的能力虽然比较强，但是他们的工作积极性较差，俗话叫“有劲儿不愿使”。对于这类人才，人力资源管理者要对他们加强管理，通过完善的规章制度和科学的绩效管理来评估、规范和引导他们的行为，让他们也能够向第一区域靠拢。

处在第四区域的人才，代表了他们的工作态度比较差，工作能力也比较弱。这类人才对公司来说相对价值比较低。对待他们的策略通常是先具体了解和分析他们的情况，给予一定的培训，加强绩效管理，再考虑降级或在本岗位中继续观察和锻炼。

有时候，人力资源管理者在操作“能力—态度”四宫格的时候，会发现能力的划分只分成一高一低两个层级有点儿少，实际上有一些能力折中的人，不知该放在哪个区域。这个时候可以引入一个折中的层级。这样的话，公司对人才的划分就不是只有“高”和“低”两类，还有一类“中”。

任务二　了解招聘基础工作

员工招聘是从组织内部或外部识别和招聘人员以填补职位空缺。招聘不仅是人力资源管理中的重要一环，对企业实现其目标并在瞬息万变的市场中取得成功更是至关重要的一环。好的招聘工作既有助于为组织筛选出与企业发展愿景相投的员工队伍，更能够提升企业的经济价值。然而对组织而言，招聘的过程往往是一个耗时且通常与成本相关的企业行为。获得候选人的信息作为招聘流程中的第一环，对于整个招聘流程至关重要（图 4-5）。

微课 4-1

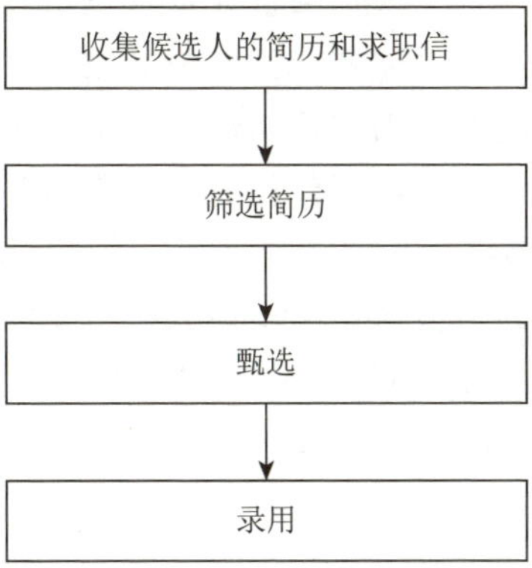

图 4-5　酒店招聘流程

一、招聘渠道的选择

在组织进行人员招聘前，首先要确定招聘的渠道。选择正确、高效的招聘渠道是对人力资源质量的重要保证。招聘员工的基本渠道一般可以分为内部招聘和外部招聘。这两种方式可以同时进行，也可以只选择其中之一进行（图 4-6）。

图 4-6　招聘渠道选择

（一）内部招聘

内部招聘主要是通过向组织内部公布岗位需求信息，吸引组织中对岗位感兴趣且有资格的员工。有些公司会优先选择内部招聘，这样一来能够调动内部员工的积极性，且公司只需要花费较少的精力去对员工做出相应的指导和培训，加速整个招聘过程。内部招聘通常包括以下一种或几种方式对竞聘岗位的员工进行考核：一是内部岗位发布；二是管理者提名；三是知识、能力、技能测试；四是内部晋升计划。

无论采取哪种方式或组合对竞岗申请人进行审核，都应该秉承公平公正的原则，在组织中做到公开透明，为员工创造新岗位可获得性且竞争公平性的职业预期。内部招聘能够节约招聘的成本，且降低相应的培训成本。但内部招聘在一定程度上也存在风险。第一，可能会造成组织内“抱团”现象的产生，容易滋生小团体，不利于个体创新；第二，当竞争失败时，可能会影响员工的积极性。

目前，绝大部分国际酒店集团都为员工提供足够的成长空间和发展机会。洲际集团则开发了“IHG Merlin”系统。所有注册的 IHG 员工都可以访问该系统，了解更多的岗位信息；员工也可以通过完成 IHG 代理大学课程，提前掌握更多岗位所需技能提升个人能力，获得内部机会。

（二）外部招聘

外部招聘指的是在组织以外招聘和雇用人才以满足组织的人才需求。外部招聘新员工可以基本分为两种方法：被动招聘和主动招聘。被动招聘方法包括重新审查参加过早期招聘流程的候选人的简历，此方法最大的优势在于能够节约时间和成本。主动招聘方法最大的优势是可以利用现代技术和现有平台，在不同情况下评估候选人的能力。

主动招聘方法包括在大众媒体、社交媒体、招聘机构网站或客户端上投放广告、发布招聘信息等。目前被企业广泛使用的外部招聘手段主要包括现场招聘、网络招聘、校园招聘（图 4-7）、媒体招聘、猎头招聘等。在招聘中高层管理人员时，组织经常使用猎头服务。这种方法需要精确列出雇主对候选人的期望（通常与猎头讨论），猎头会面试潜在的候选人。在积极的招聘方法中，组织还可以参加特殊活动，例如当地招聘会或大学招聘会。另一种积极的招聘方式是与大学密切合作。在这种合作中，每个组织都可以为大学生提供实习或带薪实习。在这样的实习期间，未来的雇主对潜在雇员的能力有一个完整的印象，决定通过外部招聘的方式招聘新员工。

图 4-7　校园招聘示意

除此之外，优秀的外来人才能够给企业带来新的技术、管理经验等，其产生的“鲇鱼效应”能够帮助企业打破现有的思维方式，为企业发展提供新动力。但外部招聘也存在风险点。第一，成本风险；第二，实施招聘人员产生的风险；第三，招聘依据所导致的风险。企业招聘所投入的时间、金钱、人力都是不可忽略的人力成本，例如职位信息发布费用、因招聘产生的差旅费用等。人际交流在招聘中必不可少，因此人们的认知偏差和个人喜好会在一定程度上对招聘结果产生主观影响。企业进行招聘时依据的一般都是招聘需求、岗位说明书和任职要求，若有招聘需求不合理，工作分析者专业知识不够或主观判断，分析过程不规范、分析方法不科学等问题存在，将导致招聘依据不能够真正反映岗位需求的技能和知识，这样也会导致评定的标准存在偏差。

除了常见的内外部招聘渠道外，酒店的人力资源部门通常也会采用内部员工推荐的方式获得更多的业内资源。当被推荐的人员被正式雇用时，推荐人也可以拿到相应的经济奖励。一般情况下，会根据岗位的不同来进行补贴。以下是某酒店的内部推荐奖励办法（表 4-2），推荐人通常在被推荐人通过试用期考核后拿到该笔奖励。

表 4-2　某酒店内部推荐奖励办法

员工级别	奖励金额（元 / 人 / 次）
员工级	300
主管 / 领班级	400
经理级	500

二、招聘广告的设计

招聘是用人单位寻找合适的潜在员工，吸引他们到本组织应征并加以录用的过程。招聘可以简单地分为“招募”和“甄选”两个环节。所谓招募，就是通过各种途径从社会上和本组织中选择可用的人选，这是招聘的前期阶段。

在决定使用哪种方法进行招聘之前，组织应该首先确定理想的候选人是被动求职者还是主动求职者。失业或者对当前工作不满意的人一般是主动求职者，而在其他机构或组织工作满意并且成功的人一般是被动求职者。因此，在制定招聘策略和设计招聘广告时，要明确招聘的人群是被动求职者还是主动求职者。

在招聘外部人才时，招聘功能与营销功能非常相似，因为组织正在向潜在候选人宣传自身和就业机会。当企业锁定潜在人才市场并创造特定的信息和活动去触及他们时，可以最有效地进行招聘。一份好的招聘广告至少应该起到两个作用，一是吸引人才，二是宣传企业价值观与形象。

（一）招聘广告的 AIDMA 设计原则

招聘广告设计的原则可以概括为“引起注意—激发兴趣—唤起欲望—留下记忆—促成行动”，即 AIDMA（Attention-Interest-Desire-Memory-Action，图 4-8）。该模型是美国广告学家刘易斯于 1898 年提出的，成为第一个广告效果测量模型。广告的作用是吸引消费者的注意力，并创造一些兴趣，希望这些兴趣会转化为购买欲望。如果广告是有效的，那么这种欲望就会被铭记在心，并希望能记住足够长的时间，以便消费者在下次访问商店时做出购买该产品或品牌的行为。相对于简单的产品的传统广告而言，招聘广告应该具备 AIDMA 五点，即吸引求职者的注意、激发受众的兴趣、唤起求职的欲望、留下深刻的记忆、促成求职的行动。

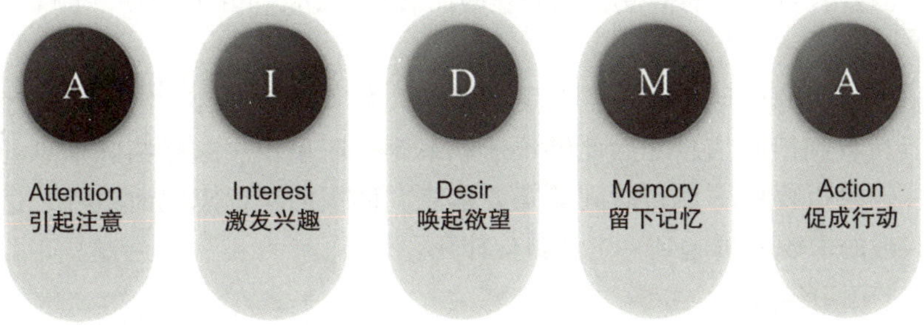

图 4-8　AIDMA 模型

1. 引起求职者的注意

在任何一种招聘媒体上发布广告都应该使用一些新颖、独特与其他广告不同的方式来引起受众的注意。如果不关注招聘广告，那么就是在浪费其受众对于企业的第一印象，招聘广告如何描述一种工作的方式将决定通过招聘漏斗的基本人数。另外，招聘广告所在的位置也至关重要。例如，当人们阅读报纸或者浏览网站时，目光会习惯性地望向一些特定位置或者熟悉的位置，例如报纸的标题、网页的最顶端的搜索结果等。因此，招聘广告的展示位置对吸引求职者的注意至关重要。

2. 激发受众的兴趣

有时新颖的语言、华丽的辞藻比起平铺更容易引起人们的兴趣，听上去也会更加高级。但是如果人们不了解这份工作的真正含义，他们就不会申请。模糊的职位发布使潜在申请人更难确定该组织是否适合他们，Jobvite 求职平台的调查显示，求职者最想知道潜在雇主的薪酬、地点、工作或生活平衡和健康福利。通过清晰明了的方式展现招聘广告，往往会吸引更多求职者的关注。

3. 唤起求职的欲望

求职者的工作欲望往往与需求密切相关。通过向求职者展示组织或岗位中吸引人的因素，唤起求职者对于岗位的欲望。因此，这要求人力资源工作者在制作招聘广告之前要充分了解求职者心目中的需求，从而唤起求职者的求职意愿。

4. 留下深刻的记忆

良好的企业形象管理和口碑对企业在社会公众和企业职工树立形象至关重要。互联网的高度发展不仅为企业的市场营销活动带来极大的便利，口碑营销也在激烈的市场竞争中发挥着重要作用。良好的企业形象和口碑不仅能够带来消费者对品牌的信任，也能够增加求职者对企业的好感。

5. 促成求职的行动

招聘广告的设计应该包括公司的联系人和联系方式等信息，这样才能让求职者在看到招聘信息之后能够快速联系到求职单位。这是招聘信息的可获得性，同时也要留下截止时间等重要信息，体现招聘信息的时效性，这样会对感兴趣的求职人员起到一定的督促作用。

（二）招聘广告的内容

1. 招聘广告标题

首先，需要确认招聘广告的标题。一个好的招聘标题应该起到吸引注意、筛选受众、传达信息和吸引读者的作用，好的招聘标题不仅能够起到吸引候选人的作用，更要起到与候选人高度相关性的作用，从而与候选人产生联系。招聘广告的开头一般有三种形式：引子式、简介式、议论式。引子式一般适合知名度较高的企业，直接引出招聘主题，简洁明快，以发布信息为主。简介式通常适用于知名度不高的企业，通过在开头对企业进行简要介绍，使受众对企业业务和企业内容产生大体了解。议论式使用一种文学化的语言将用人单位对人才的需求表达出来，目前应用并不广泛。

2. 招聘广告正文

一般来说，招聘广告的正文会包括以下几部分内容：公司情况介绍、岗位情况介绍、招聘者准备材料，以及应聘的联系方式、公司地址等信息。有的公司会在标题中对公司名称进行提及，有的公司因为知名度高而直接省略此部分介绍。在招聘广告正文中，应当包括职位名称、岗位职责、薪资待遇、工作地点等。同时，正文应该增加内容趣味性，吸引求职者的兴趣。招聘语言也要根据招聘的性质、招聘人群、岗位特点来进行相应的调整。

案例 4-1

某酒店餐饮部厨房炒锅岗位招聘广告内容设计

职位：炒锅

工作地区：湖北省某市

职位性质：全职

学历：初中以上

招聘人数：1 人

所在地：不限

工作经验：8 年以上

户籍地：不限

提供食宿：提供食宿

计算机能力：良好

年龄要求：35~45 岁

国际联号工作经历：不限

语言要求：普通话良好

薪资待遇：7000~8000 元

职位有效期：2022 年 4 月 24 日至 2022 年 7 月 23 日

岗位职责 / 职位描述

——在厨师长的领导下，负责烹制各种菜肴，保证出品质量。

——熟练掌握原材料种类、产地、特点、价格、熟悉时令品种，保证货源供应及时，质量良好，价格合理。

——制定各餐厅菜单和厨房菜谱，确定出品价格，合理使用各种原材料，减少浪费，严格控制直接成本费用，保持良好的毛利率。

——制订烹饪技术的培训计划，负责培训工作，提高厨师的技艺。

——严格贯彻执行《中华人民共和国食品安全法》，抓好厨房卫生工作。

——抓好设施设备的维修保养，确保各种设施处于完好状态，防止事故的发生。

——检查各厨房原料使用和库存情况，防止物资积压超过保质期，防止变质和短缺，制订每月工作计划，原材料采购计划，控制原料的进货质量。

——严格消防操作规程，定期组织检查煤气管道开关、炉头、消防器具，做好防火安全工作。

——收集客人对烹饪质量的意见，了解市场行情，不断研制，创造新菜式。

——完成上级布置的其他任务。

点评：这份招聘广告虽然提供了大部分关键信息，但仍有可改进之处。可以通过增加关键信息以吸引更多合适的应聘者，如提供面试日期、联系方式及公司背景等。

在设计招聘原则广告的内容时，需要保证以下几点原则：一是内容客观准确，合法合规；二是条例清楚；三是排版统一，突出重点。目前，随着互联网的发展，线上招聘和公众号等招聘日益普遍。因此，在招聘广告的排版设计上，也需要通过图片、视频等形式增加更多的企业元素，让潜在应聘者了解企业；同时，通过排版设计来突出重点，突出视觉体验。

案例 4–2

荆州南国温德姆酒店招聘简介

荆州南国温德姆酒店由南国置业投资兴建，2016 年 9 月 28 日开业，是温德姆酒店集团旗下的高端品牌，是该集团在华中地区唯一一家管理的超五星级国际奢华品牌酒店。温德姆酒店集团分布在全球 95 个国家，拥有 22 个酒店品牌，经营 900 多家酒店，超过 802 000 间客房，亚太地区已引入的品牌 14 个，有超过 9000 万的会员，在业界独树一帜。2017 年，酒店被温德姆酒店集团评为“全球最佳酒店”，2020 年，被第七届旅游服务业评选为“最佳雇主”，2021 年，第八届旅游服务业评选为“卓越雇主”。距荆州沙市机场 5 千米车程，距荆州火车站 7 千米车程，距荆州新天地、吾悦广场、万达购物中心、古城景点仅咫尺之遥。

酒店将现代建筑艺术与中国传统建筑文化有机结合，305 间奢华典雅的客房及套房，让您即刻体验舒适自在与宾至如归。数间别具特色的日本特色餐厅、全日制餐厅、中餐厅及大堂吧，令您随时惬意享受美食美景，面积为 968 平方米的大型无柱豪华宴会厅，1785 平方米规模的宴会厅及会议场所，使您拥有尊贵、完美的活动体验。

加入荆州南国温德姆酒店，您将享受以下礼遇：

——我们为您提供有本市竞争力的薪资和福利。

——我们为您提供公寓及床上用品，并配有舒适的洗涤设备、空调、宽带、电视及健身设备。

——五险一金、商业保险。

——提供免费工服洗涤及家人般的员工家庭优惠洗衣服务。

——提供免费员工用餐及饮料。

——提供免费员工穿梭巴士（员工宿舍—酒店—员工宿舍）。

——提供最具吸引力的酒店内部客房和餐饮员工优惠价。

——提供全球温德姆酒店员工价房晚及礼遇。

——提供丰富多彩的员工关爱体验。

——提供温德姆管理学院免费在线学习课程。

——提供温德姆酒店集团内部调动的工作机会。

点评：这份招聘广告介绍了酒店的背景，酒店作为温德姆酒店集团的成员，拥有良好的口碑和豪华设施，能让潜在应聘者关注该企业，并激发其应聘的兴趣。再加上该酒店为员工提供的福利待遇，可以促成潜在应聘者前去应聘。

三、简历的筛选

优秀的人力资源管理团队对招聘人员有着明确的目标和判定准则，准确判定应聘者对企业的个人能力和相对应的经济价值。因此，人力资源管理者需要关注招聘的全流程。从招聘流程来看可以分为招募、甄选两个阶段，锁定关键候选人。所谓甄选，是对已经获得的可供任用的人选做出进一步的甄别、比较，从而确定最后的录用人员。

（一）简历筛选的原则

根据甄选的原则去筛选简历，从而锁定我们的候选人。按照人力资源开发和管理的规律，具体原则如下。

1. 因事择人原则

因事择人原则指的是根据岗位空缺的职责需要，来对应聘者进行资格的核查。

2. 人职匹配原则

招聘者应该按照每个岗位的工作职责和职业需要去选择特定的应聘者。从应聘者的教育、工作背景等去衡量是否符合岗位需要。

3. 用人所长原则

人力资源管理者通过对候选人的测评和判断，将其安排在合适的工作岗位，发挥其潜能，从而为企业带来更多价值。

4. 德才兼备原则

即关注应聘者的品行是否端正，是否有违法犯罪记录等，坚持德才兼备为候选的基本准则。

（二）简历筛选的流程

简历筛选是招聘工作中的一个核心环节。关于简历的筛选，应遵循短、快、准三大原则。短，指的是遴选过程周期短、效率高。快，指的是保证在短时间内决定应聘者是否能进入招聘的下一个环节；在简历初筛阶段，一份简历的阅读时间在 40 秒 ~ 2 分钟；个人信息、工作地点、薪资为 5~10 秒，工作履历在 30~90 秒，其他信息为 5 秒。当然，简历的阅读时间也因人而异。准，则意味着招聘官能够尽可能选择符合职位要求的候选人。

在筛选之前，我们要知道简历上主要会出现哪几种信息，并且考察的要点是什么。通常，简历中的信息一般可以被归为以下四大类。

个人基本信息：包括学历、婚姻状况、年龄、性别、照片、个人住址、联系方式等具体信息。

意愿类型信息：包括期待工作地点、薪资要求、求职岗位等。

经历类信息：教育背景、工作经历、社团经历等。

其他支撑类信息：荣誉与成就、兴趣爱好、家庭关系等。

而在这些信息中，可以从我们的需求出发，将招聘的需求划分为硬性条件、软性条件。硬性条件包括个人基本信息、意愿类型信息，这类信息是门槛性条件也是由优先级最高的；软性条件是加分项，包括经历类信息、其他信息等。

在注重效率的同时，还要对简历细细筛选。粗筛花费的时间短，使用关键词筛选就能快速地筛除不符合要求的应聘者，而只有 10% 左右的简历能进入简历的细选。简历的细选也在 6 秒左右，主要查看应聘者工作经历中与职位描述相匹配的内容，在这个阶段的简历筛选更多要求的是“大致”的吻合。在简历的精读阶段，招聘者需要对应聘者的主要经历、过往成就经验、过往工作的强度及疑问瑕疵进行深度的挖掘。最后，是简历的研判。这一步是在简历精读的基础上进行更加细致、严格的审查，具体表现为招聘人员识别应聘者的成就、经验的高度和资深程度。

除此之外，招聘者应该识别简历上的信息，通过各种方式对简历中的信息进行提取，识别虚假信息。首先，可以通过时间线的梳理，对学历、工作年限等信息的真实性进行判断。其次，可以通过工作经历中，对工作职责、工作业绩的表述、薪酬范围，对专业性进行核查；试图通过简历中判定候选人的职业发展动机和稳定性。同时，注意简历中的那些模糊词语。最后，人力资源管理者也要善于向互联网借力，帮助招聘人员提升简历管理的效率。可以使用智能匹配系统设置硬性门槛条件，筛掉明显不符合资格的候选人，也可以节省时间。

任务三　做好员工甄选

成功的人力资源部门非常明确招聘过程的重要性，招聘人才对公司的长期目标的达成非常重要。招聘可以简单分为“招募”和“甄选”两个环节，也是一个多层次的过程。招募涉及积极寻找潜在候选人，并使其对职位产生兴趣。甄选是组织根据目前的招聘环境，从申请人选中挑选一个或几个最符合职位空缺的决策过程。

招募和甄选是不同的过程。首先，招聘流程是以招募为前提的：吸引、选择和设计合适的流程以获得合适的候选人。其次进行甄选，目的是进行面试和评估适合工作岗位的候选人。

一、员工甄选的方法

甄选工作的好坏决定是否能为组织选择所需要的人才，必须按照人力资源开发与管理的相关规律办事。了解员工甄选的主要方法，可以帮助更加高效地筛选人才。员工甄主要方法包括：心理测试法、工作样本测试、评价中心技术、其他甄选技术。

（一）心理测试法

心理测试是一种通过一系列的工具或手段将人的某些心理特征加以量化、从而衡量个体心理因素和个体心理差异的科学测量方法。从测试内容来看，可以将心理测试划分为能力测试、人格测试、职业兴趣测试三大类。能力测试的目的是测试一个人是否具有从事一项特定工作的潜在能力。能力测试又可以划分为认知能力测试、运动和心理能力测试两种类型。

认知能力测试重点测试对象的语言理解能力、数量能力和推理能力，测试的目的在于考察测试对象的潜在语言能力、数字敏感程度和数量分析技巧及逻辑能力。主要通过整体性的认知能力测试和单向的认知能力测试完成。其中包括语言常识、逻辑思维、数字推理、图形推理、数量关系和类别推理、逻辑判断等方面的试题，而这些也通常是公务员考试的重要内容。运动和心理能力测试主要是测试对象的心理运动能力和身体能力。测试的目的在于考察测试对象的精神运动能力和体力、身体的灵活性。测试方法主要是进行单项测试。

同时，为了了解候选人的人格特质，可以对其进行人格测试。人格测试可以从广义和狭义两个方面进行判定，且人格是具有整体性、动态性和稳定性的特征的。广义的人格是指个体所具有的能力、兴趣、态度、气质、性格及其他行为差异的混合体。狭义的人格是指个性中除了能力以外的其他部分，其中包括需要、动机、兴趣、态度、性格、气质、价值观、人际关系和情感等特质。目前，运用较为广泛的有 MBTI 测试、艾森克人格问卷（EPQ）、明尼苏达多项人格测验（MMPI）和卡特尔 16 因素人格测验（16PF）。

通过能力测试的方式，可以观察一个人是否具有从事一项特定工作的潜在能力，以及通过人格测试方法，了解个体具有的能力、态度、性格和行为差异等特质。

职业兴趣测试则是从候选人本身出发，去考虑候选人想做什么、喜欢做什么。霍兰德的职业兴趣理论主要从兴趣的角度出发来探索职业指导的问题。他明确提出了职业兴趣的人格观，使人们对职业兴趣的认识有了质的变化。他还提出了 6 种基本的职业兴趣类型，即研究型、艺术型、社会型、企业型、传统型、现实型。霍兰德以职业兴趣理论为基础，先后编制了职业偏好量表（Vocational Preference Inventory）和自我导向搜寻表（Self-directed Search）两种职业兴趣量表，作为职业兴趣的测查工具，霍兰德力求为每种职业兴趣找出两种相匹配的职业能力。兴趣测试和能力测试的结合在职业指导和职业咨询的实际操作中起到了促进作用。

（二）工作样本测试

工作样本测试指的是要求求职者在具体的时间内完成某些实际工作的一部分或全部，对其工作能力进行模拟的测试的一种方式。与心理测验相比，工作样本测试所产生的结果对求职者未来的工作绩效的预测效度往往更高一些。

（三）评价中心技术

评价中心技术是指多个评分者在一系列练习中评估候选人表现的过程。与工作样本测试不同，评估中心技术是使用模拟工作任务进行测试的。评估中心技术最大的特点是强调情景模拟。一个评估中心由多个场景测试组成。评价中心不仅源自情景模拟，也不同于单纯的情景模拟，它是各种评价方法的有机结合。评价中心具有较高的信度和效度，得出的结论质量较高。但与其他测评方式相比，测评中心需要投入大量的人力、物力，耗时长，操作难度大。评价中心技术主要包括：公文框测试、无领导小组讨论、角色扮演、主题演讲等。

除了以上甄选方法外，企业还可以根据招聘需要，选择其他甄选方法。但不管采用什么甄选方法，人力资源管理者都应该遵循客观、科学的甄选原则，在科学的方法指导下进行甄选。

二、员工甄选的步骤

选拔过程旨在进行面试和评估特定工作的候选人。通过在招聘过程中预定义的标准，对职位空缺的候选人进行选择。甄选的范围可以是一个非常简单的过程，也可以是一个非常复杂的过程，这完全是由招募的单位和候选人正在寻找的职位性质决定。非常重要的是，在招募和所有选拔环节，都必须遵守某些劳动法，保护用人单位和候选人，避免在选拔员工时出现歧视行为。

面向社会征聘员工的甄选流程一般可以分为 9 个步骤，包括接见申请人、填写申请表、初步面谈、测验、深入面谈、审查背景和资格、有关主管决定录用、体格检查、安排工作岗位（图 4–9）。这种甄选程序具有淘汰的性质。只要有一个程序或关卡没有通过，就会被淘汰。

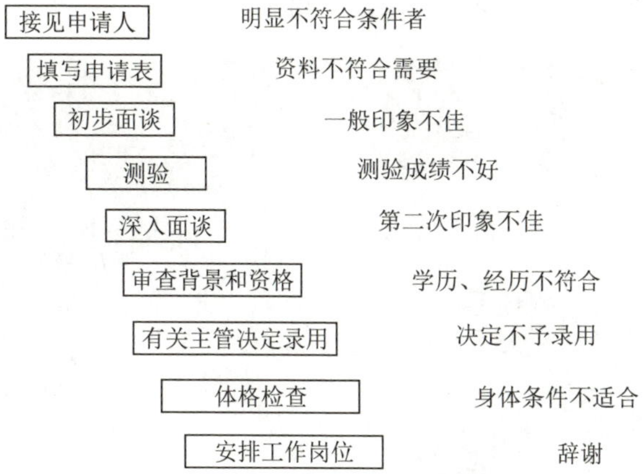

图 4–9　甄选流程

甄选的过程并不是完全统一的，根据岗位性质的不同、用人单位的规模和性质，甄选的流程也有所不同。通常情况下，首先要填写求职申请表。尽管在长度和内容丰富程度上会有所不同，但是，大多可从申请表中获得足够的信息来判断申请者是否具备职务所需的最低资格。这使得选择过程更加有效。首先，减少需要面试的应聘者数量；其次，它使访调员可以专注于其他可能更难获得的信息（例如，性格、沟通技巧）。虽然申请表是一种非常有用的选择工具，但组织必须意识到，与任何其他选择方法一样，它必须符合法律要求。因此，必须注意申请表不得直接或间接违反就业歧视法。对于在线申请，适用同样的准则。申请表无意强迫申请人提供无关的个人信息，特别是与性别、种族、宗教、肤色、出身、年龄或残疾有关的个人信息。同时，求职者在申请表中所填写的不同信息，对招聘人员来说信息的权重也有所不同，例如学历、工作经历等的重要性高于年龄、种族等信息。

面试是最常使用的甄选流程之一，面试不仅仅能够考验求职人员的语言表达能力、肢体语言、抗压能力、个性特征等，也能够给招聘人员留下更加生动的印象。面试通常情况下被分为两种类型：结构性面试、非结构性面试。结构性面试也叫模式化面试。在典型的结构性面试中，招聘者事先就详细拟定要问的问题及对这些问题的回答。面试时，招聘者按照所列的问题逐一询问应聘者。目的是获取全面、真实的面试者信息，观察面试者的外貌、言谈举止、交流方式等。非结构化面试亦称随机面试。所问问题无须遵循事先安排好的规则和框架，主试者可以任意地与应征者讨论各种话题，没有既定的模式、框架和程序。优点在于简单易行、可以降低面试者的紧张情绪，但缺点是可能造成被测试者之间的对比性不强（图 4-10）。

图 4-10　用人单位对候选人进行面试

一些组织使用招聘测试来帮助他们做出选择决定。招聘测试是一种用于衡量某些个人特征的方法（笔试或工作模拟测试），包括能力（如动手能力）、智力和个性。甄选员工测试的方法也取决于多种因素，包括工作的复杂程度、求职者的数量、组织的预算、职位的重要性等重要信息。

背景和证明检查对信息的真实性等非常重要。例如，学历证明、无犯罪记录证明、劳动手册等，都是证明简历上的内容真实发生，并且信息是可以追溯的。而无犯罪记录证明则是对于录用人员人品的最基本的保证。通过对入职候选人的背景调查，可以了解其在之前就职企业的工作表现等。

企业采用两种主要的方法来做出甄选决策：多重障碍方法和补偿模型。多重障碍方法是通过要求应聘者在甄选过程的每一阶段符合最基本要求，从而达成甄选决策的过程。为了成为最终候选者，应聘者不得不跨越甄选过程中的每一个障碍。采用补偿模型指的是一项甄选测试，获得非常高的分数，可以弥补另一项测试中取得的低分，甄选决策就是根据这一过程做出的。一旦做出甄选决策，组织必须将决定告知“获胜”的应聘者。组织应该给予应聘者书面的录用函，内容通常包括薪酬、福利、开始工作的时间、工作职责和其他有关工作的重要细节，并要求其在入职时提供健康证明或者最新的体检证书。

三、员工甄选的管理

组织规模、甄选体系的复杂程度等组织的多种特征都会影响甄选过程的数量和类型。组织的规模不一定决定招聘的规模，但是较大的组织通常会采用复杂的甄选体系，他们也拥有支付这些体系所需的资源，同时需要足够多数量的职位空缺，才能弥补昂贵的甄选体系开发费用。首先，最基本的外部环境就是组织所在国家和地区的法律法规，会有明确的人员雇用规定和条例。这不仅仅是对雇主的保护，也是对雇员的保护。当地的劳动力市场的规模、构成和可获得性也是影响甄选的重要外部环境因素，这些因素也受到经济、社会和政治的影响。同时，经济情况的好坏又会影响组织识别、吸引、雇用所需人员。

目前，企业员工甄选时也需要注意潜的矛盾，避免因为隐形矛盾而导致的甄选效率低下、资源浪费等状况。例如，分析工作不足、甄选团队不专业、甄选技术不高等都有可能导致企业资源的浪费。很多企业在甄选员工时，没有一套完整的逻辑理论及体系，凭借主观经验来甄选人才，这样不仅企业招聘不到合适的员工，来应聘的人才也会质疑企业的经营能力，怀疑企业的经营水平，从而导致招聘效果不理想、增加甄选开支等情况。因此，建立科学的甄选管理体系，从科学的角度出发，建立符合企业的长久招聘战略，是保证人力资源质量的前提。

通过可以影响甄选的内外部因素，将甄选管理总结为以下几个方面。首先，人力资源管理者要从企业内部出发，了解企业的人力资源需求并能够根据企业的总体规划，做好长期的人力资源整体规划。控制好企业员工的流动情况，预测人员需求，做好长期应急预案。科学的人力资源管理体系，要求人力资源管理者能够对岗位进行深入的调查和分析，利用科学的调研和评估，找到合适企业发展的人才。建立在科学体系下的甄选，既能够考虑到企业的长久发展，也能够在短期内招募到岗位急需的人才。

其次，甄选主考官也非常重要。主考官或参与甄选的人员的主观偏差可能会影响到甄选的质量，因此参与甄选的人员也需要经过相应的培训，能够清楚地认知岗位的需求、甄选的意义等。这是保证甄选公平、公正的关键因素之一。同时，甄选人才时不仅要保持公平、公正的原则，也应当具有人才观念。尊重应聘者的性格，并且能够根据岗位的需求来匹配相应的能力，这是保证人员运行的关键。当企业拥有一支专业有素的甄选团队，而且能够按照人力资源整体规划和甄选标准来进行选择时，能大幅提升甄选工作效率。

除此之外，还需要对招聘渠道进行相应的优化，内外部渠道相互补充、拓宽招聘渠道，从而找到符合企业发展的且有能力胜任该岗位的人员。

在企业的发展过程中，人力资源管理工作十分重要，企业甄选人才也要结合科学的人力资源管理理念。人才甄选理念要符合企业的长期发展战略，优化甄选的渠道和把控人员的流动频率，使甄选更加标准、公平、公正，从而在源头上加快人力资源发展速度，提升企业的发展效率。

四、背景调查的方法与风险

背景调查是指通过外部求职者提供的证明人或者之前供职单位的相关信息，来核实求职者个人资料的行为，是一种间接证明求职者情况的有效办法。同时，背景调查是人员被录用前的一个重要步骤，即应聘者对品行、工作表现、是否有违法违纪行为进行调查，如品行端正、声誉良好者才能被录用。德才兼备作为人员甄选的一个重要原则，是背景调查的主要内容。一般情况下，用人单位只会针对那些有希望被录用的求职者进行背景调查，作为入职前的一个重要考核项目，也是间接证明求职者叙述个人经历是否有效的重要方式。

（一）背景调查的几种方式

1. 档案查询

我国建立起了严格、系统的人事档案管理制度，档案中的个人基本资料、教育信息、就业信息、违法犯罪记录等都有比较详尽的记录。具有合法用人资质的单位可以依法对应聘者信息进行查询。

2. 电话调查

这是一种目前使用最多且简单易行的方式。人力资源管理者可以根据应聘者的档案，预先设置好问题，根据问题进行询问，同时记录被访问者的回答、声音和语调变化等。注意其是否隐晦地表露出一些真实的想法等。

3. 当面访问

当面访问需要人力资源管理者选择部分访问员去各个调查点进行访问。这种方式的优点在于调查得到的资料质量高、回答率高，但是同时所需要耗费的成本、花费的时间更长。

4. 从资信评估公司购买

资信公司的数据一般包含个人资料类、银行信用类、个人社会信用及特别记录。一般情况下，组织接触不到求职者的社会信用及特别记录。由于目前我国的社会信用体系还在建设中，在资产负债情况、银行信用等级方面的调查都比较困难。因此，这部分信息建议由专业的企业进行调查。

5. 发函调查

调查函可以分为两种形式。第一种为调查问卷填写。人力资源部门的调查员需要把问卷通过邮寄、电子邮件的方式发送给证明人，待其填写完问卷之后再寄回给人力资源部完成评估。第二种为证明人写评论信的方式，调查员需要请求对方回答既定的问题或者自由发挥书写内容。这种方式的调查系统性较强但是回复效率低。

6. 委托调查公司进行调查

人力资源部门选定一家企业外部的供应商，根据人力资源部门提出的调查需求，双方签订合同并在规定时间内交付信息。这种调查的优点在于方便快捷，缺点在于成本较高，委托公司的资质良莠不齐。

长期忽视背景调查，可能会影响企业发展进度，造成更大的经济损失。虽然背景调查会耗费企业的人力、物力，但实际上能够降低企业再次招聘的成本。而中小企业应该更多地关注员工的背景调查，以确保企业的长期发展。

（二）背景调查面临的风险

1. 调查前未经过应聘者的同意或授权

这不仅可能给应聘者造成不利影响，而且可能给企业带来官司。应聘者接受面试和谈薪资的过程并不代表就默许企业进行背景调查。被授权或被许可的背景调查无论对应聘者还是对招聘企业来说都至关重要。

2. 调查内容和岗位不匹配

背景调查的内容应包括身份信息、教育背景、工作态度和能力、优势和劣势、离职原因等。但是，背景调查不可能是万能的。背景调查只是招聘和选拔的辅助手段。希望在短时间内通过背景调查获得候选人的所有信息，无论是在时间、必要性、可操作性还是内容的可靠性方面都有待商榷。

3. 调查对象过于庞杂

有的人力资源管理者认为，应当尽量多地对应聘者原任职单位的人力资源部门负责人、直接上级、同事、下级和有业务往来的客户进行 360 度全方位调查，以保证背景调查内容的全面性。这显然太理论化了，不实用。且不说是否有那么多人愿意被调查，收集、分析和判断大量复杂且可能具有干扰性的信息将耗费大量的时间、精力和成本。

（三）背景调查的工作程序

企业为了更好地把控风险，需要在进行背景调查时，建立合理的相应的人力资源管理体系，而背景调查则是科学招募中的一个重要流程。首先，要建立科学合理的背景调查流程体系，包括制定明确的背调规则、设计背景调查表（表 4-3）、与被调查者签订协议和授权书，避免法律风险。

表 4-3　背景调查表（部分）

工作履历核实			
候选人提供信息		真实性	说明
履职公司名称			
履职地点			
进入公司时间			
职位名称			
履职岗位职责			
最终职位任职时长			
最终职位汇报对象			
最终职位下属人数			
最终职位薪金情况			
最终职位福利情况			
离职原因			
……			

续表

劳动关系状态梳理	是	否	备注
离职交接是否完成			
是否有劳动争议			
是否有严重违纪违规行为			
是否有培训协议约束			
是否有竞业协议约束			

工作能力评价						
项目	杰出	好	一般	待提升	不适合 / 不评论	备注
专业能力						
协调能力						
沟通能力						
学习能力						
管理能力						
计划组织						
抗压能力						
领导能力						
附加：						
附加：						
总体评分（满分 10 分）						

工作表现评价

背景调查表的内容应包括基本的个人信息。个人基本信息主要包括被访者姓名、身份证号码、家庭住址、婚姻状况、联系电话、学历等。工作要求信息包括技能、诚信水平、以前的工作表现、薪水。其他社会信息主要包括前上司的评价、前同事的评价、离职原因、资产负债、银行信用等级、犯罪记录、奖励、不良记录等。调查应签字，调查时间不宜过长，并应预留 1~2 天的审核时间，以便调查结果可以有效地为招聘决策提供参考。

被调查公司要积极配合。如果企业能做到这一点，不仅会建立友好的关系，还会为未来各种可能的合作奠定基础，形成良性背调循环，有利于降低背景调查的难度和成本，从而降低企业用人成本。

任务四　学会招聘评估

招聘工作不仅能够帮助组织达成人力资源配置的整体目标，也是组织实现战略目标和长期生存发展的关键之一。据相关专家分析统计，聘用到合适的员工，可以给组织带来相当于现有生产力水平 6%~20% 的经济效益。招聘评估是招聘过程中的一个重要环节。量化招聘的有效性不仅可以对招聘的质量、效果进行评估，也可以利用人力资源招聘的相关数据对人资源管理的价值进行测算，更好地理解招聘在人力资源管理中所占比重和重要角色。这样有利于我们将无形资产转化为可量化的价值，在后期也可以方便人力资源管理者对招聘环节进行优化，实现可持续发展。

招聘评估主要是对招聘的结果、成本、方法等进行总体的评估，目的是提升下一次招聘的工作效率。本任务通过招聘质量、过程、费用的量化评估，衡量人力资源管理的质量和管理效率，使学习者能够理解招聘的量化评估过程，从而掌握这项能力。

一、招聘质量的量化评估

招聘的质量是新招聘员工为招聘组织所提供的价值，也是新入职员工对组织的长期贡献程度。根据 ISO/TS 30411：2018 招聘质量（Quality of Hiring，QoH）分为 6 个指标，即聘用质量、招聘影响、离职率、保留率、招聘前期望、绩效。新员工的招聘前后对比形成了聘用的质量。招聘影响是指新员工对组织成功的贡献，离职率是指离职人数与总劳动力的百分比，通常情况下新员工的离职率会以一年为计算单位，会衡量员工在一年内的流程比率，通过不同的岗位、不同的离职原因等进行分析（表 4-4）。保留率是指在规定时间内持续在职的员工比率。招聘前设定用人职位最低的可接受标准为招聘前的期望。绩效指可衡量的结果，有的学者会将同一时期入职的员工表现按照等级进行划分，根据员工表现的优劣程度，对员工的绩效结果进行分析。

表 4-4 新员工离职计算公式

招聘延伸阶段指标群	指标	计算公式
新员工绩效考核结果分析	某考核周期内被评为 A 级的新员工所占比率	$\frac{\text{被评为 A 级的新员工人数}}{\text{新员工总数}}$
	某考核周期内被评为 B 级的新员工所占比率	$\frac{\text{被评为 B 级的新员工人数}}{\text{新员工总数}}$
	某考核周期内被评为 C 级的新员工所占比率	$\frac{\text{被评为 C 级的新员工人数}}{\text{新员工总数}}$
一年内新员工离职与流失情况分析	各职位层级、专业、职位类别的离职率	各职位层级、专业、职位类别新员工离职人数 ÷ 相应职位层级、专业、职位类别新员工总数
	流动率	上期各职位层级、专业、职位类别新员工离职率 ÷ 本期各职位层级、专业、职位类别新员工离职率
	离职原因分析	$\frac{\text{因某种原因离职的新员工人数}}{\text{离职新员工总人数}}$

根据聘用价值链（表 4-5），将聘用的价值分为三大部分，即效率（Efficiency）、效力（Effectiveness）及影响（Impact）。第一部分效率主要指的是聘用前和聘用后的评估。聘用前的评估包括：招聘来源收益率、招聘时间、雇用时间等。招聘来源收益率是指每个招聘来源所代表的价值，招聘来源收益率 = 来源的潜在客户数量 ÷ 应邀参加面试的候选人数量。招聘时间是指招聘这个岗位所需的时间，通常此指标被用来衡量内部招聘的效率，招聘时间 = 候选人接受 offer 的日期 - 候选人提交工作申请的日期。雇用时间主要是用来评估招聘过程在候选人心目中的体验，雇用时间 = 接受 offer 的日期 - 提交申请的日期。聘用后的评估包括生产效率达标时间、试用期结束考核等。生产效率达标时间主要指的是新员工从聘用开始到达到最佳生产效率的天数，生产效率达标时间 = 最高生产效率日期 - 聘用日期，这个指标可以帮助衡量入职过程中所产生的类似培训、管理支持等问题。试用期结束考核是对新员工在入职后的适应程度和工作质量的评价，考核结果可能会受主观的影响，但是也需要有非常明确的评价标准。第二部分效力则包含投入、产出两个部分。投入是对应雇用前的评估，而产出则包含雇用后的评估。投入通过优化雇用前的量化指标内容，从而达到招聘后更加优异的生产效率和更低的离职率等。第三部分影响则可以分成有形目标和无形目标两个部分，是组织为了通过提升招聘的质量从而达成的目的。有形目标有利润、市场价值等，而无

形目标包含道德价值观、公平等。

表 4-5　聘用价值链（Hire Value Chain）

雇用价值链		
效率	效力	影响
聘前采取措施 招聘渠道 申请人数量 招聘周期 招聘时间 招聘速度 每次招聘成本 招聘预算 评估分数 面试分数 录用率	成果 优化招聘渠道 更多合格求职者 降低招聘成本 改善求职体验 改善工作契合度 改善文化契合度 树立雇主品牌	组织目标 每位员工的收入 利润 公司市场价值 市场份额 品牌声誉 更低的营业额 更高的质量 客户满意度 同时考虑无形资产： 道德价值 公平 合法性
招聘后措施 生产效率提升 试用期结束审查 入职满意度调查 工作适合性 首次绩效评估 招聘经理满意度 团队绩效 文化契合度 晋升率 新员工流动率 员工敬业度 第一年保留率 离职率	成果 更快地提高工作效率 提高个人和团队绩效 提高招聘经理满意度 减少人员流动 提高敬业度	

在实践中，人力资源的聘用质量往往存在难以评估的情况。对于不同的岗位来说，职责要求是不同的，不能用一样的标准去衡量不同的岗位，因此是否雇用到高质量的员工也是难以保证的。另外，衡量新员工的工作业绩表现通常需要一段较长的时间，而且绩效评估的方式可能具有一定的主观性，在短时间内使员工对企业文化和规章制度形成一个完整清晰的认知，这些都可能影响招聘质量的衡量。尽管存在着许多挑战，但是量化招聘的质量还是十分重要的。

招聘质量的高低决定着企业员工的整体素质和企业人才的状况，是影响企业持续发展的重要因素。当组织建立有效的招聘质量评估体系，能够衡量人才获取的效率和衡量招聘的有效性，推动业务的进步，从而促进组织的长期发展。

二、招聘过程的量化评估

想要了解招聘过程的量化评估，首先要了解招聘流程的量化指标群。招聘的流程可以简单分为：简历的筛选、应聘者的甄选与录用、入职培训、试用期。因此可以将招聘流程设计的量化管理指标体系分为几个主要的指标群，包括标示筛选简历有效率的指标群、标示面试通过率的指标群、标示新员工入职培训效果的标示指标群、分析新员工试用期考核结果的指标群等（表4-6）。

表4-6　招聘不同阶段的量化数据指标

招聘阶段	指标群	计算公式
筛选简历阶段	简历有效率	初步筛选合格简历数 ÷ 本期全部收到简历数
	某招聘渠道招聘收到简历有效率	某招聘渠道初步筛选合格简历数 ÷ 本期此招聘渠道招聘收到简历数
	有效简历波动率	上期简历有效率 ÷ 本期简历有效率
甄选与录用阶段	笔试、面试讨论参加率	实际参加笔试、面试应聘者数 ÷ 本期全部被通知参加笔试、面试讨论应聘者数
	第N轮基本素质面试通过率	通过第N轮面试应聘者数 ÷ 本期参加第N轮面试应聘者数
	面试通过率	通知入职应聘者数 ÷ 本期参加面试应聘者数
	甄选通过波动率	上期甄选通过率 ÷ 本期甄选通过率
	入职率	最后实际入职应聘者数 ÷ 本期通知入职应聘者
入职培训阶段	新员工入职培训考核合格率	本期入职培训考核合格人数 ÷ 参加入职培训考核的本期新员工数
	新员工入职培训满意度	对入职培训表示满意的本期新员工数 ÷ 全部参加培训的本期新员工数
试用期阶段	新员工试用期考核合格率	本期新员工试用期考核合格人数 ÷ 本期新员工数

在简历的筛选阶段，可以通过简历有效率、招聘渠道简历有效率、有效简历波动率3个指标群来衡量简历筛选阶段的招聘质量。通过该数据组合可

以看到本期招聘阶段的招聘有效率、渠道有效性及该时间段的简历获取效率。同时，这些数据也可以用于以后的招聘方案的优化。

在应聘者的甄选与录用阶段，招聘过程的量化指标与通过简历筛选的人员有关。实际参加笔试、面试的应聘者数目、面试通过率及最后的入职率都是可以用来衡量甄选与录用环节质量的指标。通过与往年数据的横向和纵向比较，从而总结出招聘过程中的薄弱环节、经验，从而优化过程管理，对环节进行控制。

入职培训过程是招聘单位和新员工相互了解的过程。一方面，新员工需要通过入职培训更加了解公司的企业文化、部门运作机制、规章制度、工作职责等。另一方面，新员工要通过雇用单位的入职培训考核。可以通过新员工入职培训考核合格率、新员工入职培训满意度两个角度反映招聘的质量。

新员工试用期是对新招聘的员工能否满足岗位职责需要的验证。在此阶段，人力资源管理者通过新员工直属部门的招聘反馈意见，可以及时对招聘的需求、招聘岗位的职责标准等进行修订，从而不断满足企业内部的招聘需求。在新员工试用期阶段新员工考核的合格率是该阶段需要关注的指标。

对于招聘过程的量化评估是基于招聘流程的，简历的筛选、应聘者的甄选与录用、入职培训、新员工试用期共同构成了招聘的流程。同时招聘的有效性也包含了新员工录取后上岗的表现，其在新工作岗位的稳定性和工作表现也会纳入企业招聘量化管理的内容。其中，新员工的离职率和绩效考核等都是衡量招聘有效性的重要指标。而招聘的量化评估不仅要从在招聘流程的角度出发，也要从战略发展的角度出发，衡量岗位的工酬比等。人力资源的规划也是一个自上而下的规划，企业的人力资源配置要符合企业整体的发展规划需要。因此，人力资源战略规划要在公司战略发展的基础上包含员工职级规划、岗位职责、薪酬待遇等多个方面的考虑，同时在实践方面也要通过招聘流程量化招聘过程的评估。

三、招聘费用的量化评估

招聘的成本和收益是可以被量化、评估和预测的。招聘的费用则构成了招聘成本的重要组成部分，一般招聘渠道的使用、招聘活动的开展、内部培训的花销等都构成了招聘的费用，而这些费用都是可以被量化评估的。

图 4-11　招聘费用的量化评估

组织在选择不同的招聘渠道时，都会花费不同的成本。例如，在组织校园招聘时，学校场地入驻的费用、宣传材料的制作、招聘人员的差旅费用等都可以构成校园招聘花费的成本。而被录用 / 可以被选为人才储备的人可以作为招聘的收益。当招聘人才的收益除以校园招聘花费的费用，则可以算出在该渠道中得到的收益比率。以此方法类推，可以算出不同招聘网站、社会招聘等不同招聘渠道的收益比率。不仅可以对不同的渠道进行量化对比，也可以对同一渠道不同的单位个体进行招聘效果的量化评估（表 4-7、表 4-8）。

表 4-7　不同招聘方式费用量化评估

招聘渠道	报纸媒体宣传费用	写真喷绘、条幅	易拉宝 / 展架	招聘宣传单	岗位申请表	招聘交通费用	招聘住宿费	招聘会入场费	费用合计	人均招聘费用	上一年度人均招聘费用
短信招聘											
来公司应聘											
人力市场											
网络招聘											
校企合作											
校园招聘会											

表 4-8　不同招聘渠道费用量化评估

列 1	列 2	列 3	列 4	列 5	列 6	列 7	列 8	列 9	列 10	列 11	列 12
招聘渠道	费用合计	基层岗位		基层管理岗位		中层管理岗位		高层管理岗位		总招聘人数	平均每人招聘费用
		招聘人数	贡献度	招聘人数	贡献度	招聘人数	贡献度	招聘人数	贡献度		
A 渠道	100000	0	0	6	0.2	4	0.2	2	1.0	12	8333
B 渠道	50000	22	0.1	10	0.3	6	0.3	0	0	38	1316
C 渠道	20000	31	0.2	11	0.4	7	0.4	0	0	49	408
D 渠道	10000	100	0.7	3	0.1	1	0.1	0	0	104	96

组织在雇用新员工时，不仅为吸引、招募新员工要耗费成本，同时新员工入职后也要进行培训和考核。在新员工入职后组织需要耗费的成本也需要划入招聘费用的量化评估中。例如，新员工入职后的培训费用及培训人员成本等都是组织在新员工入职后所产生的成本。单位总体的雇用成本被称为单位雇用成本，也可以称为人均招聘成本，是可以被计算的。单位雇用成本（Cost per Hire）= 本期招聘成本之和 ÷ 新雇用总人数。同时，每个被雇用个体的成本也是可以被量化的。每个个体的雇用成本 = 单位雇用成本 ÷ 雇用人数。不同类型职位的雇用成本也不同，是可以进行比较的，人力资源管理者可以将不同类型职位进行分类，将同一类型同一职责岗位的单位雇用成本相乘，从而得到此岗位总体的招聘费用。

表 4-9　招聘结果的量化评估

招聘结果指标群	指标	计算公式
新员工层级、专业、职位类别等情况分析	本期招聘初、中、高级员工比例	本期招聘初、中、高级新员工数量 ÷ 本期招聘员工数量
	本期招聘某专业员工比例	本期招聘某专业新员工数量 ÷ 本期招聘员工数量
	本期招聘某职位类别员工比例	本期招聘某职位类别新员工数量 ÷ 本期招聘员工数量
新员工薪酬水平分析	本期薪酬为 A 级的新员工比率	薪酬为 A 级新员工人数 ÷ 同期入职新员工总数
	本期薪酬为 B 级的新员工比率	薪酬为 B 级新员工人数 ÷ 同期入职新员工总数

续表

招聘结果指标群	指标	计算公式
新员工薪酬水平分析	本期薪酬为 C 级的新员工比率	薪酬为 C 级新员工人数 ÷ 同期入职新员工总数
招聘成本评估	招聘成本有效率	招聘合格应聘人员所用费用 ÷ 同期招聘工作全部费用
	人均招聘成本	本期全部招聘费用 ÷ 本期新员工总数

思考与练习

思政园地

一、选择题（请将正确的选项填在题目后面的括号内）

1. 人才盘点起源于（　　）。

A. 中国　　B. 日本　　C. 美国　　D. 德国

2. 人才盘点的作用有哪些？（　　）

A. 为招聘服务　　B. 为人才培养服务

C. 为留人、育人服务　　D. 为劳动争议服务

3. 简历筛选应掌握哪些原则？（　　）

A. 因事择人原则　　B. 人职匹配原则

C. 用人所长原则　　D. 德才兼备原则

4. 简历信息主要包括（　　）。

A. 个人基本信息　　B. 意愿类型信息

C. 经历类信息　　D. 其他支撑类信息

5. 运用较为广泛的有 MBTI 测试、艾森克人格问卷（EPQ）、明尼苏达多项人格测验（MMPI）和卡特尔 16 因素人格测验（16PF）属于员工甄选方法中的（　　）。

A. 工作样本测试法　　B. 评价中心测试法

C. 心理测试法　　D. 文件框测试法

二、填空题（将正确的答案写在横线上）

1. 背景调查是指通过外部求职者提供的证明人或者之前供职单位的相关信息，来核实求职者________的行为，是一种间接证明求职者情况的有效办法。

2. 人才盘点常常归结为人才质量的 3 个维度，分别是________、________及________。

3. 目前被企业广泛使用的外部招聘手段主要包括现场招聘、______、______、媒体招聘、猎头招聘等。

三、简答题

1. 招聘环节的背景调查面临哪些风险？
2. 简单介绍招聘广告设计的 AIDMA 原则。
3. 内部招聘渠道容易产生哪些负面效应？

参考答案

5 项目五 酒店培训管理

项目导读

本项目在介绍岗位胜任力模型的基础上，围绕培训需求的确认、培训效果的量化管理等内容展开，使学习者了解到酒店的培训工作是一项系统工程，需要对培训需求进行分析、制订培训计划、实施培训计划，最后还需要根据培训的目标和内容开展培训效果的分析。本项目重点培养学习者分析问题、解决问题的能力，并能运用培训需求分析的理论为酒店制订培训计划及运用相应指标开展培训的量化评估工作。

学习目标

1. 了解岗位胜任力模型的内涵及构建流程。
2. 熟悉酒店培训需求分析的模型、方法及步骤。
3. 理解培训需求确认的注意事项及培训计划在培训管理中的重要性。
4. 掌握酒店培训效果评估的层次及利用量化指标分析培训效果的能力。

思维导图

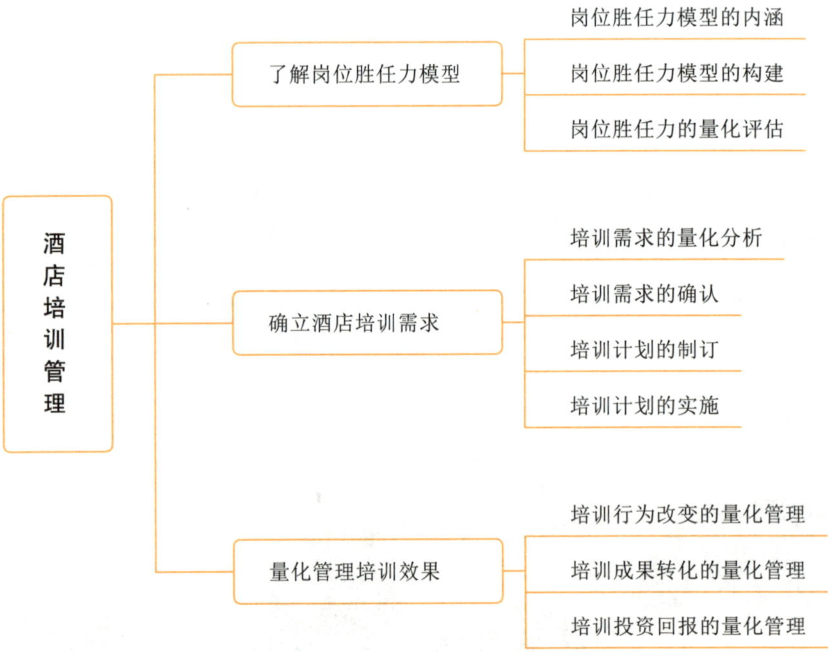

任务一　了解岗位胜任力模型

企业竞争优势取决于企业的关键资源。从生产的角度来说，企业依靠的是高质量的产品，而高质量的产品取决于企业的技术，企业卓越的技术依靠的是人才；从经营的角度来看，企业靠的是经营，经营靠的是决策，决策靠的是创新，创新靠的是人才。因此，从根本上说，企业资源结构中最重要的关键资源是人力资源，对人的岗位胜任力的发掘是企业重要的任务之一。

一、岗位胜任力模型的内涵

（一）岗位胜任力内涵

岗位胜任力是指在特定工作岗位、组织环境和文化氛围中那些优异成绩者所具备的可以客观衡量的个人特质，指承担某种职位的资格与能力。它与岗位直接相关，具有较强的导向性、可测量性及综合性等特点，其体系包括基础的标准体系、核心的管理体系、支撑的培训体系及作为工具的测评体系（图 5–1）。

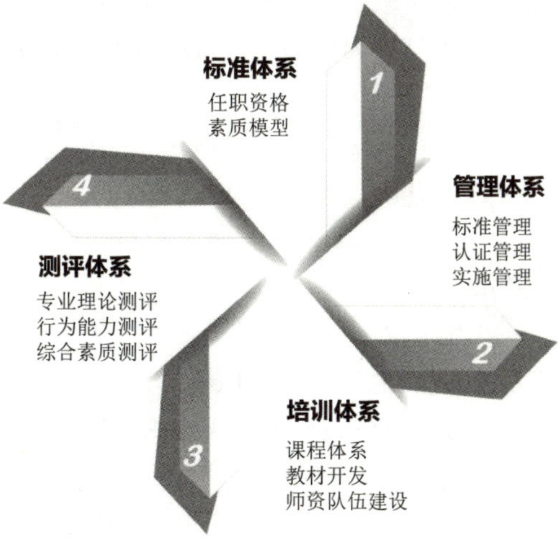

图 5–1　岗位胜任力体系

（二）岗位胜任力模型的内涵

岗位胜任力模型主要是为承担某一工作或完成某一任务应具有的各种特征总和。一般来说，胜任力模型与工作岗位、职位水平及企业性质等有关，这些内容不同，意味着胜任力模型也不尽相同。岗位胜任力模型包括任职资格标准和素质模型。其中任职资格标准由基本条件和资格标准组成；素质模型由职业素养、态度性格和观念意识组成。

（三）岗位胜任力模型的作用与价值

（1）推动组织实现战略目标。企业战略目标是根据内外部环境的变化，整合自身的资源，提升组织竞争力、扩大市场规模。目标的实现有赖于具体的行动。胜任力模型采用行为的方式描述绩优员工所要具备的关键能力。在构建胜任力模型时，可以将企业的战略融入胜任力模型当中，将企业的战略落实到具体的行为。

（2）提炼、贯彻组织的企业文化。企业文化对企业的生存发展有着重要作用，是企业的“基因”，是在企业中年形成的特有的文化形象，包括企业的价值观、仪式、信息传递的方式等。胜任力模型在模型构建的过程中，会对企业文化进行研究，帮助员工正确认识和了解企业文化，通过行为描述的方式将企业文化落实为一种行为标准，结合具体的考核制度，引导员工的行为，起到贯彻引导企业文化的作用。

（3）帮助企业建立资格评价体系。岗位胜任力模型通过行为化的方式描述了胜任岗位的榜样，明确了“现实”与“目标”之间的差距。根据员工的现实情况，有效任用员工，做到“人尽其才”；根据职位胜任的标准，帮助员工制定职业生涯规划，做到“因材施教”，帮助企业建立全面、系统、客观的资格评价体系。

二、岗位胜任力模型的构建

（一）常见的岗位胜任力模型

1. 冰山模型

美国著名心理学家麦克利兰于 1973 年提出了一个著名的模型——冰山模型。所谓“冰山模型”，就是将人员个体素质的不同形现形式划分为表面的“冰山以上部分”和深藏的“冰山以下部分”。 美国学者莱尔・M. 斯潘塞和塞尼・M. 斯潘塞博士则从特征的角度提出了“素质冰山模型”。他们从深层次特征、因果关系和效标参考层面对该理论进行定义（图 5-2）。

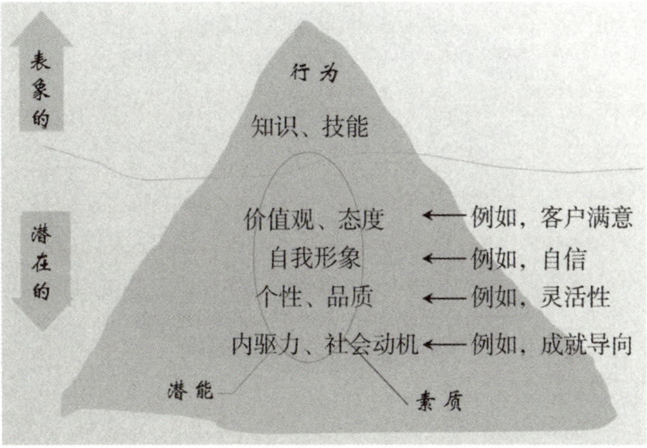

图 5-2　胜任力冰山模型

在冰山模型中，露出海平面之上的是人的表象行为。这是被评价对象自身所具有的才能，是他们过去的经验、知识和技能的积累，是胜任力的基础要素，虽然对绩效产生一定的影响，但不是区别绩效优劣的关键；海平面之下的是被评价对象的真正潜能和胜任力，包括价值观、对待工作的态度、自我形象、渴望成功的内驱力及社会动机等，这些隐性的胜任力往往是难以观察和捉摸的。企业中很多关键性职位，比如董事长、总经理、总监等，这些隐藏的因素往往是决定他们胜任力的关键。

2. 洋葱模型

洋葱模型是在冰山模型基础上演变而来的。美国学者理查德·博亚特兹对麦克利兰的素质理论进行了深入和广泛的研究，提出了“素质洋葱模型”。在洋葱模型中，各核心要素由外到内，依次是技能、知识、自我认知、态度、价值观、个性和动机等（图 5-3）。把胜任力模型比喻为洋葱，层层剥开，目的是找到胜任力核心——个性和动机，那些由外到内依次被剥掉的就是洋葱的组成部分，越往里面剥，评价难度越大，越是外边，越容易评价和培养。相比于“冰山模型”，“洋葱模型”更强调各项能力素质之间的层次关系，但本质是一样的，二者均强调核心素质和基本素质。“冰山模型”的“水上部分”就相当于“洋葱模型”的最外层，“冰山模型”的“水下部分”就相当于“洋葱模型”的核心层。

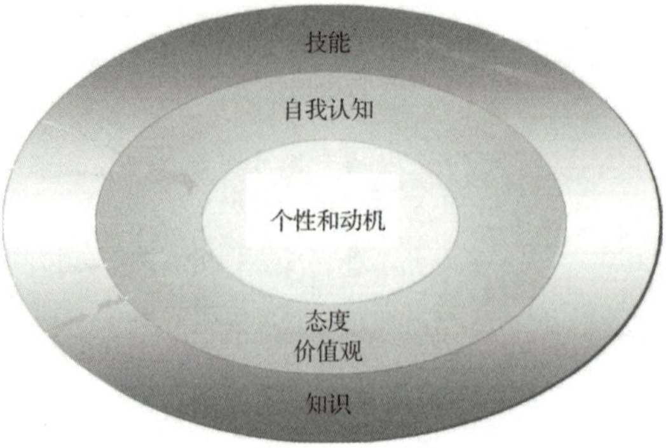

图 5-3　胜任力洋葱模型

对胜任力模型指标体系的设计不仅要考虑到“水上部分”对应的显性能力素质，更要考虑到蕴含强大潜能的“水下部分”对应的隐性能力素质。

（二）建模理论

胜任力涵盖了个人顺利完成某项任务所需具备的知识、技能、态度和个人特质等因素，根据工作单位的工作特点，形成以核心能力、专业能力和管理能力为主体的三层次胜任力模型。各企业依据自身岗位的特点，构建胜任力模型，常用的一些建模理论如下。

1. 直接参照经典理论建模

1973 年，麦克利兰首次提出胜任力的概念。在麦克利兰对胜任力的分析框架中，他认为胜任力是一个综合的概念，是“与工作绩效或生活中其他重要成果直接相似或相关联的知识、技能、能力、特质或动机”。有的企业直接依据这个理论，建立胜任力模型（表 5-1）。

表 5-1　根据经典理论建模

知识	技能	自我概念	人格特质	动机
行业知识 企业通用知识 企业管理知识 专业知识	通用技能 专业技能	沟通能力 表达能力 协调能力 学习能力 观察能力 ……	责任心 自控力 抗压性 主动性 诚实、勇敢、正直	职业倾向 内在驱动力 ……

2. 根据经典理论的简化框架建模

经典理论将胜任力划分为 5 个方面的内容，有的企业将这个理论框架简化为 3 个维度，将经典理论中 5 个维度的内容集中到 3 个简化版的框架内。

将自我概念、人格特质、动机归为职业素养的内容（表 5-2）。

表 5-2　根据简化框架建模

知识	技能 / 能力	职业素养
行业知识 企业知识 生产管理知识 质量管理知识 服务管理知识 人力资源管理知识 市场营销管理知识	人际沟通能力 组织协调能力 计划能力 执行能力 决策能力 应变能力 分析问题能力 解决问题能力	责任心 自控力 抗压性 主动性 纪律性 全局意识 成本意识 内在驱动力 ……

3. 依据企业实际需要建模

有的学者认为岗位胜任力模型应该根据不同岗位职系的工作特征，结合企业的实际需求来建模。如管理类岗位，需要从业者掌握服务与经营的专业知识，还需要掌握与单位组织运作相关的管理学、经济学与法律等知识；技术类岗位，要求从业人员具有扎实的专业基础理论知识和跨领域的知识，具备高度的自信心与进取心，不满足现有技术或知识。无论是哪一类岗位，有些能力是通用能力，有些又是从事该行业必需的能力，同时还要考虑到时代的变迁和客户的需求，对从业人员的要求也在不断变化。以旅游从业人员为例，智慧旅游时代，对他们的胜任力也有一些独特的要求（表 5-3）。

表 5-3　智慧时代旅游专业人才的胜任力要求

知识	技能 / 能力	职业思想	职业特质
社科知识 信息技术知识 法规知识 旅游基础知识	发展创新能力 使用智能设备的能力 信息服务能力 交际能力	职业道德 奉献精神 责任感 纪律性	服务意识 自我管理 身心素质 职业敏感性

（三）岗位胜任力模型构建步骤

胜任力模型的构建，是运用科学的方法和技术，测度评价一个人适应岗位工作要求的能力和发展潜力。一般来说，岗位胜任力模型的构建分六大步骤。

1. 确定分析职位

首先，需要根据行业和企业的需要，确定构建胜任力岗位模型的具体职位，不同的职位对胜任力的要求也不同，只有先明确具体的职位，才能有针对性地构建胜任力模型。在确定分析的职位时，应注意两个原则。一是非必要不构建。对一些工作任务简单、以机械重复性工作内容为主的岗位，构建胜任力模型反倒费时费力，增加成本。二是循序渐进。在选定目标岗位时，不能想着一劳永逸、一步到位，而是要根据实际工作的紧迫性和重要性，按照轻重缓急，对一些重要的岗位先构建胜任力模型，然后再循序渐进地覆盖到其他岗位。

2. 明确高绩效标准

构建胜任力模型，明确取得高业绩所需要的条件标准，最终是为了探究产生优秀绩效所需要的能力素质。其主要思路有三种：一是以人为中心。选择目标岗位中绩效考核结果为优秀的人员作为胜任力模型构建的重点研究对象，通过识别绩优人员所具备的知识、技能、职业素养、构建胜任力模型。二是以工作为中心。重点放在对岗位工作的特别要求上，然后根据这些要求去确定从事这项工作或者能把这项工作完成得出色的人应该具备的能力和素质。三是以目标为中心。设定一个具体的业绩目标，一般都是较高的业绩目标，然后分析能够实现这些目标的人员所具备的能力和素质。具体采用何种思路，取决于构建胜任力模型的目的和具体应用。

3. 分析员工绩效

明确了高绩效标准之后，依据这个标准，对员工的绩效进行分析。在明确哪些是优秀人员或者何为优秀人员的基础上，将员工的绩效进行划分，明确高、中、低三个等级。要公平客观地对员工的绩效表现进行评价和分级，否则可能会导致构建的胜任力模型有偏差。记录不同绩效等级的员工在行为上的表现差异，以及导致差异的可能原因。

4. 比较分析，提炼信息

这是胜任力模型构建过程中非常重要的一步。要通过各种方法，比如关键事件法、专家小组法、问卷调查法等获取有关胜任特征的数据资料，并将获得的信息与资料进行归类和整理，提炼并定义目标岗位的胜任力。根据所收集的资料，挖掘不同绩效表现的员工在处理类似事件时的反应及行为表现之间的差异，识别出导致关键行为及其结果的具有显著区分性的能力素质，并将这些能力素质归类并排序，对核心能力和通用能力进行规范定义，然后对各个项目要素进行等级划分，并对不同的素质等级作出行为描述（表 5-4、表 5-5）。

表 5-4 岗位胜任力模型等级

能力素质等级	具体描述
一级（*）	在他人帮助下可以开展与此能力相关的业务
二级（**）	能够独立进行工具操作或运用掌握的知识完成一般复杂任务；能够意识到在应用该能力时可能遇到的问题；能在做出决定时参考自己在该领域以往的经验
三级（***）	能够应用该能力处理一些富有挑战和复杂的任务；能够指导小范围的团队成员应用该能力完成相应的任务
四级（****）	能被征询意见、解决与该能力相关的复杂技术问题；能够对所掌握的知识、流程或工具提出战略性的意见或做出调整；能够对事物的发展趋势及潜在问题有足够的预见性和洞察力

表 5-5 不同职位对应的胜任力要素层级示例

能力要素	等级	高层管理者	中层管理者	基层管理者	普通员工
领导能力	1 级	√			
	2 级		√		
	3 级			√	
	4 级				√
决策能力	1 级	√			
	2 级		√		
	3 级			√	
	4 级				√
组织协调能力	1 级	√			
	2 级		√		
	3 级			√	
	4 级				√

5. 构建胜任力模型

通过上述对胜任力特征要素的提炼，结合企业发展战略、经营环境及目标岗位在企业中的地位，初步构建胜任力模型。需要注意的是，岗位胜任力模型的侧重点在于核心和隐藏的能力和素质，对一些外显的知识和技能不能忽视，但也不能占比过重。一般来说，构建的胜任力模型要满足以下几个条件：一是与岗位绩效密切相关；二是与具体工作任务相关联；三是个体潜在的深层次特征；四是能够区分业绩优者和一般者。

6. 验证胜任力模型

胜任力模型的构建是一项持续性工作，企业也应该根据战略的调整、环境的变化及岗位要求的变化不断调整胜任力模型。因此，胜任力模型构建完成后，需要去验证它，看它是否符合实际需要。具体的方法有对比验证、区分验证和跟踪。一是将通过胜任力模型区分出的绩效优者和一般者，与通过测评分数统计出的绩效优者和一般者进行对照，看是否吻合；二是找出一组绩效优秀者和一组绩效一般者，进行深入访谈，验证模型能否区分出两组；三是持续跟踪通过胜任力模型区分出的绩优人员，看其表现是否真正优于一般组，以验证模型的有效性。

三、岗位胜任力的量化评估

岗位胜任力的测评相对其他方法而言，是一种不受被访谈者经验影响的方法，规范性强，便于公正合理对测评者进行有效测评。

（一）岗位胜任力的评估流程

1. 测评小组的成立及培训

岗位胜任力的测评，首先需要选择合适的测评主体。测评主体成员的背景知识对评价工作会产生很大的影响。一般来说，有的企业任用内部人力资源管理人员、部门领导、外部胜任力评价专家，有的公司还会邀请专业的测评咨询人员。测评小组成立后，还需要对测评小组的成员进行培训。对测评的目的、测评的方式和流程，以及甄选的各种测评指标和工具进行解释，以保证他们在测评过程中，能够按照统一的尺度，从而提高测评结果的公正和可信度。

2. 测评流程的设计

测评流程的设计，包括测评环节、测评工具的选择、具体的测评内容、被测评的对象、测评方式、测评时间及结果形式等。下面是某企业在疫情期间所做的岗位胜任力的在线测评。

案例 5-1

×××公司岗位胜任力测评方案

一、测评目的

本次岗位胜任力测评，按照被测评者的层级，构建胜任力素质模型。除了考察被测试者的专业技术能力之外，还需要考虑其综合能力素质、个性特点、管理风格，以及发展潜力是否与公司未来的发展、岗位胜任要求相匹配。测评的结果作为人才配置的重要依据。

二、测评形式及具体安排（表 5-6）

表 5-6 ×××公司岗位胜任力测评形式及具体安排

测评环节	测评工具	测评内容	测评对象	测评方式	测评时间	结果形式
环节一：初认知	综合能力素质测试	专业知识 公共基础知识	全体成员	纸笔	90 分钟	笔试分数
	职业倾向测验	职业倾向性评估		在线测试	30 分钟	测验报告
	领导力测评	领导能力、风格、特质等测评	管理层	在线测试	30 分钟	测验报告
	中层管理者胜任力测评	决策判断、计划协调、解决问题、人际沟通等	中层	在线测试	30 分钟	测验报告
	基层管理者胜任力测评	理解力、执行力、监督反馈、沟通交流等	员工	在线测试	30 分钟	测验报告
环节二：再确定	半结构化面试	综合分析能力、组织管理能力、语言表达能力、仪表气度等	全体员工	视频面试	15 分钟 / 人	面试分数
	履历评估	工作经历、工作业绩等	全体员工	纸笔评价	由评价考官决定	履历评估

三、成绩的计入方式

本次测评完成后，总成绩按百分制计分。根据各项测评的重要性，赋予不同的权重。总成绩 = 笔试成绩 ×30%+ 履历评价成绩 ×30%+ 面试成绩 ×50%。心理测评报告作为重要辅助参考，不计入总成绩。

点评：该公司的岗位胜任力测评方案结合公司对人才的需求，运用了综合能力测试、领导力测试、履历评估等多种测评工具，测评内容较为丰富、测评对象全面，是一份较为完善的测评方案，能够对人才的胜任力进行全方位的评估。

3. 测评结果的汇总与分析

实施胜任力测试后，最终形成目标岗位的胜任力评价结果，人力资源部门对这些测评结果进行汇总和分析。不同的测评方法所产生的结果不同，用理论题库的方式测试知识水平，统计的是具体的分数；用面试的方式考察被测评对象的核心岗位能力，统计的是面试官的打分。这些结果都需要进行科学分析，根据分析的结果确定重点培训的对象，统计被测评的胜任情况。

（二）岗位胜任力的具体应用

胜任力模型在人力资源管理中的应用非常广泛，几乎各个模块都在使用。总的来说，该模型主要应用于两大方面。

1. 发展性量化评估

（1）发展性量化评估是对现任岗位人员的胜任力进行评估，明确其工作中的优势与不足，由此提出改进和提升的目标。

（2）评估方法。① 360 度评估。该方法是一种全方位的评估方法，能够全面了解员工的工作表现和未来发展愿望并评估其实际发展潜力和能力与个人规划之间的差距。测评者的领导、同事、下属、客户及自身都需要对测评者进行评估，收集信息相对全面，结果以分数形式呈现，具有量化、便于操作等优点。②工作回顾。测评者本人对自己过往的工作进行总结，有助于被评者更深入地反思自己的工作，强化其发展动机，但可能会有较大的主观性，也可能会有信息的遗漏。③委员会评估。由专业的评估委员会对被评者的能力素质进行测评，评估的标准和尺度统一，有效信息比较充足，效率较高；但对评估委员会的委员要求较高，人力成本高。

（3）发展性评估的应用。①用于培训。通过测评可将各层次人员现有的能力水平和素质状况进行量化，将结果与标准相比较，找到现状和标准之间的差距，作为培训的内容和培训目标的确定、培训课程的设计依据。在培训结束后，利用测评工具对参训人员再进行一次能力素质等方面的测评，比较前后测量结果，作为培训效果的量化评价依据。②用于轮岗。首先在对岗位进行深入分析的基础上，了解被测评对象原有职位与轮换的岗位对知识、能力和经验的不同要求，依据这些不同要求设定考察内容；其次，根据测评结果，了解被测评对象与目标层人员之间的差异程度，根据差异的大小，将被测评对象按照候选条件进行排序；最后，根据岗位的实际需求，确定轮岗的具体人员。

2. 选拔性量化评估

（1）选拔性量化评估是企业建立和维护后备管理人才库，或对空缺的关键岗位进行招聘时，由专门的评价中心进行的一种选拔性评价。由于被测评对象或是新人，或是为管理岗位储备人才，因此，主要侧重于他们的潜能评估。

（2）评估方法。①心理测验。是一种比较先进的测试方法，它通过一系列方法，将被测评者的某些心理特征予以量化，来衡量个体心理因素水平和个体心理差异。操作方便，便于对不同的测评者进行比较，结果的可信度依赖于测评量表的设计。②情境练习。设置特定的情境，让被测试者依据情境要求完成一定的任务，以此测评其心理素质、潜在能力的一种方法。包括公文处理、管理游戏及角色扮演等。方法较为新颖，对评估主体的要求较高，结果可能存在一定的主观性。③结构化面谈。由几名面试官组成一支测评队伍，让所有被测评者回答同样的问题，用评分标准对被测评者的表现进行打分的方法。标准统一、便于测量，结果相对客观、公正。

（3）选拔性评估的应用。①用于招聘。首先，要根据应聘者的性质选择合适的方法。比如应届毕业生和一些有工作经验的人，前者侧重于成就导向的测评，后者侧重于经验的测评；其次，要精心设计测验。根据不同职位的要求，设置考察指标的权重，要求全面、详细、有针对性，从该岗位工作所需要的基本要求出发，测验的能力是岗位要求的关键能力；最后，据量化评估的结果，进行择优录用。②用于提拔。利用岗位胜任力模型进行测评，可以界定作为合格人才的具体要求，识别出有潜力的可培训对象，以及其需要提升和改进的地方，并为其提供强化和发展的机会，随时为提高职位储备和输送合格人才做好准备，有利于企业科学系统地建立人才梯队。

任务二　确立酒店培训需求

案例 5-2

有惊无险

小琳 4 月 28 日应聘到某五星级酒店的客房部工作，因酒店在 5 月的生意非常好，加上小琳自入职以来没有出现过工作失误，因此，小琳一直没有接受过新员工入职培训。5 月 22 日上午，小琳正在整理 8206 房间，当她即将清理完最后一点儿灰尘，准备关上房门时，一位 A 客人朝她走来，她很礼貌地向客人打招呼，客人也微笑着跟她说辛苦了，并且进入了 8206 房间。此时，小琳立即离开，接着去打扫其他房间了。下午的时候，一位 B 客人来到前台要求办理入住，前台工作人员查看8206房间显示是空房，便为眼前的这位客人办理了登记入住手续，将8206房间的房卡递给了这位客人。B客人拿着房卡进入8206房间，发现A客人躺在床上，吓得慌忙跑到前台去投诉。而那位睡着的A客人也大呼酒店侵犯了自己的隐私。原来，这位A客人本来住的是8205房间，当他走过8204房间时，自以为下一个房间就是8205房间，看到有服务员正在打扫房间，便进入了房间。

点评：从案例中可以看出，没有培训过的员工在日常工作中容易犯一些本不该犯的错误，遇到事情，缺乏足够的经验去应对。如果是一位经过培训的员工，看到客人走进自己正在打扫的房间，应该立即上前咨询客人是哪个房间的，一是防止住店客人走错房间，二是避免一些不安全事件的发生。因此，酒店的培训是必不可少的，正如俗话说："如果你认为培训很贵，那就试试无知的代价。"

酒店需要怎样的培训，为什么会产生这样的需求，是每一个管理者应该考虑的问题。酒店的员工培训是福利也是激励手段，直接影响着酒店的竞争力。如何做好培训工作呢？一定要进行培训需求分析，它是培训评估的基础，是开展有效培训的前提条件，也是使培训工作准确、及时和有效的重要保证。

一、培训需求的量化分析

（一）培训需求分析的概念

培训需求分析是采用科学方法分析确定培训对象、培训原因、培训内容和培训目标的活动过程。它是确定培训目标、设计培训计划的前提，是培训管理活动的首要环节，是培训评估的基础，是培训活动及时、准确、有效的保障。酒店企业所处的内外部环境经常发生变化，这些变动都可能会使企业产生新的培训需求，通过培训需求分析，可以明确：谁最需要培训？为什么要培训？培训什么？要达到什么样的状态？因此，培训需求分析是整个培训工作的核心。目前来看，一些酒店往往忽视培训需求的分析，重表面轻实际，培训工作流于形式，多数考虑酒店的发展，不够关注员工本身的职业发展需求，培训的随意性较大。科学地进行培训需求分析，可以很好地解决这些问题。

（二）培训需求分析模型

1. Goldstein 培训需求分析模型

20世纪80年代，I.L.Goldstein、E.P.Braverman、H.Goldstein经过长期的研究将培训需求分析系统化，构建了Goldstein模型（图5-4）。此后，虽然关于培训需求分析出现了其他不同视角的论述，但该模型被认为是培训需求分析的经典模型。该模型最大的特点是将培训需求看成一个系统，将培训需求分析分成了 3 个层次：组织层次、工作任务层次和个人层次。全面系统地分析培训的环境及相关因素。考虑培训需求原因或“压力点”，是基本技能欠缺、工作绩效差还是新技术应用能力不足等，基于环境的分析做出判断和选择。

组织层次分析是指将组织的长期目标和短期目标作为一个整体来考察，着重分析影响组织目标实现的因素，包括组织目标、组织资源、组织现状和组织战略的分析。

工作任务层次分析指的是确定各个工作岗位的员工为达到理想的工作业绩所必须掌握的知识和技能。是针对每项具体工作的具体培训需求分析，包括工作内容和形式的变化、工作的复杂程度分析和工作满负荷程度分析等。工作任务层次的分析决定了培训的内容。

个人层次分析主要分析员工个体当前的工作状况与岗位应有标准的差距、员工每项技术的熟练程度与该项技术所需熟练程度的差距及原因。具体包括员工知识结构、专业结构、年龄结构、员工能力和个性及员工满意度。在此基础上，确定谁需要接受培训和需要接受什么样的培训。

该模型虽然从系统的角度分析企业的人力资源培训需求，突出了企业培训的战略导向，分析了企业内部的资源和环境，但忽视了外部环境如国家政策、行业规范等的影响；考虑了为实现企业的目标而必须开展的人力资源培训，但忽视了员工内在需要的培训；同时，也缺乏相应的具体可操作性的分析方法。

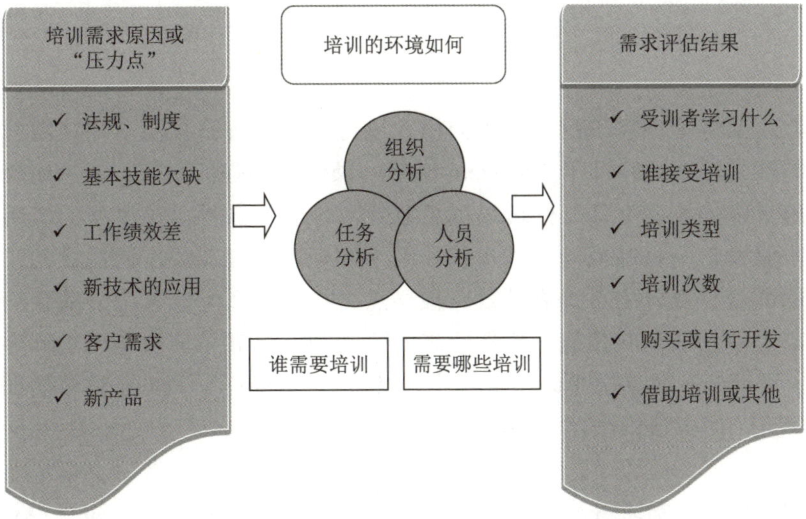

图 5-4 Goldstein 模型

2. 培训需求差距分析模型

培训需求差距分析模型（图 5-5）由美国学者汤姆·W. 戈特提出。他将“理想状态”和“现实状态”之间的“差距”称为“缺口”。该模型即是通过分析两者之间的差距来确认培训需求，旨在通过培训缩小或消除“缺口”。“理想”和“现实”之间总有一定的差距，这包括知识程度、能力水平、认知和态度、绩效水平等，该模型认为这些差距是可以通过培训来改善的。

培训需求差距模型提供了具体操作的步骤，包括 3 个环节。

第一，发现问题所在。通过分析发现理想绩效和现实绩效之间的差距，找到问题的根源在哪里，这个根源就是需要培训的地方。

第二，进行预先分析。对发现的问题进行预先判断，例如知识、技能或态度差距有多大，通过培训可以提高到什么样的水平等。

第三，实施需求分析。这个环节主要是分析员工目前的个体绩效与要求的绩效之间的差距，据此确定培训需求及培训的方法和技巧等。

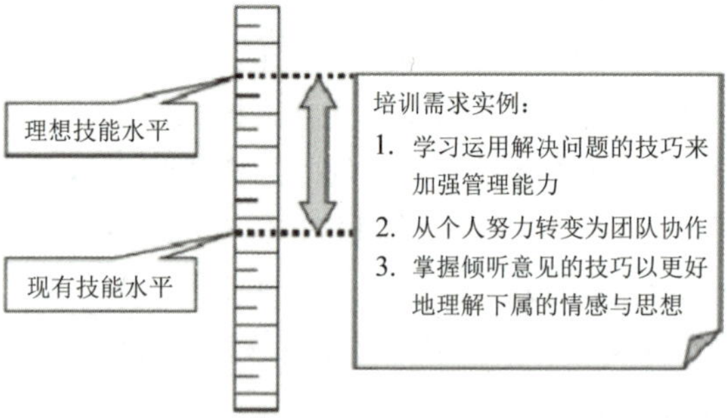

图 5-5　培训需求差距分析模型

该模型将培训需求的“差距分析”进行重点提炼，提高了培训需求分析的可行性，较好地弥补了 Goldstein 模型的操作性不强的问题，通过明确缺口来实施具体的培训工作，使得培训更有针对性和有效性。该模型的应用依赖于两个假设，一是绩效问题基本都是因为知识、技能和态度而造成的；二是通过培训可以百分之百提高绩效。很显然，在企业实际经营中，绩效问题不一定都是缺乏知识与技能，或从业态度的问题，仅靠培训可能无法解决实际问题。因此，只关注员工必须学习什么以缩小“差距”，过滤了许多培训需求的来源点，使得该模型存在一定的片面性。

3. 前瞻性培训需求分析模型

前瞻性培训需求分析模型（图 5-6）由美国学者 Terry L. Leap 和 Michael D. Crino 提出。该模型认为，随着技术在公司经营业务中的发展和员工在组织中个人成长的需要，随时可能发生工作调动、职位晋升及工作内容要求发生变化。因此，即使目前的绩效是令人满意的，也需要为这些可能发生的变化提前做好准备，通过培训以应对这些变化。该模型不是基于现实问题而开展的解决问题的被动培训，而是建立在未来需求的基点上，为组织和个人发展做出准备而进行的主动培训，具有前瞻性特点。

该模型充分考虑企业发展目标与个人职业发展规划的有效结合，在确定员工任职能力和个人职业发展方面具有实用价值，对“不充分的员工技能”还区别具体影响因素给出相应的培训方案或非培训方案，考虑相对比较周全。但也存在一定的局限性，表现为：未来的需求是不确定的，通过对未来的预测来确定培训需求，难免会出现一定的偏差；未必都能对战略与业务的发展要求做出响应，存在与企业战略目标相脱节的风险。

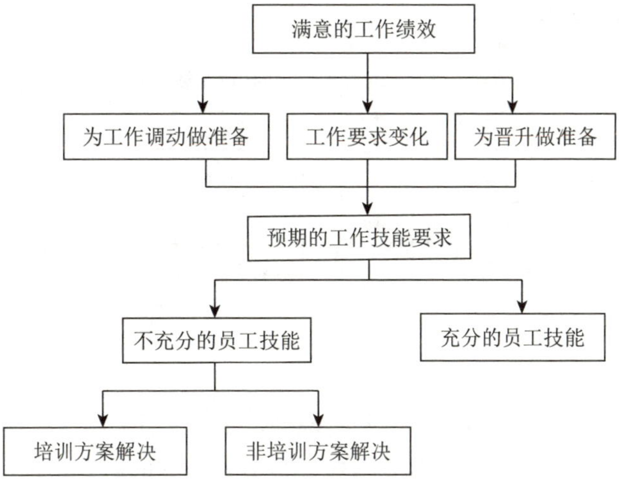

图 5-6　前瞻性培训需求分析模型

4. 基于胜任力的培训需求分析模型

胜任力的概念最开始是美国哈佛大学教授、著名心理学家大卫·麦克利兰提出来的。1973 年，他在《美国心理学家》杂志上发表了《测量胜任力而非智力》一文，他指出要找出真正能区分生活成就或工作业绩方面优劣的深层次的行为特征——胜任力，主要包括知识、技能、社会角色、自我概念、特质和动机等，这是最早关于胜任力的概念。基于胜任力的培训需求分析模型是组织当中特定的工作岗位所要求的与高绩效相关的一系列胜任特征的总和，它主要通过判断组织环境的变化，识别企业的核心胜任力，并在这个基础上确定关键岗位的胜任素质，同时分析员工现有的能力水平，找出培训需求所在，提高受培训者对未来职务的胜任特征，是一种战略导向的分析方法（图 5-7）。

在培训需求分析中导入胜任力的概念，可以使得分析过程更为标准化、培训需求更为具体化。该模型具有几个优点：第一，能够通过工作表现确定员工现有的素质特征，也能够发现员工需要学习和发展的能力；第二，该模型明确了胜任的能力标准，使员工清晰地了解目标和方向，建立行动导向和目标导向的学习；第三，通过对职位和个人胜任力的规范评价，使得绩效评估有了依据。与其他模型一样，该模型也存在一定的不足：一是忽略了企业战略对培训需求的影响；二是对胜任力的理解和把握影响了培训需求分析的准确性。

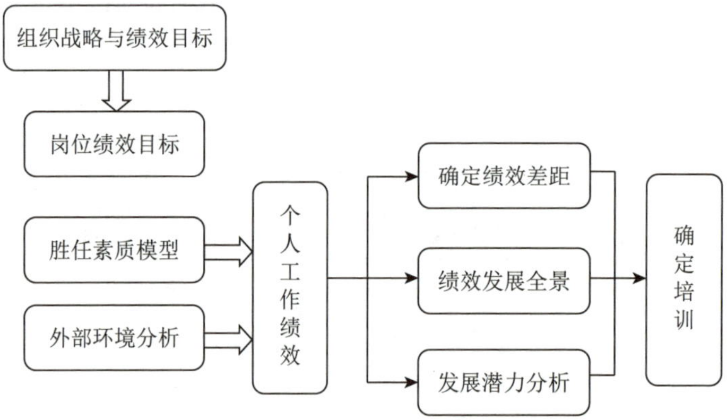

图 5-7　基于胜任力的培训需求分析模型

总之，无论哪一种培训需求分析模型，都有一定的优势与不足。企业需要根据自身的实际情况，加强组织和企业培训需求的研究，提高人力资源投资的产出。然而要使人力资本投资获得应有的效果，首先需要进行培训需求的全面分析。运用一定的理论模型，开展有效的分析预测，辅之以有效的管理和监督检查，最终实现人力资源开发的战略目标。

（三）培训需求分析的方法

进行培训需求分析，要考虑不同层面、不同方面和不同时期的要求，经常用到的方法有以下几种。

1. 观察法

观察法是到员工实际工作现场了解员工工作技能、行为表现和主要问题的分析方法。通过一定时间的多次反复观察或通过各种角度、多个侧面或有典型意义的具体事件（如拜访人员）进行细致入微的观察，发现问题，寻找不足，进而得出培训需求分析的结果。这种方法要求观察人员熟悉被观察者所在岗位的责任书和操作程序规范，这样才能更清晰地观察到问题所在。

2. 问卷法

问卷法的形式可以是对随机样本、分层次样本或所有的总体进行调查或民意测验。首先，由培训部门根据各部门实际情况精心准备一份调查问卷，内容可以包括各部门需要培训的内容、建议开设哪些类型的培训课程、采用何种培训方法，以及其他的建议和要求；其次，在酒店各部门的配合下，选定一组员工作为代表或者选择全体员工作为样本，发放问卷让他们填写；最后，收集调查问卷，并对问卷的结果进行汇总分析，从而确定培训需求。

3. 关键人物访谈法

所谓关键人物可以是其培训需求部门的培训主管、业务主管、销售经理等。由培训负责部门准备一些问题，针对培训的实际需要，与关键人物进行面对面交流。通过对关键人物的访谈可以快速有效地了解所属部门工作人员的培训需求，但操作起来费时费力。

4. 小组研讨法

小组研讨法是选择一群代表性人员加入主题小组，探讨培训能力需求及相关课程的规范的方法。小组研讨法的人员可以由骨干人员、部门主管人员、专家等组成（图 5-8）。培训负责人先召集小组成员，向他们说明目前酒店企业或员工中存在的问题，并提供详细的信息资料；然后由小组成员对出现的问题进行深入探讨，分析问题产生的原因及找到解决的办法，确定培训的对象、培训的内容及培训的方法等。

图 5-8　小组研讨

5. 报告审批法

通过检阅酒店组织的营收报表、计划性文件、政策手册、每个阶段的培训报告、客人意见汇总报告及行业资料等，发现企业中存在的问题，归纳、分析出培训需求。

6. 绩效差距分析法

绩效差距分析法是依据绩效考评结果，找出员工和部门现实绩效与理想绩效之间的差距，分析个人和部门绩效不良的原因，找到解决问题的方法，确定培训需求。其目的在于解决问题，而不是聚焦于系统分析。该方法可以借鉴绩效差距分析模型的思想来使用，是一种广泛采用的、非常有效的需求分析法。

7. 任务分析法

任务分析法是根据工作岗位职责、任职资格要求等明确员工所需要拥有的知识、技能和能力水平，对照员工所存在的不足和差异，确定培训需求。选择具体的工作岗位，罗列出工作岗位所需执行的各项任务清单，明确胜任任务所需要的知识、技术和能力，对照寻找员工的不足，从而确定培训需求。

每种方法都有其优缺点，酒店企业应根据自身情况，选择其中的一种或多种方法。

二、培训需求的确认

（一）培训产生的原因

1. 问题产生

因问题产生而开展的培训往往是非常迫切的。在实际工作中，如果出现了影响安全、影响企业形象的问题，必须开展培训。通过培训，减少工作过程中发生的事故，比如安全管理培训，就是普及安全生产的重要性，也是警示员工在工作中应该严格按照安全生产管理的条例进行工作操作；又如在酒店内部，服务员偷盗了客人的贵重物品，通过培训提高整个酒店员工的职业素养和道德规范等。

2. 工作变化

企业处在不断发展变化的环境之中，不同岗位的工作内容也会发生相应的变化，为了适应这种变化，培训需求随之产生；有时候工作中引进了新设备，工作方式发生了一些变化，也是需要培训的。比如，智能机器人的使用、智能点菜设备的使用等。

3. 绩效低下

企业在一定的周期内会进行绩效考核。实现既定的或更优异的绩效是企业所希望的，但一些部门或一些员工出于各种原因，没有达到或实现最初的绩效目标，由此也产生了相关的培训需求。

4. 人员变化

因人员变化而产生的培训在酒店中较为常见。一是工作人员的变化，包括外部招聘进来的新员工，为了尽快地进入工作状态，实现较好的工作业绩，一般在其入职前开展培训；也有从酒店内部转岗的员工，为了让他们了解新岗位的一些内容，也需要开展培训；二是酒店消费人员的变化，比如新增合作单位，需要对员工进行培训，了解合作单位的背景资料、客户需求及爱好等。

（二）培训需求的确认

培训需求一般由企业人力资源管理部门牵头，相关部门根据各部门的具体情况，上报培训需求，得到肯定和认同后，再开展具体培训工作。其间，还要做好以下 3 项工作。

1. 明确培训目标

培训需求确认的重要任务之一，就是确定个体或组织现有状况与应有状况之间的差距，包括态度认知、专业知识、岗位技能及绩效水平等，通过确认差距，明确培训目标。

2. 选择解决办法

明确差距之后，据此来决定谁参加培训及培训的内容。第一，如果是新入职员工，可以采用工作任务分析法。依据工作说明书和工作规范，有针对性地对员工开展培训；第二，如果是在职员工，可以采用工作绩效分析法。通过比较当前绩效和要求绩效之间的关系，据此开展具体培训。

3. 培训内容的确认

根据要培训的目标，确定培训人员和培训内容。如果是在职员工，具体要根据自身情况及岗位要求确定培训内容。新员工入职培训一般包括酒店基本概况、员工入职须知、薪酬福利待遇、岗位工作要求 4 个部分。

（三）培训需求的纠偏

企业在实际培训过程中，由于各种原因会出现偏差，需要进行需求纠偏来控制培训的方向，确保培训目标的实现。根据企业生产经营实际情况的变化、培训计划实施及培训服务的实际、培训的跟踪统计情况进行纠偏，如在培训过程中，培训师的授课内容与培训安排有出入、被培训员工对授课内容不能吸收理解等，都需要对培训需求进行纠偏，具体落实在培训项目的调整和补充上。

三、培训计划的制订

培训计划是指酒店企业在未来一段时间内的员工培训工作目标和实现途径的策划和安排。如果事先没有计划，那么培训工作就会变得低效和无序。

（一）培训计划的类型

1. 年度培训计划

年度培训计划是人力资源部门根据酒店年度战略目标而制定的下一年度酒店的培训方向及目标。

2. 月度培训计划

月度培训计划是指酒店各部门参照酒店年度培训计划，结合本部门的实际需要编制的每月度具体实施的培训课程及方案。月度培训计划主要依据酒店年度培训计划、季度培训计划、各部门月度培训计划及人力资源阶段性需求项目而编制。酒店人力资源部门在每月底给各部门发放下一个月的培训需求项目表，编制下一个月的培训计划，并通知相关部门或人员。

3. 临时性培训计划

临时性培训计划是酒店人力资源部、其他各部门根据实际工作需要临时决定对部分员工进行培训的规划或方案，如酒店疫情防控专项培训。各部门如果有新的培训项目需要临时实施时，应提前一周将培训计划向酒店人力资源部报备，由人力资源部主导组织开展并监督培训课程的实施。

俗话说“凡事预则立”，培训计划的制订使得酒店企业的各级主管人员花时间和精力去思考未来的种种复杂情况，通过预估环境可能发生的变化并采取适当措施，可以提高员工培训工作的适应能力并降低可能发生的风险。

（二）制订培训计划的步骤

培训计划一般是从组织战略出发，在全面客观分析培训需求的基础上，对培训的一些要素进行预先设定。一般包括以下步骤。

1. 明确酒店企业战略和年度目标

企业的发展战略和年度目标是酒店企业发展的纲领性和指导性文件，其他各项发展计划及各项工作的开展必须以这些文件为依据。如企业是以控制成本、增加利润的经营目标为主，那么提升技术水平、改善经营方式就是培训计划的主要组成部分。因此，制订培训计划的第一步，就是要明确酒店的战略目标，确保培训计划不偏不倚。

2. 明确培训需求

培训计划的制定是以培训需求为基础的。培训需求的确定直接影响培训计划的质量。因此，酒店各部门主管领导、骨干员工及人力资源部相关人员要共同讨论商定，采用多种方法，确定培训需求。人力资源部门或培训主管部门要将各部门上报的培训需求进行汇总，综合考虑、多方验证，确保培训计划符合酒店企业整体发展目标。

3. 制定培训目标

培训目标是培训活动的目的和预期成果。只有明确了目标才有可能科学设计培训方案的各个部分，确定培训对象、内容、时间、教师、方法等具体内容，并在培训之后，对照目标进行培训效果的评估。培训目标一般有总体目标及各个层次的具体目标，总目标是宏观的、抽象的，通过不断分层细化，使其具体化和可操作化。

4. 确定培训对象

从企业长远发展的角度来看，培训对象应尽量全员化。企业应根据不同的角度与目标来确定培训对象。确定培训对象应该遵循轻重缓急的原则，要针对具体的岗位在酒店组织运营者的重要程度来选择最需要培训的人进行培训；另外，也要充分体现员工个人发展愿望与组织需要相结合的原则。

5. 确定培训内容

酒店企业的培训一般包括知识培训、技能培训和素质培训。知识培训是酒店培训的第一个层次。知识培训有利于理解概念，增强对新环境的适应能力。比如企业规章制度、企业文化、食品安全知识等培训；技能培训是企业培训中的第二个层次。技能培训一般是与具体的岗位要求有关。比如中餐部员工的托盘、摆台技能、客房部员工的铺床技能等；素质培训是酒店培训中的最高层次。比如员工服务意识、服务态度、管理沟通、应变能力、团队协作等内容培训。

6. 选择培训教师

酒店企业的培训教师一般有内部专业培训教师及外部聘请的教师等。要根据培训内容选择合适的培训教师。一般来说，选择的培训教师应具备几个素质：酒店专业知识、职业素质修养、掌控现场能力、个人优质形象及课程设计能力。

7. 选定培训方法

企业培训的方法有很多种，如讲授法、演示法、案例分析法、讨论法、视听法、角色扮演法等。各种培训方法都有其自身的优缺点。为了提高培训质量，达到培训目标，往往需要将各种方法综合起来灵活运用。

8. 编制培训计划表

确定了以上因素后，需要编制培训计划表，内容应包括培训项目、具体内容、培训对象等，如表 5-7 所示。

表 5-7　×××酒店 2021 年培训计划

序号	项目	培训内容	培训对象	培训目的	培训方式	具体安排	备注
1	制度培训	新员工入职培训	新入职员工	让新进员工了解酒店相关规章制度、尽快适应管理方式	集中讲授	员工入职时分批进行	
		人事行政制度培训	全体员工	让员工明确酒店的一些办事规则，提高办事效率和质量	集中讲授	业务部门和职能部门分批次进行；职能部门每 3 个月开展一次；业务部门每 4 个月开展一次	
……	……	……	……	……	……	……	

9. 制定培训预算

编制酒店培训预算时首先要了解本企业的培训需求，根据酒店的经济实力，按照设计好的培训内容，进行科学评估，确定培训预算。比如，酒店一年的活动经费是多少、上一年的盈利情况如何及上一年度的培训花费是多少等，编制今年的培训经费，在保证培训质量的前提下，尽快节约成本。

10. 管理培训计划

培训工作能够提升员工能力素质，也有利于企业经营目标的实现，但如果没有按既定计划执行，就会增加支出成本，浪费人力、物力。因此，在制订培训计划时，也要做好应对工作，比如年中阶段性培训总结，根据培训计划执行的具体方式预估相应的评估方式，做好年终培训总结等工作。

（三）制订培训计划需要注意的问题

1. 培训计划的针对性

培训计划的制订，要考虑企业整体发展的需要。要根据不同的战略目标来制订相应的培训计划。另外，针对不同的培训对象，要有针对性地安排培训内容。例如，高层管理人员的培训应侧重于宏观经济与市场竞争、经营决策、人力资源管理等知识培训；基层和中层管理人员，培训计划应侧重于现代企业管理理念、管理方式与技巧、人际关系管理等方面的培训；酒店一线员工，应侧重于工作岗位所需要的一些态度、意识、知识和技能方面的培训。

2. 培训体系的完整性

通常来说，一个完整的培训体系应该包括与培训相关的组织机构、信息资源、课程体系、过程管理等系统。组织机构系统应在酒店人力资源管理系统中做到机构落实、人员落实、职责落实、经费落实；信息资源系统包括企业发展目标、企业文化、企业技术、产品改造与研发、员工成长需求、政府资源、社会合作资源等，为培训计划的制订提供了参考和依据；课程体系包括课程总体设计、课程开发与技巧、教材编制等；过程管理系统包括制订培训计划、组织实施培训活动、培训效果的评估与分析、考核奖励制度、培训档案管理等。总之，培训系统是一个管理系统，也是一个全面、结构化、动态和科学的开放系统，在具体实践中只有做好培训体系的功能定位，培训工作才能起到应有的作用。

3. 培训内容的多样性

目前，一些酒店对员工的培训特别注重实效和收益，强调针对性和实用性。例如，某个员工工作中出现了差错，部门全体员工要接受培训，避免差错再次发生；酒店引入了一个新系统，相关岗位的人员要接受培训，尽快掌握使用新系统。但是，单纯的岗位知识和技能的培训对提高员工的整体实力是远远不够的，还需要员工具备如处理突发事件能力、良好的沟通能力等，如此才能提高员工整体素质和竞争力。因此，酒店企业员工的培训内容应从单纯的岗位培训转向丰富多彩的全方位培训。

4. 培训目标的可达性

培训既是提高员工素质的有效途径，也是酒店激励员工、留住人才的管理方式。通过培训，酒店企业可以通过培训强化人力资源建设，通过“人”的素质的提高去推动和完善各项工作和目标的实现。但人力资源建设只是酒店整体工作中的一个部分，培训不能解决酒店经营管理中遇到的所有问题。制定的培训目标需要分阶段、按计划逐步实施，切忌好高骛远，要考虑目标的可达性。

四、培训计划的实施

微课 5-1

培训计划制订出来后，如何实施是关键（图 5-9）。酒店应根据参训员工的岗位不同，合理安排培训的时间、场所、内容，采用不同的培训方式进行培训。

图 5-9　培训计划实施的过程

（一）实施前

培训计划实施前，做好相应的准备工作。包括培训时间的选择、培训场所的确定、培训课程的安排、培训老师的选定、培训方法的选择。

1. 培训时间的选择

管理者要根据酒店自身的工作计划合理安排培训时间。一要根据酒店需求提前规划好培训总时间；二要对每一个培训项目制定详细的时间安排表，包括该课程的上课用时、休息用时，规划好与下一个培训项目的时间间隔等。同时，还要考虑酒店企业的淡季和旺季，以不影响酒店正常业务的开展为前提。

2. 培训场所的确定

培训的场所要安静、独立、不受干扰，确保培训效果的实现。具体场所类型和规格的选择，要根据培训课程做具体安排。一般要考虑 3 个方面的因素：一是培训场所的空间，要能够容纳所有员工，确保每个学员有足够的活动空间；二是培训场所的配套设施，要满足课程需要，如投影设备、播放设备等；三是培训场所的整体环境。

3. 培训课程的安排

培训课程的安排是培训计划实施中非常重要的一步。根据多方论证之后，确定培训的重点，据此安排培训课程。包括：课程大纲的设计、根据大纲准备课程资料、试讲并完善培训课程内容。

4. 培训老师的选定

培训老师是展开课程培训的主体，其知识丰富程度、语言表达、授课方式等直接影响培训效果的好坏。培训管理部门应根据培训项目的目的、要求和内容，选择拥有扎实的专业知识、良好的职业素养及丰富实践经验的培训授课教师。

5. 培训方法的选择

可以选择的培训方法多种多样，在培训过程中，选择合适的培训方法也是培训效果的重要保证。培训组织者应根据培训内容的特点和不同对象，选择不同的培训方法（表 5-8）。

表 5-8　几种常用的培训方法

名称	描述	优点	不足	适合范围
课堂讲授法	在员工培训中使用次数最多、范围最广的基本方法。采取课堂集中的形式，由专家系统地向员工讲解某些概念、知识、方法，使员工逐步理解、消化和接受	易操作、费用少，便于多人教学	以被动接受为主，记忆效果差，理解不够直观	知识传播类的培训（消防安全知识、餐饮卫生知识、顾客消费知识）
角色扮演法	是一种情景演示的培训方法，让受训者担任其中一个角色，再现员工平时的工作表现，反思平时的行为而加以改变	参与性强，趣味性强，增强培训效果	模拟的场景与真实的工作有差别，培训的有效性降低；扮演中的问题分析限于个人，不具有普遍性	管理岗位和服务窗口的培训（仪容仪表、处理顾客投诉、销售技巧）
网络培训法	以计算机和互联网技术为手段，让员工自主学习的一种培训方式	教学资源丰富、不受时间和空间局限、自主安排学习、多次循环学习	不利于师生情感交流、依赖于员工自身的学习自觉性	适合各类内容的培训
案例研究法	是将实际工作中的真实场景加以典型化处理，通过员工的学习、讨论和教师的适当点评，提高员工分析问题和解决问题能力的培训方法	参与性强、教学过程生动、具体，将知识学习和能力提升融为一体	培训对象范围有限、对教师的要求高、对案例的选择要求高	适用于培训中层和基层管理者
户外拓展法	以自然环境为场地，带有探险性质或体验探险性质的户外体验式培训	增强体验感，激发员工潜能，强化个体素质，促进团队协作	对受训者的身体素质要求较高，对于年龄较大、健康状态欠佳的员工不适合，对培训师的专业性要求高	适合团队精神的培训；职业态度的培训；人际关系的培训

（二）实施中

如果前期准备工作完成得很充分，那么培训计划的实施过程就轻松很多。

培训计划实施时，要做好器材设备的维护保养、培训纪律的强调、培训的沟通与反馈等。

1. 器材设备的维护保养

在培训计划实施过程中，可能会使用到一些器材和设备。培训管理者需要及时关注这些问题，做好器材设备的维护和保养工作。如餐饮对客服务培训时，可能会损坏一些杯子、餐盘等，需要进行及时补充；铺床技能培训时，床上用品也需要及时进行清洗和更换。

2. 培训纪律的强调

培训计划的实施过程离不开教与学的互动。为了营造良好的互动氛围，需要制定一些规章制度，约束学员的行为。比如，要求学员遵守培训规定与纪律，积极主动配合授课教师，完成教师布置的课中和课后任务；做好每日的培训签到工作，定期汇报培训心得等。

3. 培训的沟通与反馈

培训管理者要做好与受训员工及培训师的沟通工作，关注他们的反馈，以便及时调整培训安排。一方面，通过与受训员工的沟通，了解培训师的授课质量、掌握员工在培训过程中遇到的困难及对培训工作的意见和建议；另一方面，通过与培训师的交流，了解受训员工的学习情况，及时将受训学员的疑惑反馈给培训讲师，便于培训师调整培训的方法、培训内容的难易程度。

（三）实施后

培训计划实施后，对培训的总结工作同样重要。一般包括建立员工培训档案、记录培训过程、培训效果评估等。

1. 建立员工培训档案

培训管理者要为每一位员工建立培训档案，详细记录员工参与了哪些课程培训、培训时长、培训费用是多少，培训时的表现及培训考核结果。帮助管理者详细了解员工的培训学习情况，作为员工绩效评估、晋升转岗和再次培训的依据。

2. 记录培训过程

除了为每一位员工建立培训档案外，培训管理者还要详细记录整个培训期内课程实施的情况。主要内容包括培训类别、培训课程名称、时间、地点、课程时长、讲师、员工、参加人数、实到人数、培训费用等。将此次培训的学习资料、考核资料、培训课程描述表、时间安排表等统一归入档案袋。这些作为总结培训工作的重要指标，能够使酒店管理者直观地了解每一次培训计划的落实情况，并为制订下一次培训计划提供参考。

3. 评估培训效果

评估培训效果是指受训者完成培训任务后，对培训计划是否完成或达到效果进行的评价、衡量。它通过建立培训效果评估指标和标准体系，对员工培训是否达到了预期的目标，培训计划是否有效实施等方面进行全面的检查、分析和评价。通过将这些评估结果反馈给培训主管部门，可以作为今后制订和修订员工培训计划及进行培训需求分析的依据。

任务三 量化管理培训效果

评估培训效果作为培训管理体系的最后一个环节，起到明确培训优劣，总结培训得失，吸取经验教训的作用，为下一次培训积累经验和改进策略。关于培训的量化评估，有柯氏四级培训评估模式和菲利普斯的五级投资回报率模型。柯氏四级培训评估模式（Kirkpatrick Model）由国际著名学者威斯康星大学教授唐纳德·L. 柯克帕特里克（Donald L.Kirkpatrick）于 1959 年提出，是世界上应用最广泛的培训评估工具。他将培训评估分为 4 个层次，第一层次是反应评估，评估被培训者的满意程度；第二层次是学习评估，测定被培训者的学习获得程度；第三层次是行为评估，考察被培训者的知识运用程度；第四层次是成果评估，计算培训创造出的经济效益（图 5-10）。

图 5-10 柯氏四级培训评估模式

菲利普斯模型是对唐纳德·L. 柯克帕特里克提出的四级评估模型的一种补充和完善，既保留了柯氏四级培训评估中层层评估的优点，又从投资回报的角度对培训项目进行评估，使培训结果更加量化，更具有说服力。五级投资回报率模型的具体阐述是：第一级是评估学员对培训项目和教师的反应及满意度；第二级是评估学习与收获，衡量学员对培训内容的掌握情况；第三级是评估岗位应用情况，衡量学员能否将所学新知识和新技术应用在工作中；第四级是评估组织影响，即评估对学员或对组织业绩的影响；第五级是评估培训的投资收益，即以货币形式体现培训的收益，以及用非货币形式体现培训的价值。

一、培训行为改变的量化管理

培训的一个重要理论假设，就是通过培训可以使受训者能够表现出决策者所期望看到的行为表现。因此，行为评估是评估培训效果非常重要的一个层次。

（一）行为评估的含义

在前文提到的评估模型中，行为评估是第三级培训效果评估，主要是为了考察学员在接受培训后的行为改变状况，衡量培训是否给受训者的行为带来了新的改变，反映在工作技能方面的提升、工作效率的改善和工作行为的规范上。

（二）行为评估的方法

1. 绩效考核法

大约在培训 3 个月到半年内，培训部门以书面调查或实地考察的形式，了解受训人员在工作上取得的成绩。包括：工作量是否有增加、工作质量是否提高、工作效率有无提升等，从中可以判断培训是否有成效。另外，还可以通过定量的绩效考核来进行评估。设置一些指标，根据指标记录的结果与培训前进行对照，从定量的角度来衡量培训的成效，如表 5-9 所示。

表 5-9　培训前后员工行为改变

指标	培训前	培训后	结果
对客服务差错率			
产品销售量			
半年内顾客投诉率			

续表

指标	培训前	培训后	结果
半年内客人满意度			
成本节约率			
紧急事件处理速度			
……			

2. 观察法

根据实地观察法，了解受训人员的实际工作情况，以此来评估培训的成效。观察的结果可以列表记录，可以进行培训前后行为的比较，也可以进行横向比较，将其与未参加培训的人员进行比较。列表记录受训学员在工作态度、热情、礼节礼貌、执行力等各方面的表现，将其与培训前的行为进行比较；或者同时对比观察受训人员与未受训人员之间的行为表现，确认培训是否有成效。

3. 访谈法

访谈法的应用范围很广，可以与受训学员的领导、同事、客户及受训人员本人进行一对一访谈，还可以组织群体访谈的形式，通过对其周边、了解其变化情况的人员提供的评价信息来评价来了解受训学员培训后的行为表现，检查受训人员将培训内容在工作中应用的程度（图 5-11）。

图 5-11　对考核对象进行访谈

二、培训成果转化的量化管理

（一）结果评估的含义

作为第四层级的培训成果评估，主要是为了调查受训学员在接受培训后的个体和组织绩效的改变状况，反映在绩效方面的提升、效益改善等。这一层次的评估，侧重点是评估培训给组织带来的益处，反映的是培训对组织的影响，体现了培训的最终目的，也是最具说服力的评价指标，实际上也是最难确定培训效果的部分。因为影响培训后的企业或员工绩效，有培训的贡献、也有诸如市场的波动、企业管理制度的改变等影响，具体哪些收益是由培训带来的，其实是很难精确地界定。另外，大多数培训所带来的绩效改变可能不是立竿见影的，需要经过一个长期的跟踪了解过程。

（二）结果评估的方法

1. 前后比较法

前后比较法是将受训者参加培训前的一段时间和培训后的一段时间进行内容相同或相近的测试比较，从中找出因培训所带来的绩效差别。为了得到相对精确的结果，可以在培训前评估多次，取其平均值，在培训后评估多次，也取其平均值，两个平均值之间的差距即为培训效果。为了确保评估的准确性，在比较周期的选择上，最好能使影响绩效的环境与制度在培训前后都没有发生较大变化。

2. 趋势分析法

趋势分析法是通过对有关指标的各期对基期的变化趋势的分析，从中发现问题，衡量培训对绩效影响的分析方法。具体操作方法是：以培训前的绩效数据为基础，画出一条趋势线，对未来绩效情况做出预测；在实施了培训项目之后，将实际的绩效情况也在这张图中绘制出来，与预测趋势线进行比较，若实际发生的绩效超过了趋势分析中对应时点的部分，可以认定为是培训产生的效果。同理，如果外部环境对实际业绩和趋势业绩产生了影响，那么，评估结果的准确度就大打折扣了。

3. 同异反测评法

我国学者赵克勤在 1989 年提出了集对分析理论，是处理系统确定性与不确定性相互作用的数学理论。同异反联系数是他在集对分析中创建的结构函数，是通过比较两个事物的同、异、反三个方面来对事物进行全面的分析。根据这个理论，如果把培训效果评估标准做成一个集合 A，把实际情况做成另一个集合 B，那么培训成果评估就是将集合 B 和集合 A 的特性进行展开分析，分析出来的结果可能在实际现状中有些方面完全符合评估标准，有些方面完全不符合评估标准，还有些方面介于两者之间。

三、培训投资回报的量化管理

（一）培训投资回报评估的含义

培训投资回报分析指的是衡量培训的投入与回报之间的关系，并判断培训是否最终改善了公司业绩的过程。通常引入投资回报率的概念，培训投资回报率即企业开展培训所获得的货币收益与培训总投入之间的比值。计算公式如下。

培训投资回报率（ROI，Return On Investment）=［（培训项目总收益 - 培训项目总成本）÷ 培训项目的总成本］× 100%

（二）培训投资回报率的分析

实施培训的职能部门关注学员是否喜欢培训的经历？培训内容是否相关？学员是否学到了东西？这些评估往往关注的是培训对学员产生的影响。培训投资回报率的分析是从企业的角度衡量培训投资的实际产出。

1. 培训的成本分析

酒店培训的成本包括直接成本和间接成本。这里主要分析直接成本，一般包括以下内容。

（1）工资成本。培训期间，培训教师的费用、培训组织者的薪资及受训学员的薪资全部或部分计入培训成本。如果是脱产培训，那么受训者的薪资全部计入培训成本；若是半脱产培训，那么受训员工薪资的一部分应计入培训成本。另外，培训之后的评估环节，因评估产生的人员费用也应计入培训成本。

（2）材料成本。一些理论知识培训，需要给受训学员准备培训教材、培训的资料及打印、复印各种表格，这些会产生一定的费用；有些培训过程中设置的一些互动环节，需要准备一些游戏材料或者小礼品等。

（3）设备成本。培训时使用的各种培训仪器、设备、设施的折旧费、日常维护与修理的费用。

（4）其他成本。培训时产生的水费、电费等及场地的租赁费用等。

2. 培训收益分析

培训收益，包括因培训而带来的营业额的增加及成本和费用的减少。

（1）营业额的增加。酒店实施培训之后，可能会带来销量的增加、总营业额的增加。比如，前厅部员工经过培训后，客房销售能力增强，提高了客房出租率；餐饮部员工经过培训后，掌握了如何向客人推荐单价高、利润高的菜肴。这些可以通过培训前后的营业数据分析出来。

（2）成本和费用的减少。酒店的成本和费用主要有营业成本、营业费用、管理费用、财务费用。一些培训项目的开展，提高了员工的节约意识和安全意识，提高了员工的工作效率和服务质量，那么在实际工作中，会减少因工伤事故造成的费用、因减少物品的损耗、物料的浪费而减少的成本。

3. 培训的投资回报率分析

培训的投资回报率分析一般是以一年为期限，计算某个年度的培训投资收益率。相关的调查研究显示：绝大多数企业并没有正式计算出它们在员工培训上的投资回报率，一些企业认为除了一些非正式数据的结论外，计算在员工培训上的投资绩效的确是一件很困难的事情。下面以酒店销售部门为例，具体了解培训投资回报率。

为了分离出培训带来的收益，分别设置培训组和未培训组。经过对比分析，每个受训学员所带来的销售收益的增加达 20 000 元，同时考虑培训所产生的材料成本、机会成本、人工成本等共计 8000 元，那么，这家酒店的销售部门的投资回报率：

$$ROI=(20\,000-8000)\div 8000\times 100\%=1.5$$

也就是说，酒店在对销售部员工培训项目上投入 1 元的培训费用，可以创造 1.5 元的收益，可以判断，这个培训项目是值得投资的。

思政园地

思考与练习

一、选择题（请将正确的选项填在题目后面的括号内）

1. 培训课程开始前应做好准备工作，确认（　）。

A. 讲师　　B. 培训时间　　C. 公司政策　　D. 培训设备

E. 培训场地

2. 对培训负有责任和义务的人员有（　）。

A. 最高管理层　　B. 人力资源部门

C. 直线经理　　D. 员工

E. 客户

3. 培训的战略意义在于（　）。

A. 使新员工尽快地适应其工作岗位

B. 提高和改善员工绩效

C. 促进组织变革与发展，使组织更具生命力和竞争力

D. 减少员工流动性，提高组织的稳定性

E. 提高和增进员工对组织的认同感和归属感

4. 在对培训项目的结果进行沟通时，应该知道评估结果的人有哪些？（　）

A. 学员　　B. 管理层　　C. 学员的同事　　D. 培训开发人员

E. 学员的直接经理

5. 在酒店中，最需要培训的对象是（　）。

A. 在必备技能缺项测评中，确实需要补充单项技能的人

B. 因新技术、新工艺的推广使用而需要培训的人

C. 出于自身的兴趣，希望提高某一项能力的人

D. 因组织需要，需要提拔、转岗和晋升的人

E. 希望学到新的知识使自己的退休生活更加丰富的人

二、填空题（将正确的答案写在横线上）

1. 企业资源结构中，最重要的关键资源是________。

2. 员工培训需求分析的3个层次是分别是________、________和________。

3. 美国学者汤姆·W. 戈特将“现实状态”与“理想状态”之间的“差距”称之为________。

4. 企业开展培训所获得的货币收益与培训总投入之间的比值是________；某酒店某一个周期的培训成本是500元，培训总收益是880元，那么培训投资回报率是________。

5. 酒店员工培训管理是一项系统工程。整个流程包括：第一步是________；第二步是培训计划制订；第三步是员工培训的实施；第四步是________。

三、简答题

1. 请简述培训需求产生的原因。

2. 请简述岗位胜任力模型的构建流程。

3. 请简述影响培训方法选择的因素。

四、案例分析题

近期，某家五星级酒店频频收到客人的投诉信，有的投诉前台服务人员态度不热情；有的投诉入住登记不快捷；有的投诉客房安排不合理等。为此，

酒店人力资源部和前厅部决定对前台接待员在酒店内部培训教室进行为期15天的相关培训，以提高整体服务水平和部门经营业绩。

请根据所学知识，对该酒店前厅部进行培训需求的确认。

参考答案

6 项目六 酒店薪酬管理

项目导读

有效的薪酬制度是激励员工的必要措施，对于提升员工认同感、归属感，激发员工的工作热情等起着重要的作用。本项目以酒店如何建立合理的薪酬体系为主线，通过薪酬的相关概念、职位薪酬与职位评价、酒店薪酬预算制定技巧、员工薪酬结构、员工福利管理五项内容的介绍，使学习者对酒店薪酬管理有深入的理解，提升学习者的薪酬设计、薪酬管理能力。

学习目标

1. 了解薪酬的相关概念和酒店常见的薪酬制度。
2. 了解职位薪酬体系和职位评价的方法。
3. 了解酒店薪酬水平决策，掌握酒店内部薪酬量化分析方法。
4. 了解宽带薪酬体系和特殊员工薪酬制度，掌握酒店薪酬结构设计方法。
5. 掌握员工福利的类型和规划管理方法。

思维导图

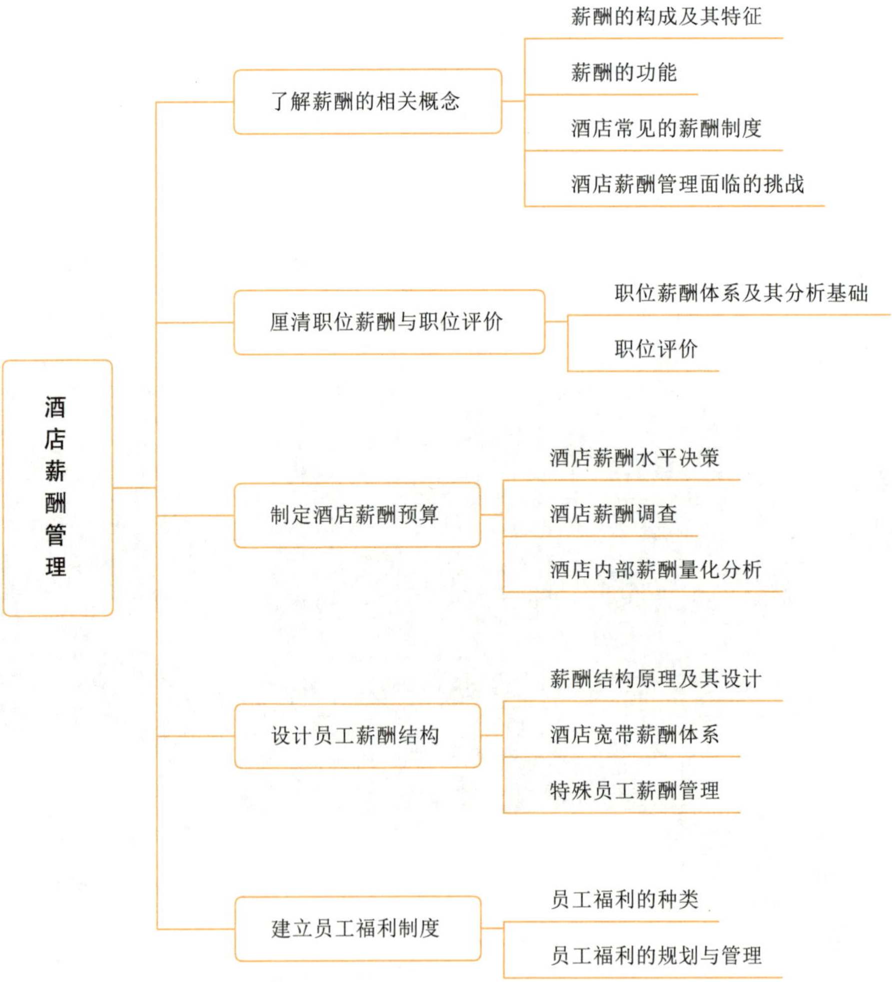

任务一 了解薪酬的相关概念

薪酬问题是现代酒店管理的核心问题，它关系到每位员工的切身利益，也关系到酒店的长远发展。薪酬作为用工成本，是酒店成本控制的重点。同时，薪酬作为激励因素，在吸引员工，激发员工的积极性、主动性和创造性上发挥重要作用。

微课 6-1

美国薪酬专家约瑟夫·J. 马尔托奇奥在其所著《薪酬战略》一书中，将薪酬界定为雇员因完成工作而得到的内在和外在的奖励，并将薪酬划分为外在薪酬和内在薪酬。

薪酬的概念有狭义和广义之分，狭义的薪酬主要是指经济性报酬（也称外在报酬），主要是指以货币形式和实物形式体现的报酬，包括工资、奖金、福利等；广义的薪酬又称为总薪酬或全面薪酬。广义的薪酬包括经济性报酬和非经济性报酬。非经济性报酬是指以非货币形式体现的报酬，主要是指员工由工作本身所获得的心理满足和心理收益，如成长和发展机会等（图 6-1）。

在管理实践中，大多数酒店的薪酬管理主要是指员工经济性报酬管理，包括基本工资、绩效、奖金、津贴、股权、福利等，并将工资、绩效、奖金、津贴、股权等可以直接用货币表现的部分称为直接薪酬，简称薪酬。将间接用货币表现的部分称为间接薪酬，也称福利。

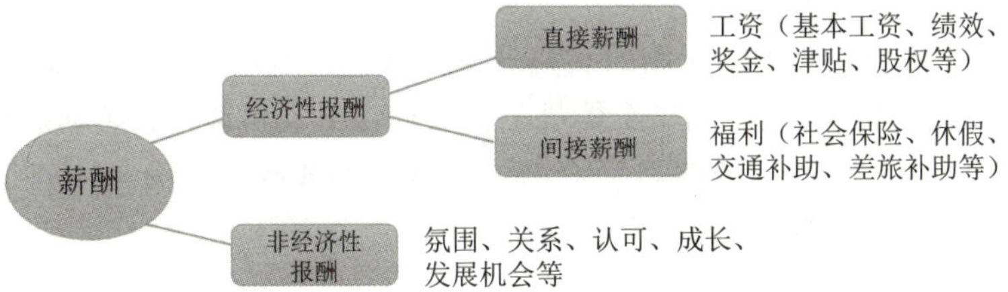

图 6-1 薪酬的概念框架

一、薪酬的构成及其特征

（一）基础工资

基础工资是酒店按照一定的实践周期，定期向员工发放的固定薪酬。这一时间周期可以是小时、天、周、月或年，中国酒店主要采用的是月薪制，针对高管人员则主要采用年薪制。基础工资主要体现同类员工薪酬的共同水平，但并不体现员工个体间的差异，具有同工同酬的特点。

基础工资又可以分为基本工资、岗位工资、学历工资、工龄工资等。

（二）绩效工资

绩效工资更多与个人绩效表现关联，直接受个人绩效表现波动影响。绩效工资一般是针对岗位核心职能的绩效考核结果来确定的，一般按绩效工资基数乘以绩效考核设定的系数来确定。

（三）奖金

奖金是酒店对员工卓越行为或者超额完成业绩给予的奖励。奖金是针对员工的特殊贡献和整体协作效果，根据酒店、部门或项目的整体经营目标（一般以利润目标为基准）达成情况，来确定奖金总额基数，再按部门贡献率和个人贡献率来逐层划分。奖金是按整体经营业绩比例提取的。奖金的实质是“酒店业绩分红”，即从酒店业绩目标的超出部分中拿出一定数额的业绩奖金，有差别地分配给酒店员工。

（四）津贴

津贴与补贴是指对员工在特殊劳动条件、工作环境中的额外劳动消耗和生活费用的额外支出的补偿。常见的津贴类型有劳动保护津贴，例如夜班津贴、节假日津贴、高温环境工作津贴等。地区性津贴，例如在高原地区工作或者在偏远地区工作的津贴；生活补贴，例如物价上涨的补贴。津贴与补助主要体现的是对员工工作生活的照顾。

（五）股权

股权是具有长期激励作用的利益分享方式，一般用于酒店高级管理人员和业务、技术骨干，也可用于全体员工。股权将员工利益与酒店利益相联系，以促使员工为实现酒店战略目标而努力。常见的股权形式有员工持股计划、股票升值权、限制股票和影子股票期权。

二、薪酬的功能

（一）激励作用

薪酬是酒店人力资源管理的工具。管理者可以通过有效的薪酬战略及其实践，反映和评估员工的工作绩效，即根据员工表现出的不同工作绩效，给予不同的薪酬，从而促进员工工作数量和质量的提高，这样一来既可以提高员工的工作积极性，又可以提高酒店的生产效率。

（二）调节作用

薪酬是人力资源管理流动与配置的重要调节器。在通常情况下，酒店一方面可以通过调整内部薪酬水平的差距来引导人员流动，形成劳动力流向的合理调剂；另一方面对外可以利用竞争性的薪酬来吸引人才，合理调整劳动力素质结构。

（三）增值作用

酒店能够从事生产和经营的前提是雇用一定数量的人员，而薪酬就是酒店支付给这些人的成本，是用来交换劳动者劳动力的一种手段。薪酬本身不能直接带来效益，但可以通过有效的薪酬战略及其实践，用于交换劳动者的劳动，通过劳动力和生产资料结合创造出酒店财富和经济效益。对酒店来说，有效的薪酬投入与管理可以为酒店带来远超成本的收益。

（四）控制成本

薪酬是酒店成本的重要构成因素，薪酬管理是酒店成本控制的重要内容。一方面酒店为了提高自己对人才的吸引力不得不付出一定的代价；另一方面酒店面对产品或服务市场上的竞争压力又不能不控制薪酬成本。有效地控制薪酬成本的支出对于大多数酒店的经营意义非凡。通过有效的薪酬管理，可以帮助酒店用较少的成本获得较高的收益。

三、酒店常见的薪酬制度

微课 6-2

酒店薪酬制度是关于酒店定额劳动、标准报酬的管理制度，它是酒店内部多种分配制度的基础，是确定和调整酒店内部各类员工劳动所得、薪酬等级的主要依据。

酒店薪酬制度的目的在于激发员工主观能动性，鼓励、引导员工与酒店共同成长，共同发展。酒店薪酬制度通常遵循按劳分配、效率优先、兼顾公平、可持续发展的原则，常见的薪酬制度主要有以下几种。

（一）职位等级薪酬制度

职位等级薪酬制度是指依据职位对组织战略与目标实现的贡献程度大小、承担职位职责的人所需具备的能力（包括知识、技能和经验等）和工作本身的特殊性（包括岗位应负责任、解决问题的难度等）来确定支付给员工的薪酬水平。这种薪酬制度的基础是职位分析与职位评价，不同岗位的工资差别主要是由工作评价结果的不同决定的。采用这种薪酬体系的关键是要基于酒店的战略进行职位价值排序，优点是职位晋升薪级也晋级，体现了内部公平性，有利于调动员工的工作积极性（图 6-2）；缺点是可能对长期在同一岗位工作的员工造成打击。如果岗位工作越来越出色，但薪酬水平不能得到提高，可能会影响这一类员工的工作稳定性和积极性。

图 6-2 薪级晋级示意

（二）技能等级薪酬制度

技能等级薪酬制度是以员工具备的能力或技能作为工资支付的根本基础，即以人的能力要素作为工资支付的直接判断标准。这种模式认为员工获得报酬的差异主要来自人本身能力水平的差异。这种薪酬制度适用于酒店中的技术工人、技师、专业管理人员等，如酒店餐饮部的厨师、工程部的维修人员等。优点是注重能力的提升，促进员工提升专业技能水平，有助于企业整体技能水平的提升。增加了员工发展机会，为不愿意在行政管理岗位上发展的员工提供了发展路径。缺点是关注技能而不是产出，由于员工的技能水平与产出水平不一定正相关，那些技能较低但是高产出的员工可能会产生不满。同时，鉴定和评价技能增加了管理的成本。

（三）绩效水平薪酬制度

绩效水平薪酬制度是指根据酒店的经济效益、员工的工作表现与工作业绩，通过目标考核体系确定员工的绩效水平，确定相应的薪酬等级。优点是发挥了薪酬的经济杠杆作用，有利于稳定经营、管理和服务骨干人员，促进劳动力资源的优化配置，激励员工提高自身素质。缺点是可能会导致团队内部成员的不良竞争，为了取得好的个人业绩，员工可能会减少合作。

（四）市场比较薪酬制度

人才市场同样遵循市场经济规律，人才供求关系决定了人才的价格，即薪酬水平。市场比较薪酬制度是指根据市场价格确定酒店薪酬水平，根据地区及行业人才市场的薪酬调查结果，来确定岗位具体的薪酬水平。酒店可根据自身的盈利状况和人力资源策略采取高于、等于或者低于市场的薪酬水平，不同的薪酬测量将带来不同的影响。优点是便于酒店通过等于或高于市场水平的薪酬吸引和留住员工，提高员工满意度，提升工作积极性。缺点是要求酒店具有良好的盈利水平和发展能力，否则难以支付较高的薪酬水平。另外，这种薪酬制度对薪酬市场数据的客观性提出了很高的要求，要求酒店人力资源管理者非常了解市场薪酬水平。同时，如果完全按照市场付酬，酒店内部薪酬差距可能会很大，容易影响组织内部的公平性。

（五）工龄鼓励薪酬制度

工龄鼓励薪酬制度是一种简单而传统的薪酬制度，它是按照员工为酒店服务的时间长短而支付或增加薪酬的一种管理制度。工龄工资也称工资补贴，通常是酒店给予在酒店工作连续工作满一年以上的员工发放的鼓励性津贴，其基本特点是员工的工龄越长，工龄工资越高。优点是有利于培养员工的忠诚度，增强员工的归属感和安全感。缺点是没有和工作表现挂钩，没有充分体现劳动付出，容易形成论资排辈的氛围，可能会引起新入职职工的不满。

可以发现，不同的薪酬制度各有其优缺点。通常，酒店采用的薪酬制度不止一种，而是采取多种薪酬制度综合运用。

四、酒店薪酬管理面临的挑战

（一）人力资源成本逐步上升的挑战

随着劳动力市场价格的提升和酒店业市场竞争的加剧，酒店业作为劳动密集产业，人工成本（工资总额、加班工资、保险等）占营收的比例在逐年增长，人工成本压力凸显，如何减员增效、提高劳动生产率是当前酒店经营管理的重中之重。

（二）多样化和个性化发展薪酬制度设计的挑战

随着时代的发展与进步，人们生活水平不断提升，酒店员工的需求呈现多样化和个性化发展趋势，对薪酬管理制度也提出了更多的要求。传统的、以等价交易为核心的员工薪酬设计方案，正在被“以人为本”的多样化、个性化的薪酬管理方案所替代。

（三）全面薪酬制度设计的挑战

全面薪酬制度是指包括内在薪酬和外在薪酬的整体薪酬制度。外在薪酬主要是指为受聘者提供的可量化的货币性价值，内在薪酬则是指那些给员工提供的不能以量化的货币形式表现的各种奖励价值，如培训机会、酒店名望，酒店文化、工作环境等。如何科学地把握全面薪酬的两个方面，使它们有机统一起来，是酒店薪酬管理面临的一个难题。

（四）员工长期激励薪酬设计的挑战

长期激励的薪酬设计是指通过一些薪酬政策和措施引导员工在一个比较长的时期内自觉地关心酒店的利益，关心酒店的长期发展。长期激励的薪酬设计有助于酒店留住关键人才和技术，稳定员工队伍。目前酒店行业整体员工流失率较大，如何利用员工长期激励薪酬设计留住员工、激励员工是酒店薪酬管理的一大难题。

（五）弹性福利制度设计的挑战

员工福利是薪酬体系的重要组成部分，是酒店吸引、保留、激励员工的重要方式。随着员工需求的不断发展变化，员工在福利方面的偏好也呈现多样化、个性化发展趋势。在这种背景下，弹性福利制度设计逐渐成为酒店薪酬管理的发展趋势和新的挑战。

任务二　厘清职位薪酬与职位评价

一、职位薪酬体系及其分析基础

（一）职位薪酬体系

职位薪酬体系是一种应用最广泛的基本薪酬体系，是根据员工在组织中的不同职位、岗位特征来确定其薪酬等级与薪酬水平的体系。职位薪酬体系重点考虑职位本身的价值，最大的特点是员工担任什么样的职位就得到什么样的薪资，对“职位”而不对“人”，主要考虑职位的价值大小，不考虑个人技能与业绩水平的影响。

在当今复杂多变的市场环境下，职位薪酬体系仍然具有很强的实用性，在薪酬决策中具有不可替代的作用。即使是那些采用技能薪酬体系和能力薪酬体系的酒店，大多也是以职位薪酬体系为基础的。

（二）职位薪酬体系分析基础

职位薪酬体系首先需要对职位本身的价值做出客观的评价，其次根据这种评价的结果来赋予承担这一职位的员工相应的薪资。

二、职位评价

职位评价也称工作评价，就是根据各职位对组织目标的贡献，通过专门的技术和程序对组织中的各个职位的价值进行综合比较，确定组织中各个职位的相对价值差异，它是薪酬级别设计的基础。职位评价有 4 种方法。

（一）排序法

排序法是根据职位的相对价值或职位对于组织的贡献对职位进行排序的方法。常见的排序法有直接排序法、接替排序法及配对比较排序法三种。

排序法的优点在于简单、快速，费用比较低。然而，排序法也存在很多问题。首先，排序法是一种非量化的评价方法，评价结果由主观评价产生，具体的价值差距大小无法得到明确的解释，因而在评价结果上较难达成共识。其次，对于职位数量较多的酒店，排序法的使用难度会很大。通常情况下，15 种职位可能是使用排序法的上限。所以，排序法比较适用于规模比较小、职位数量较少的酒店。

（二）分类法

这种方法是事先将所有职位的价值进行总结，然后从总体上将职位的价值区分为几个等级，并为每个等级设定明确的标准，各类标准写明本等级职位的难易程度和责任大小程度要求，然后将各职位与标准进行比较，将其归入与之相符合的等级之中。这种方法类似于酒店在评定会员等级的做法：先确定不同等级客户的标准，再根据客户的具体的资金量、对酒店利润的贡献程度等，将客户分为不同的等级，从而形成不同层级的客户结构。

分类法的优点是简单，容易解释，实施速度较快。缺点是在职位多样化的复杂组织中，很难建立通用的职位等级定义。同时，由于职位等级描述留下的自由发挥空间太大，很容易出现范围过宽或者范围过窄的情形。

（三）要素计点法

要素计点法是一种比较复杂的量化职位评价方法，也是使用范围较广的职位评价方法。它主要是根据各个职位在一定报酬要素上的得分来确定它们的相对价值。

要素计点法的具体步骤如下。

（1）确定报酬要素，并划分每个报酬要素的等级。

（2）确定每个报酬要素及其等级的点值。

（3）确定组织内每个职位的报酬要素等级和点值。

（4）将每个职位的点值加总并进行排序。

在此方法中，最为关键的是职位评价要素的选择，在选择评价要素的时候要选择那些能够准确反映职位特征，又在所有职位中都有体现的具有代表性的要素，否则，就会导致后面点数比较的标准不准确，导致排序出现问题。

要素计点法的优点包括应用范围较广，评价更为精确，评价结果更容易被员工接受，能够反映酒店独特的需要和文化，强调酒店认为有价值的要素。缺点在于评价过程较复杂，花费时间较多，成本较高。

（四）要素比较法

要素比较法是一种量化的职位评价技术，需要选用的报酬要素更多，常见的报酬要素如工作责任、工作强度、任职要求、工作环境等。要素比较法需要多次选择报酬要素，并据此分别对职位进行多次排序，最后把每个职位在各个报酬要素上的得分通过加权得出一个总分，然后得到一个总体职位序列。

要素比较法的操作步骤如下。

（1）获取职位信息，确定报酬要素。

（2）选择典型职位。

（3）根据报酬要素将关键职位排序。

（4）将每个典型职位的薪资水平分配到其内部的各个报酬要素上去。

（5）根据每个报酬要素的价值对职位进行多次排序。

（6）根据两种排序结果选出不可用的关键职位。

（7）建立典型职位报酬要素等级基准表。

（8）使用典型职位报酬要素等级基准表来确定其他职位的工资。

要素比较法的优点是比较精确、系统、量化，能直接得到各岗位的薪酬水平，缺点是评价过程非常复杂，操作成本很高。因而，这种职位评价方法并不常用。

任务三　制定酒店薪酬预算

一、酒店薪酬水平决策

（一）薪酬水平

薪酬水平是指酒店内部各类职位和人员薪酬的高低状况，它反映了酒店薪酬的外部竞争性。酒店薪酬水平直接影响其在劳动力市场上获取劳动力的能力强弱，代表了其在劳动力市场上的竞争能力大小。

一般来说，较高的薪酬水平能够保证酒店在行业内部良好的竞争力，但同时也会带来较高的运营成本，影响酒店的盈利能力。而较低的薪酬水平虽然能够降低运营成本，提高酒店的获利水平，但同时也会减少酒店对人才的吸引力，从而导致较为严重的人才流失问题。

（二）薪酬水平决策

1. 领先型薪酬策略

领先型薪酬策略是采取本酒店的薪酬水平高于竞争对手或市场的薪酬水平的策略。这种薪酬策略以高薪为代价，在吸引和留住员工方面都具有明显优势，并且将员工对薪酬的不满降到一个相当低的程度。

2. 跟随型薪酬策略

跟随型薪酬策略是力图使本酒店的薪酬成本接近竞争对手的薪酬成本，使本酒店吸纳员工的能力接近竞争对手吸纳员工的能力。跟随型薪酬策略是酒店最常用的策略，也是当前大多数酒店所采用的策略。

3. 滞后型薪酬策略

滞后型薪酬策略是采取本组织的薪酬水平低于竞争对手或市场薪酬水平的策略。

采用滞后型薪酬策略的酒店，大多处于竞争性的产品市场上，边际利润率比较低，成本承受能力很弱。受产品市场上较低的利润率所限制，酒店没有能力为员工提供高水平的薪酬，这是酒店实施滞后型薪酬策略的一个主要原因。当然，有些时候，滞后型薪酬策略的实施者并非真的没有支付能力，而是没有支付意愿。

4. 混合型薪酬策略

所谓混合型薪酬策略，是指酒店在确定薪酬水平时，是根据职位的类型或者员工的类型来分别制定不同的薪酬水平决策，而不是对所有的职位和员工均采用相同的薪酬水平定位。比如，有些酒店针对不同的职位族使用不同的薪酬决策，对核心职位族采取市场领袖型的薪酬策略，而在其他职位族中实行市场追随型或相对滞后型的基本薪酬策略。

二、酒店薪酬调查

薪酬调查是酒店采集、分析竞争对手所支付的薪酬水平的系统过程。薪酬调查是为酒店建立有竞争性的薪酬策略提供依据，实现酒店薪酬的对外竞争力和对内公平性。

（一）薪酬调查的作用

通过薪酬调查，可以为酒店调整员工薪酬水平提供依据，为酒店调整员工的薪酬结构奠定基础，有助于酒店掌握薪酬管理的变化和趋势，同时有利于酒店控制劳动力成本，增强酒店竞争力。

（二）薪酬调查的内容

1. 酒店行业薪酬水平调查

主要收集行业和地区的薪资水平状况，不同薪酬结构对比，不同职位和不同级别的职位薪酬数据、奖金和福利状况，长期激励措施及未来薪酬走势等信息，了解竞争对手的薪酬水平，为酒店的薪酬水平决策提供依据。

2. 薪酬影响因素调查

综合调查薪酬的外部影响因素和内部影响因素。常见的外部影响因素有国家的宏观经济、通货膨胀、行业特点和行业竞争、人才供应状况等。常见的内部影响因素有酒店支付能力、发展阶段、员工的素质要求、人才稀缺度、招聘难度等。

（三）薪酬调查的数据来源

一般来说，薪酬调查数据来源于以下途径：政府部门公布的薪酬数据、媒体公布的薪酬调查数据、咨询机构拥有的薪酬数据库、其他一些机构（如猎头酒店、学术研究机构等）拥有的薪酬数据库。咨询机构及其他一些机构的数据通常需要购买。当然，酒店也可以通过实地调查获取薪酬数据。

三、酒店内部薪酬量化分析

（一）内部薪酬调查

开展内部薪酬调查，能够迅速了解酒店的薪酬管理体系现状，发现酒店的管理漏洞，体现酒店的人性化关怀。对内部薪酬的调研和改进是留住人才、稳定员工队伍、调动员工积极性、激发员工行动、优化人力资源配置的有效手段，是提升员工对薪酬的满意度、提高员工工作效率、实现酒店战略目标的有力保障。

内部薪酬调查的方法通常是采取调查问卷的形式。对于一般的内部薪酬调查，调查的范围越广泛越好，最好是覆盖上到酒店的最高领导层，下到基层的一线员工。内部薪酬调查的实施步骤如图 6-3 所示。

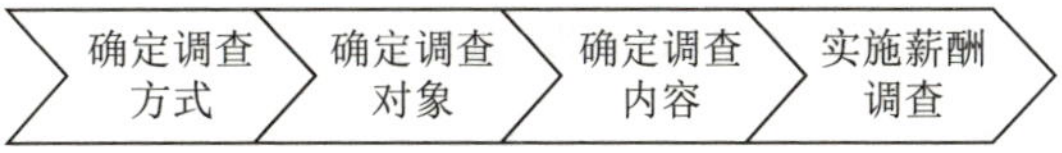

图 6-3　内部薪酬调查实施步骤

内部员工薪酬调查的内容包括对薪酬水平的满意度、对薪酬公平性的满意度、对薪酬导向性的满意度、对薪酬清晰度的满意度、对薪酬激励性的满意度、对薪酬可信度的满意度、对酒店福利的满意度等方面。

内部薪酬调查也可以和酒店整体的员工满意度调查一起进行，在调查员工对薪酬满意度的同时，可以调查员工对工作环境、工作氛围、上下级关系、工作和生活平衡等其他事项的满意度。

（二）酒店薪酬预算

所谓薪酬预算是指酒店管理者在薪酬管理过程中进行的一系列成本开支方面的权衡和取舍。薪酬预算是薪酬控制的重要环节，准确的预算可以保证酒店在未来一段时间内的薪酬支付受到一定程度的协调和控制。薪酬预算要求管理者在进行薪酬决策时，综合考虑酒店的财务状况、薪酬结构及酒店所处的市场环境因素的影响，确保酒店的薪酬成本不超出酒店的承受能力。

薪酬预算的步骤如下。

1. 确定酒店战略目标和经营计划

首先，需要确定酒店的战略是快速扩张、适当收缩、稳步增长还是转换领域，这决定了酒店整体对人力资源的需求，同时也会影响酒店薪酬总额预算。其次，需要确定酒店的经营目标，例如收入、利润、增加值等指标，这是决定薪酬总额的基础。一般来说，如果有可能，还应将目标分为基础目标、努力目标和最低目标，以分别计算对应的薪酬总额。最后，还应该确定组织结构、岗位设置，因为一方面组织结构的变动会影响员工人数，另一方面组织结构的变动会带来员工岗位工资部分的变动。

2. 分析酒店支付能力

衡量酒店支付能力的指标有三种，即薪酬费用率、劳动分配率和薪酬利润率。

（1）薪酬费用率。

薪酬费用率 = 薪酬总额 / 销售额

由上式可以看出，如果酒店的销售额较大，则薪酬总额也应当相对地增加，因为酒店的支付能力比较强。同样，如果销售业绩不好，则应相应地减少薪酬总额。我们就可以根据过去的经营业绩计算出薪酬费用率，再根据这个比率和预期销售额，求出合理的薪酬总额。

（2）劳动分配率。

劳动分配率 = 薪酬总额 / 附加价值

其中：*附加价值 = 销售额 − 从外部购入价值（物料 + 外包加工费用）*

根据劳动分配率可以求出合理的薪酬费用率，公式如下：

薪酬费用率 = 薪酬总额 / 销售额 =（附加价值 / 销售额）×（薪酬总额 / 附加价值）= 目标附加价值率 × 目标劳动分配率

（3）薪酬利润率。

薪酬利润率 =（利润总额 / 薪酬总额）×100%

该指标表明，酒店每支付一个单位的薪酬将会创造多少利润。在同行业中，薪酬利润率越高，表明单位薪酬取得的经济效益越好，人工成本的相对水平越低，酒店薪酬提升的空间越大。

3. 确定酒店薪酬策略

酒店的薪酬策略既要反映组织的战略需求，又要满足员工期望。薪酬与组织及其外部环境之间存在一种依存关系，与酒店的发展战略是契合的。薪酬策略对酒店发展战略的支持作用表现为通过薪酬策略向员工发出酒店期望的信息，并对那些与酒店期望一致的行为进行奖励。

薪酬策略第一是薪酬水平策略，即选择领先型、跟随型还是滞后型；第二是薪酬激励策略，即重点激励哪些人群，采用什么样的激励方式；第三是薪酬结构策略，即薪酬应当由哪些部分构成，各占多少比例；第四是薪酬分多少层级，层级之间的关系如何。

4. 诊断薪酬问题

对薪酬的诊断可以从一些指标和数据入手，包括薪资均衡指标、递进系数、重叠度、幅宽等。

5. 分析人员流动情况

分析人员流动情况实际上是对人力资源需求和供给的预测，主要包括总人数的预测、有多少员工被提拔到上一层级、新增加多少员工、有多少员工离职等等。

6. 确定薪酬调整总额和整体调整幅度

确定薪酬调整总额首先需要确定薪酬总额调整的依据，即是依据利润、增加值还是销售收入来提取薪酬总额。其次，要确定劳动分配率、薪酬费用率和薪酬利润率的目标值。一般可以根据行业内的平均水平或标杆酒店的水平进行确定。再次，依据经营目标、历史工资水平测算出预期薪酬总额。最后，据此计算出薪酬调整总额，并按照薪酬激励策略和原来各部门在薪酬总额中所占的比重、各部门的业绩，确定各部门的薪酬调整总额。

7. 将薪酬调整总额分配到员工

将薪酬调整总额分配到员工需要事先确定规则，例如依据资历进行薪酬的调整，依据绩效进行薪酬的调整等等。为了激励员工努力工作，创造更好的业绩，一般应当考虑依据业绩调薪，即绩效调薪。

绩效调薪是指根据员工的绩效考核结果对其基本薪酬进行调整，调薪的周期一般按年来进行。

8. 根据市场薪酬水平确定员工薪酬水平

在经过第 6、第 7 两个步骤计算后，我们需要从另一个角度考虑，即根据市场薪酬水平和薪酬策略确定员工的薪酬水平。例如，外部市场薪酬调研显示，A 岗位的薪酬水平在过去的一年中明显上涨了 20%，因此原定的薪酬水平已经不能保证酒店的薪酬对该岗位员工的吸引力，酒店必须对应地作出薪酬调整。

9. 反复测算最终确定

依据第 8 个步骤测算的方法我们称为自下而上法，而依据 6、7 两个步骤测算的方法称为自上而下法。这两种方法得到的数值肯定存在一定的差距，我们就需要反复测算，不断地进行调整，最终使两种方法测算的数据趋于一致，作为最终的薪酬预算。

任务四　设计员工薪酬结构

一、薪酬结构原理及其设计

薪酬结构是指在同一个组织内部，一共有多少个基本薪酬等级及相邻的两个薪酬等级之间的薪酬水平差距。它反映一个组织内职位或者技能等级的数量、不同职位或技能等级之间的薪酬差距及用来确定这种差距的标准是什么。薪酬结构要解决的是薪酬的内部一致性问题。

（一）薪资结构与薪资的内部一致性

所谓内部一致性指的是组织内部不同职位（或者技能）之间的相对价值比较问题。这种相对价值比较可以是横向的，也可以是纵向的，可以是同一个职位族内比较，也可以是同一个部门内部的比较。总之组织在建立内部一致性的薪酬结构时，不仅要考虑同一职位族内部的薪资一致性，还要注意同一薪酬等级上不同职位族之间的一致性。

（二）薪资结构的内涵及其相关概念

一个完整的薪酬结构模型如图 6-4 所示（纵轴表示薪酬水平，横轴表示薪酬等级）。从图中可以看出，一个完整的薪酬结构包括三项内容：一是薪酬的等级数量；二是同一薪酬等级内部的薪酬变动范围；三是相邻两个薪酬等级之间交叉与重叠的关系。

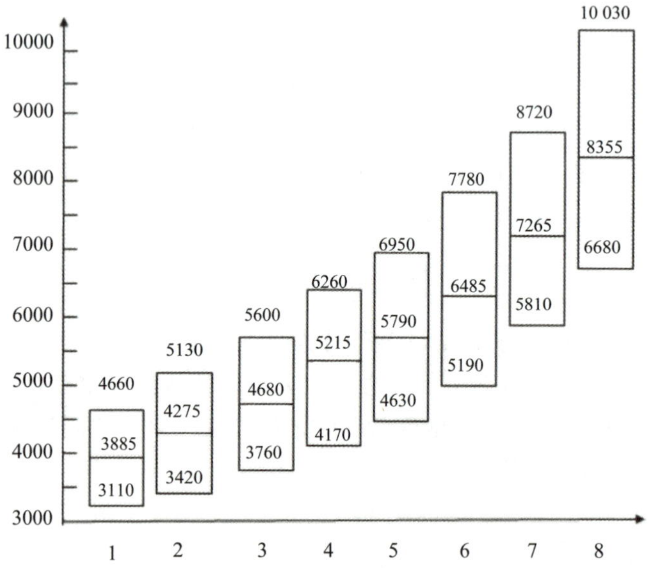

图 6-4　薪酬结构模型

1. 薪酬变动范围（薪酬区间）与薪酬变动比率

所谓薪酬变动范围或薪酬区间，实际上是指在某一薪酬等级内部允许薪酬变动的最大幅度。薪酬变动范围说明的是在同一薪酬等级内部，最低薪酬水平和最高薪酬水平之间的绝对差距的问题。薪酬变动范围中的最高值和最低值都是依据中值确定的，而中值是通过外部市场薪酬调查数据和内部职位评价数据以回归的方式确定的。

2. 薪酬区间中值与薪酬区间渗透度

薪酬区间中值或者薪酬变动范围中值是薪酬结构管理中的一个非常重要的因素，它通常代表了该薪酬等级中的职位在外部劳动力市场上的平均薪酬水平。与薪酬区间中值有关的一个重要概念是薪酬比较比率（表 6-1）。

薪酬比较比率 = 实际所得薪酬 / 区间中值

或*薪酬比较比率 = 实际基本薪酬 / 区间中值*

表 6-1　同一种职位和市场平均薪酬水平的比较比率

	公司内部（元）				其他公司（元）
	员工甲	员工乙	员工丙	平均	
基本薪酬	2250	2500	2750	2500	2450
中值	2500	2500	2500	2500	2500（市场平均水平）
薪酬比较比率（%）= 实际基本薪酬 / 中值	90	100	110	100	98

大多数组织会努力将自己的实际平均薪酬水平与市场平均薪酬水平之间的比较比率控制在 100% 左右。通常任职时间比较长、绩效比较好的员工的薪酬比较比率（通常会超过 100%）会比新进员工的薪酬比较比率（通常会低于 100%）高。这种控制思路如图 6-5 所示。

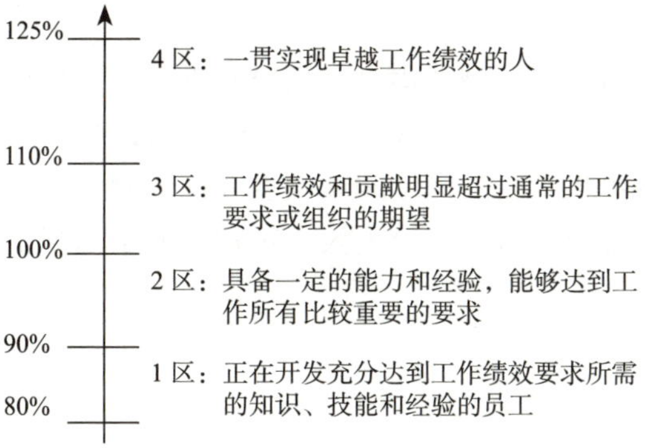

图 6-5　企业实际平均薪酬水平与市场平均水平比较比率

企业重视薪酬比较比率，是因为它是一种很好的薪酬成本管理工具。有时企业将大多数员工的基本薪酬定在薪酬区间中值上，其重要的目的是使本企业的基本薪酬水平与市场水平保持一致。

在对同一薪酬区间内部的员工的薪酬水平进行分析时经常使用另一个概念——薪酬区间渗透度。

$$\text{薪酬区间渗透度} = \frac{\text{实际所得薪酬} - \text{区间最低值}}{\text{区间最高值} - \text{区间最低值}} \times 100\%$$

薪酬区间渗透度是考察员工薪酬水平的一个很有用的工具，因为它反映了一位特定员工在其所在薪酬区间中的相对地位。

计算甲、乙、丙 3 个员工的薪酬区间渗透度，结果如图 6-6 所示。

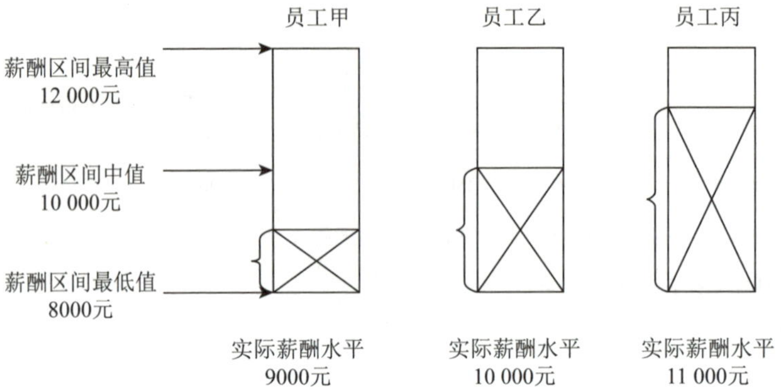

图 6-6 甲、乙、丙 3 个员工的薪酬区间渗透度

3. 同一组织相邻薪酬等级之间的交叉与重叠

相邻薪酬等级之间的薪酬区间可以设计成交叉重叠的，也可设计成不交叉重叠的。

通常，组织倾向于将薪酬结构设计成交叉重叠的，这样做的作用是：一方面可以避免因晋升职位不足而导致的未被晋升者的薪酬增加受限，另一方面因为给被晋升者提供了更大的薪酬增长空间而对被晋升者提供了激励。但是应注意，交叉和重叠的区域不能太大，否则可能会出现上级的薪酬低于下级的情况。

二、酒店宽带薪酬体系

宽带薪酬又称宽幅交叉薪酬制，也称海氏薪酬制，是由美国薪酬设计专家爱德华·海于 1951 年研究开发出来的。宽带薪酬是指对多个薪酬等级及薪酬变动范围进行重新组合，从而变成只有相对较少的薪酬等级及相应较宽的薪酬变动范围。宽带薪酬模式打破了传统薪酬体系结构中职位等级的观念，强调个人的绩效水平和能力拓展。

（一）宽带薪酬的特点

1. 幅宽增大

幅宽反映同一级别内薪酬水平最低值与最高值之间的差异。在传统薪酬结构中，这种薪酬区间的变动比例通常只有 40%~50%，而宽带薪酬体系中，每个薪酬等级的最高值与最低值之间的区间变动比率可能达到 200%~300%。

2. 薪档重叠

在传统薪酬结构中，薪酬档次水平按照职位等级由低到高设计，一般不会重叠。在宽带薪酬体系中，不同职位的薪酬档次可能会发生重叠。也就是说，低职位的员工也拥有获得与高职位员工同等薪酬，甚至更高薪酬的机会（图 6-7）。

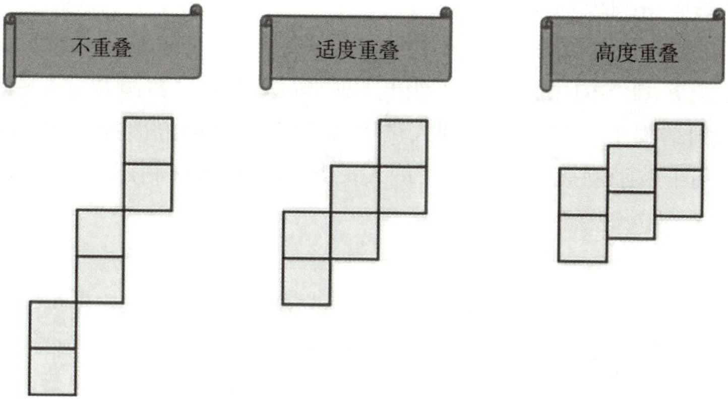

图 6-7　薪档重叠示意

3. 以绩效、能力为导向

在宽带薪酬体系中，职位不再是决定员工薪酬水平的关键因素，员工为酒店创造的绩效和所拥有的能力才是重点。

（二）宽带薪酬的优点

1. 引导员工重视技能的增长

在传统薪酬结构中，员工的薪酬增长往往取决于职位的提升。而在宽带薪酬体系中，即使员工的职位没有发生变化，员工也有机会获得较大幅度的薪酬增长。这样，员工就可以不用专注于职位晋升，而专注于提升酒店发展所需要的技术和能力，为酒店创造更多的效益，将员工的注意力引导到对酒店更有价值的事情上去。

2. 有利于职位的合理调配

在传统薪酬结构中，员工的薪酬水平与其所担任的职位严格挂钩。如果将员工调动到更高级别的职位上去，通常不会有什么阻碍。但是如果职位向下调动，则会因为减薪而遇到较大的阻力。在宽带薪酬体系中，不同职位的薪酬档次可能会出现重叠，即使向下调动，员工也依然会获得与原职位同等或更高的薪酬。这样，对员工进行横向、向下调动的阻力就会小很多，便于酒店根据员工特点安排岗位，进行岗位的合理调配。

3. 能密切配合市场薪酬水平变化

在宽带薪酬结构中，薪酬水平通常是以市场薪酬调查数据及酒店薪酬定位为基础确定的。同时，较大的薪酬幅宽为酒店薪酬体系带来更大的灵活性，酒店能够密切关注市场薪酬水平变化，根据需求适时做出调整。当某些职位的市场薪酬突然大幅度提高时，酒店可以提高这些职位的薪酬水平，而不用调整整个酒店薪酬级别和结构。

4. 有利于部门管理者参与薪酬制定

在传统薪酬结构中，薪酬等级与职位等级相关，薪酬决策的弹性很小，在宽带薪酬结构中，各部门管理人员可以在薪酬决策方面拥有更多的权力和责任，有利于鼓励酒店业务部门管理人员共同参与薪酬制定。

（三）宽带薪酬的缺点

1. 可能会增加酒店人工成本

宽带薪酬实际上扩大了大多数职位的薪酬上涨空间，如果员工薪酬水平增长没有得到很好的控制，可能会增加酒店的人工成本。

2. 增加了薪酬决策的难度

由于同一职位的薪酬幅宽增大，实际工作中负责考评的人员可能会很难把握每位员工究竟应处于宽带中的哪个位置。同时，同一职位的员工所获得的薪酬水平不同，如果没有很好的绩效考核评价标准作为依据，获得较低薪酬水平的员工内心可能会产生不平衡感，甚至产生对酒店的不满。

3. 减少了晋升机会

宽带薪酬体系往往会减少职位等级，从而导致员工的晋升机会变少。对部分员工来说，职位晋升带来的身份体现和职业成就感可能比加薪更为重要，更有价值和意义。

（四）选择宽带薪酬模式的注意事项

采用宽带薪酬体系的酒店，其人力资源体系需健全，用工制度和薪酬制度市场化程度较高。并非所有的酒店都适合采用宽带薪酬体系，应根据酒店的性质、结构、文化和市场环境来决定。

三、特殊员工薪酬管理

（一）销售人员的薪酬设计

1. 销售人员的工作特征

销售人员的工作业绩对酒店非常重要，通常直接影响酒店的生存发展。他们的工作业绩可以用非常明确的结果指标来衡量，但是工作业绩不稳定，波动性大。在工作过程中，他们的工作时间和工作方式的灵活性很高，酒店很难对其进行监督。

2. 销售人员的薪酬方案类型

（1）纯粹提成（佣金）制度。纯粹提成（佣金）制度是指销售人员没有固定的薪水，酒店完全根据其销售业绩发放薪酬，以销售提成的方式获得薪酬，销售提成比例取决于销售业绩的多少，一般按销售额的某一百分比提取。这种薪酬制度的优点是报酬的透明度非常高，有强烈的激励作用；计算简单，薪酬管理成本很低；将销售风险完全转移到销售人员自身，易于控制销售成本。但同时也存在以下缺点：销售人员收入不稳定，受销售环境影响而波动性大；过分强调销售额和利润与佣金直接挂钩的指标，而忽视其他一些对企业非常重要的非直接销售活动；对销售人员管理调配比较困难；可能导致销售人员收入悬殊、内部竞争过度。

（2）固定工资（基本薪酬）+ 提成制。在这种薪酬模式下，酒店每月为销售人员提供一定数额的固定工资，然后再按其工作绩效发放销售提成。这种模式可保障销售人员有最基本的工资收入，同时又吸收了提成制的优点，保留了其激励作用，使销售人员不至于对未来收入产生恐慌，是目前普遍采用的一种销售人员的薪酬形式。

（3）固定工资（基本薪酬）+ 奖金制。与第二种模式有些类似，但奖金制度与提成制度的区别在于具有间接性，即奖金必须达到计奖指标才能获得，而佣金直接与销售量挂钩。除了根据销售额来制定奖金之外，还有根据新客户开发、货款回收速度、市场调查报告、客户投诉、企业规章执行等各种因素，按照超过特定的标准或达成特定的目标综合设定奖金。这种方案下，销售人员的最高月薪有封顶，有利于组织有效地控制成本，但是，销售人员可能在销售目标上与企业讨价还价。

（4）固定工资（基本薪酬）+ 佣金加奖金制。这种模式集合了固定工资、佣金和奖金各自的特点和优点，以便有效发挥薪酬促进营销工作的作用。通过这种方式，酒店既鼓励销售人员达成更高的销售额，又鼓励他们提高销售的毛利率。这种方式的缺点在于计算过程相对复杂，需要有较高的管理水平和管理成本。

（5）纯薪金制。在这种薪酬模式中，销售人员的薪酬体系与酒店中一般从业人员的薪酬体系相同，只是针对销售人员的工作特点再增加出差津贴、业务津贴或销售津贴等项目。设立出差津贴等项目是为了弥补销售人员从事销售工作或售后服务时所产生的开支，如交际费、误餐补贴等。这样可以保障销售人员的收入，企业可以有固定的成本预算，但同时对销售人员的业绩激励作用不足。

（6）其他薪酬制度。基准内工资 + 红利制，即销售人员除了领取企业规定的所有工资项目以外，还可以从公司红利中分红。特别奖励制度是指销售人员做出了优异业绩或特殊贡献后，公司给予的规定报酬以外的奖励，包括货币奖励（如增加薪水、佣金或福利）和非货币奖励（如旅游、颁发奖章和纪念品）。

（二）专业技术人员的薪酬设计

专业技术人员是指具有专门的技术、知识和经验的人员，如酒店餐饮部的厨师、工程部的技术人员等。专业技术人员通常对专业和技术的认同比较高。通常酒店会以专业技术人员的事业成熟曲线和外部市场上相应的薪酬数据为依据，同时考虑员工的知识、技能水平和经验状况来确定他们的薪酬水平。

（1）基本薪酬。专业技术人员的基本薪酬往往取决于他们所掌握的专业知识与技术的广度与深度及他们运用这些专业知识和技术的熟练程度。

（2）奖金。专业技术人员的奖金通常与绩效结果挂钩。

（3）福利与服务。除了常规的福利和服务外，专业技术人员往往非常看重继续教育和接受培训的机会。

（三）高层管理人员的薪酬构成

高层管理人员的薪酬一般包括基本工资、一次性绩效奖金、短期年度奖金、长期奖励、高层经理人福利及特权奖励。总的来说，在高层管理人员的总体薪酬中，基本工资所占的比重相对较小，短期奖金和长期奖励所占的比重往往非常大。

（1）基本薪酬。绝大多数酒店都会选择使高层管理人员的基本薪酬水平超出或至少是相当于市场平均水平。

（2）短期奖金。一般情况下，酒店向管理人员支付短期奖金，意在对其在特定的时间段里（通常是一年）为组织绩效做出的贡献进行奖励。

（3）长期奖金。长期奖金则通常是延期支付的，它与组织的长期经营绩效具有紧密的联系，其主要目的在于通过经济上的利益关系促使管理层和酒店的经营目标保持一致，从而激励管理者关注酒店的长期发展及持续性地达到更高的绩效水平。

（4）福利和服务。福利和服务在高层管理人员的薪酬收入中也起着越来越不可忽视的作用，酒店通常会为高层管理者提供较多的福利和服务。

任务五　建立员工福利制度

员工福利是薪酬体系的重要组成部分，是酒店为了留住和激励员工，采用的间接性经济报酬。员工福利既是政府法律规定的要求，也是酒店吸引、保留、激励员工的重要方式，不仅可以使酒店和员工享受税收方面的优惠，而且可以满足员工公平和归属需要。

一、员工福利的种类

根据是否有法律强制性规定，员工福利可以分为法定福利和酒店补充福利两种类型。

（一）法定福利

法定福利是指按酒店照国家和政策规定必须提供的福利项目，包括法定社会保险、住房公积金和法定假期三类。

1. 法定社会保险

2010 年公布的《中华人民共和国社会保险法》明确规定，我国的社会保险包括基本养老保险、基本医疗保险、工伤保险、失业保险及生育保险五大险种。《中华人民共和国社会保险法》第五十七条规定：用人单位应当自成立之日起三十日内凭营业执照、登记证书或者单位印章，向当地社会保险经办机构申请办理社会保险登记。《中华人民共和国劳动法》（2018 年 12 月 29 日第二次修正，以下简称《劳动法》）第七十二条规定：社会保险基金按照保险类型确定资金来源，逐步实行社会统筹。用人单位和劳动者必须依法参加社会保险，缴纳社会保险费。

在法定社会保险五大险种中，基本养老保险、基本医疗保险和失业保险由个人和酒店分别缴纳，工伤保险和生育保险不需要个人缴纳，全部由酒店缴纳。

（1）社保缴纳基数。社保缴纳基数依据参保人的上年度月平均工资性总收入计算，上年工作不满十二个月的按实际月平均工资，新参加工作的按劳动合同约定，具体计算方法以当地相关部门规定为准。

（2）社保缴费比例。由酒店和个人一起承担，个人承担小部分，酒店承担大部分，具体执行标准各个城市有差异，以当地政策标准为准。

2. 住房公积金

住房公积金，是指单位及其在职员工缴存的长期住房储蓄，包括员工个人缴存的住房公积金和员工所在单位为员工缴存的住房公积金，它属于员工个人所有。员工住房公积金的月缴存额为员工本人上一年度月平均工资乘以员工住房公积金缴存比例。单位为员工缴存的住房公积金的月缴存额为员工本人上一年度月平均工资乘以单位住房公积金缴存比例。我国住房公积金设有专门机构进行管理，且实行专款专用。

《住房公积金管理条例》第二十条第一款规定，单位应当按时、足额缴存住房公积金，不得逾期缴存或者少缴。第十八条规定，职工和单位住房公积金的缴存比例均不得低于职工上一年度月平均工资的 5%；有条件的城市，可以适当提高缴存比例。

3. 法定假期

法定假期包括以下几类。

（1）公休假日。公休假日是劳动者工作满一个工作周之后的休息时间。在标准工时制下，根据《劳动法》第三十六条的规定，劳动者每天工作的最长工时为 8 小时，周最长工时为 44 小时。并且根据《劳动法》第三十八条、第四十一条规定，标准工时制还有其余几点要求。

①用人单位应保证劳动者每周至少休息 1 日；②因生产经营需要，经与工会和劳动者协商，一般每天延长工作时间不得超过 1 小时；③特殊原因每天延长工作时间不得超过 3 小时；④每月延长工作时间不得超过 36 小时。

《劳动法》第四十四条规定，安排劳动者延长工作时间的，支付不低于工资的百分之一百五十的工资报酬；休息日安排劳动者工作又不能安排补休的，支付不低于工资的百分之二百的工资报酬。

（2）法定节假日。我国现行法定年节假日标准为 11 天，全体公民放假的节日依据是 2013 年《国务院关于修改〈全国年节及纪念日放假办法〉的决定》。其中元旦假日 1 天；春节假日 3 天；“五一”国际劳动节假日 1 天；“十一”国庆节假日 3 天；清明节、端午节、中秋节增设为国家法定节假日各 1 天（农历节日如遇闰月，以第一个月为休假日）。

《劳动法》第四十四条规定，法定休假日安排劳动者工作的，支付不低于工资的百分之三百的工资报酬。

（3）带薪年休假。我国《劳动法》第四十五条规定，国家实行带薪年休假制度。我国从 2008 年 1 月 1 日开始正式实施的《职工带薪年休假条例》明确规定，职工连续工作 1 年以上的，享受带薪年休假。公休假日、法定节假日不计入带薪年休假的假期，如表 6-2 所示。

表 6-2　劳动者带薪年休假天数

累计工作年限	享受带薪年休假天数
不满 1 年	0
大于 1 年，不满 10 年	5
大于 10 年，不满 20 年	10
大于 20 年	15

（4）其他假期。在员工福利中通常还包括病假。病假是指在员工因病无法上班时，组织仍然继续给他们支付薪酬的一种福利制度。一般情况下，员工能够请病假的时间长短取决于其在组织中的服务年限，但是会对病假天数有一个上限规定。

在我国，员工还可以享受探亲假、婚丧假、产假与配偶生育假等。

（二）酒店补充福利

酒店补充福利是指在国家法定福利之外，由酒店自行决定的福利项目，福利的类型和标准受到酒店经济效益、管理特色和员工需求的影响。酒店补充福利通常可以分为以下几种类型。

（1）货币类福利。如生日礼金、结婚礼金、交通补贴、住房补贴、降温或高温补贴、培训补贴等。

（2）实物类福利。如免费工作餐、免费宿舍、免费工装工鞋、免费劳保用品、节日慰问品等。

（3）服务类福利。如酒店补充医疗保险，免费培训、免费定期体检、免费理发、免费班车、免费图书室、免费健身房等。

（4）优惠类福利。如员工折扣价订房订餐、低息贷款等。

二、员工福利的规划与管理

员工福利作为酒店薪酬的组成部分，对货币薪酬起到重要的补充作用。酒店员工福利的规划和管理不仅要考虑酒店的经济效益、酒店经营特点，也要结合员工的福利需求，同时还受到国家相关制度和外部市场环境的影响，需要综合考虑多方面因素。

（一）明确福利规划与管理的目标

酒店福利规划与管理存在共性的目标，如满足员工的需求，激励员工，促进员工的工作积极性，提高员工对酒店的认同感和归属感等。由于每个酒店的发展战略、管理方式、酒店文化不同，每个酒店的福利制度目标也存在差异。酒店应结合实际情况，设计福利项目，进行福利管理，才能达到好的效果。

（二）确定员工福利预算总额

员工福利是酒店成本构成的一部分，因此在设计薪酬制度时，必须充分考虑到酒店支付能力，做好员工福利预算工作。酒店应根据支付能力、分配比率和薪酬结构，对比外部福利水平，计算出酒店可以支付的福利总额，做出主要福利项目预算，并估算出每名员工福利项目的费用。

（三）确定员工福利的形式和对象

福利的支付形式多种多样，酒店可根据激励目的、酒店文化、员工特点等具体情况进行选择。福利形式可以不断创新，如一些酒店采取“自助餐式福利”，福利项目像菜单一样被列出来，员工可在福利限额内，完全自由地在福利菜单上选择搭配自己满意的福利组合。

一般来说，福利的支付对象是全体员工。但是也存在某项具体福利的支付对象是酒店部分员工，如有的酒店会专门为女性职工提供相应福利，有的酒店会把正式员工和临时员工分开激励，或者把管理者和一般员工分开激励等。具体可以根据酒店的实际情况而定。

（四）检查福利措施的实施效果

福利措施实施后，酒店需要对福利措施实施效果进行评价和反馈，评估福利措施是否达到预期效果。可以在酒店内建立起专门的员工沟通渠道，采用问卷调查或面谈等方法，在福利措施实施前、实施中、实施后进行沟通，及时了解员工的需求和满意度，及时发现问题和修正方案。

思考与练习

思政园地

一、选择题（请将正确的选项填在题目后面的括号内）

1. 经济性报酬包括（　）。

A. 工资　　B. 奖金　　C. 福利　　D. 晋升

2. 酒店薪酬管理面临的挑战包括（　）。

A. 人力资源成本逐步上升

B. 多样化和个性化发展薪酬制度设计

C. 全面薪酬制度设计

D. 员工长期激励薪酬设计

E. 弹性福利制度设计

3.（　）是采取本酒店的薪酬水平高于竞争对手或市场的薪酬水平的策略。这种薪酬策略以高薪为代价，在吸引和留住员工方面都具有明显优势。

A. 领先型薪酬策略　　B. 跟随型薪酬策略

C. 滞后型薪酬策略　　D. 混合型薪酬策略

4. 宽带薪酬的特点是（　）。

A. 幅宽增大　　B. 薪档重叠

C. 以绩效、能力为导向　　D. 以职位等级为核心

5. 法定福利包括（　）。

A. 法定社会保险　　B. 住房公积金

C. 酒店补充福利　　D. 法定假期

二、填空题（将正确的答案写在横线上）

1. 薪酬的概念有狭义和广义之分，狭义的薪酬主要是指经济性报酬（也称外在报酬），主要是指以________形式和________形式体现的报酬，包括工资、奖金、福利等。

2. ________是以员工具备的能力或技能作为工资支付的基础，即以人的能力要素作为工资支付的直接判断标准。

3. 职位薪酬体系重点考虑职位本身的价值，最大的特点是员工担任什么样的职位就得到什么样的薪资，对________而不对________，主要考虑职位的价值大小，不考虑个人技能与业绩水平的影响。

4. ________是力图使本酒店的薪酬成本接近竞争对手的薪酬成本，使本酒店吸纳员工的能力接近竞争对手吸纳员工的能力。

5.2010 年公布的《中华人民共和国社会保险法》明确规定，我国的社会保险包括________、________、________、________、________五大险种。

三、简答题

1. 请从企业管理的角度谈谈薪酬对酒店的功能。

2. 什么是职位等级薪酬制度？这一薪酬制度有什么优缺点？

3. 如果酒店人力资源部想对酒店不同职位进行评价，可以采取哪些步骤？

4. 薪酬预算是酒店薪酬控制的重要环节，酒店可通过哪些步骤进行薪酬预算？

5. 请举例说明酒店补充福利的类型。

参考答案

7 项目七 酒店绩效管理

项目导读

本项目通过介绍酒店绩效管理的意义及当前酒店绩效管理面临的挑战，帮助学习者树立正确绩效管理理念。同时，学习者通过对激励理论、绩效管理工具的学习，可以对酒店绩效管理有更深刻的理解。本项目还对绩效管理系统规划、实施、评价应用等进行了详细的论述，可以指导学习者更好地落地和提升绩效管理水平。

学习目标

1. 了解酒店绩效管理的意义和面临的挑战。
2. 掌握绩效管理理论和工具。
3. 掌握酒店绩效评价方法。

思维导图

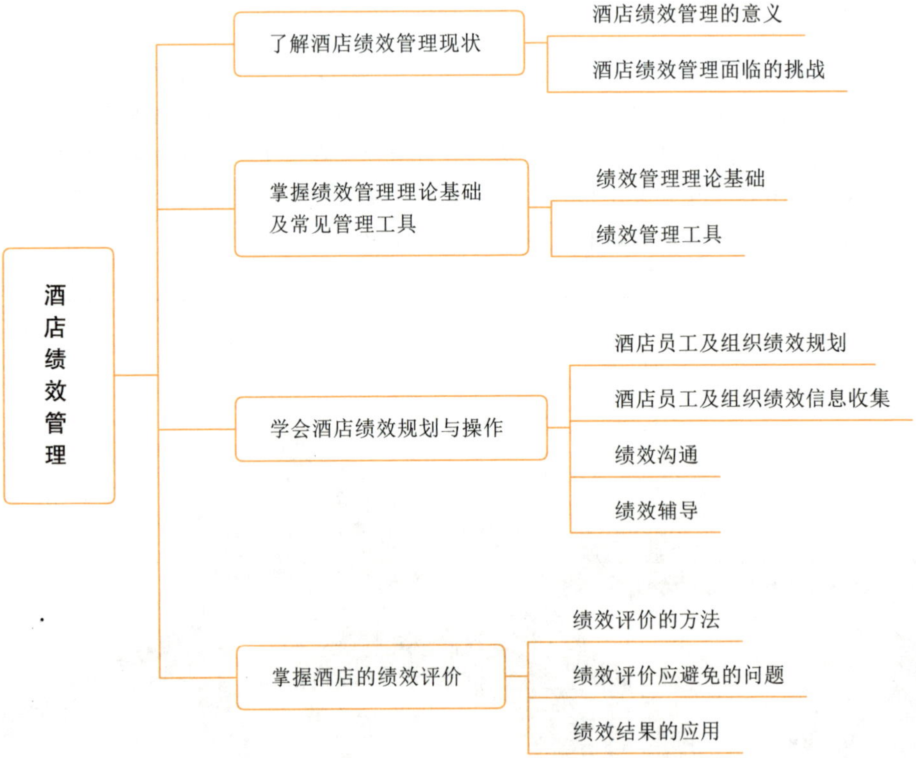

任务一　了解酒店绩效管理现状

一、酒店绩效管理的意义

（一）绩效管理的内涵

1. 绩效管理在人力资源管理的地位

绩效管理在人力资源管理中处于核心地位。首先，酒店的绩效目标是由酒店的企业的使命、战略规划、发展阶段所决定的，绩效目标要体现酒店发展战略导向；其次，绩效考核结果在人员配置、培训开发、薪酬管理等方面都有非常重要的作用，如果绩效考核缺乏公平公正性，上述各个环节工作都会受到影响，而绩效管理落到实处将对上述各个环节工作起到促进作用。绩效管理和招聘选拔工作也有密切联系，个人的能力、水平和素质对绩效管理影响很大，人员招聘选拔要根据岗位对任职者能力素质的要求来进行。通过薪酬激励激发组织和个人的主动积极性，通过培训开发提高组织和个人的技能水平能带来组织和个人绩效的提升，进而促进酒店发展目标的实现（图 7–1）。

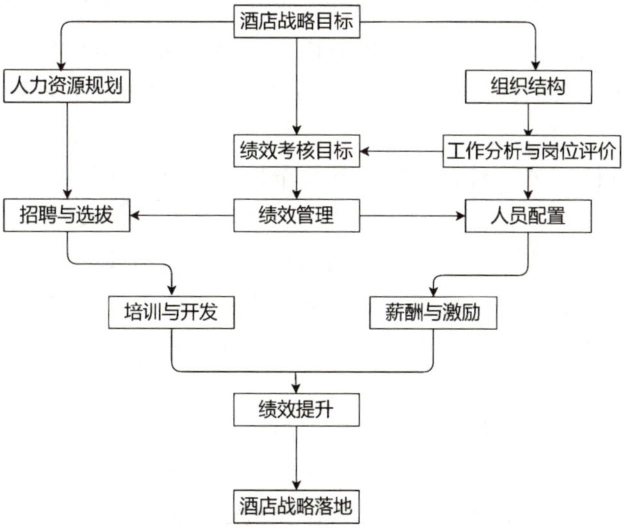

图 7–1　绩效管理在人力资源管理中的地位

2. 绩效管理的内涵

绩效管理（Performance Management）是通过绩效计划制定、绩效辅导沟通、绩效评估、绩效结果应用、绩效目标提升等手段来实现组织目标的持续循环过程，绩效管理的目的是持续提升个人、部门和组织的绩效。威廉姆斯（Williams，2001）在其所著《管理员工绩效》一书中把绩效管理系统分成以下 4 点。

（1）为员工确定评价绩效标准和绩效目标的指导与计划阶段。

（2）管理和监督员工绩效的管理与支持阶段，在这个阶段需要帮助员工排除障碍，提供支持和反馈。

（3）对员工进行评估和考核。

（4）根据考核结果对员工进行相应的奖励、培训和安置。

因此，绩效管理是一种管理手段，目的是通过持续提高个人绩效，提高部门和整个组织绩效，进而提升酒店的竞争力。

绩效管理的焦点在于员工个人能力的发展、自我提升计划的实施以个人目标与组织目标的结合。绩效管理与工作管理、员工发展及薪资报酬也具有相关性，将这些管理程序紧密结合在一起成为组织内部所有管理者都需要实施的人力资源管理职能，而非仅仅是人力资源部门的工作范畴。

3. 绩效的性质

（1）多因性。绩效的多因性是指绩效的优劣不是取决于单一因素，而是受主、客观的多种因素影响。多因性要求在进行员工绩效分析时，应从多个因素着手。绩效主要取决于员工的技能、机会、激励和环境 4 个方面，其中技能和激励属于员工自身的、主观性的影响要素，而机会和环境属于外界的、客观的要素。

（2）多维性。绩效具有多样性和复杂性，涉及多部门和多层面，各项指标之间又相互影响，相互作用，形成一个绩效体系。绩效的多维性要求酒店绩效从多个角度或多个方面去分析与考核，对部门绩效的考核，既要考核现状，又要考核长远发展；既要考核财务指标，又要考核内部运营及员工的成长；对员工绩效的考核，既要考核员工的工作业绩，又要考核工作能力、工作态度等。

（3）动态性。绩效的动态性是指部门或员工绩效随着时间的推移会发生变化。酒店不同发展阶段、不同考核年份等因素的影响，酒店所面临的经营环境有所不同，各项绩效指标对实现组织战略目标的重要程度也可能发生变化，绩效指标的权重不能一成不变，要根据酒店经营管理的主要矛盾及战略目标的需要进行动态调整。对员工来说，绩效差的可能改进提高，绩效好的也可能退步变差。动态性要求用发展的眼光看待员工和组织的绩效，在确定绩效考核和绩效管理周期时，要考虑到绩效的动态性，恰当地确定绩效周期。

4. 绩效管理演变的阶段

（1）财务导向。在“利润最大化”理论的影响下，企业为追逐利润，把绩效管理的关注点放在利润上，基于这种思想设计出的绩效管理模式，称之为“财务导向型”绩效管理。

（2）目标导向。20 世纪 50 年代，彼得·德鲁克（Peter Drucker）提出的“目标管理”，众多企业经营者积极推崇、实践目标管理，改变了以往单一目标为多目标的绩效管理。基于目标管理思想设计出的绩效管理模式称之为“目标导向型”绩效管理。

（3）战略导向。20 世纪末，罗伯特·卡普兰提出了平衡计分卡理论，企业除了关注财务指标外，开始更多地关注客户、员工成长及企业运营。以战略导向为设计思想的绩效管理，可以称为“战略导向型”绩效管理。

（二）绩效管理的作用

1. 促进组织和个人绩效的提升

绩效管理通过设定科学合理的组织目标、部门目标和个人目标，为企业员工指明了努力方向。管理者通过绩效辅导沟通及时发现下属工作中存在的问题，给下属提供必要的工作指导和资源支持，下属通过工作态度及工作方法的改进，保证绩效目标的实现。在绩效评估环节，对个人和部门的阶段工作进行客观公正的评价，明确个人和部门对组织的贡献，通过多种方式激励高绩效部门和员工继续努力提升绩效，督促低绩效的部门和员工找出差距改善绩效。

在绩效反馈面谈过程中，通过评估者与被评估者面对面的交流沟通，帮助被评估者分析工作中的长处和不足，鼓励其扬长避短，促进个人发展；对绩效水平较差的组织和个人，评估者应帮助被评估者制订详细的绩效改善计划和实施举措；在绩效反馈阶段，评估者应和被评估者就下一阶段工作提出新的绩效目标并达成共识。在企业正常运营情况下，部门或个人新的目标应超出前一阶段目标，激励组织和个人进一步提升绩效。

此外，绩效管理通过对员工进行甄选与区分，保证优秀人才脱颖而出，同时淘汰不适合的人员。通过绩效管理能使内部人才得到成长，同时能吸引外部优秀人才，使人力资源能满足组织发展的需要，促进组织绩效和个人绩效的提升。

2. 促进管理流程和业务流程优化

酒店管理涉及对人和对事的管理。对人的管理主要是激励约束问题，对事的管理就是流程问题，包括因何而做、由谁来做、如何去做、做完了传递给谁。在绩效管理过程中，各级管理者都应根据酒店的整体利益，尽量提高业务处理的效率。

3. 确保组织战略目标的执行与落地

酒店的未来发展与战略规划，包括远期发展目标及中短期发展目标，在此基础上，根据外部经营环境的预期变化及企业内部条件制定出年度目标与经营计划。

部门管理者将组织高层所制定的年度经营目标依据职能部门专业分工进行层层的目标分解就成为部门的年度绩效目标，各个部门再向下展开到每个工作岗位，分解的目标就成为每个岗位的关键绩效指标。依据目标的设定，相关职能部门会进行详细的工作计划制订与预算编制，与高层主管确认计划与预算的工作之后就按照计划执行，工作就进入管理循环。

二、酒店绩效管理面临的挑战

微课 7-1

（一）曲解或误解，影响绩效管理的推进

不正确的认知会影响绩效管理的实施和推行。有些管理者认为绩效管理就是加强员工的管理，把绩效管理系统变成了针对员工的管理机制。管理者利用绩效考核来评价和约束员工，进而影响员工的薪酬。事实上，绩效管理除了对绩效结果的评估外，还不能忽视绩效辅导和绩效沟通。管理者要及时掌握员工绩效表现，发现影响绩效的问题和因素，及时帮助员工加以解决，并与员工沟通，防止绩效管理偏离目标。还有的管理者认为绩效管理过于复杂，给自己的日常管理带来不必要的工作负担，往往在绩效管理中走过场。很多员工对绩效管理也存在误解或者曲解，比如“绩效管理等于变相扣钱”。员工对绩效考核、绩效管理甚至管理的改革的误解，往往导致对绩效管理的抵触和不配合，也影响了酒店绩效管理的实施。

（二）绩效规划不科学，抑制团队热情

传统酒店分解绩效指标往往采取自上而下的形式，酒店给部门下达指标，部门再分给分部门和班组，班组再细化到每一个人。这也就是常说的“千斤重担人人挑，人人头上有指标”。尽管绩效指标下达的过程中上下级之间也进行必要的绩效沟通，但是仍旧带有强制性的单向“自上而下地分解”，往往很难得到下属的认可，从而导致很多酒店的指标分解变成了“上下博弈”的游戏。

许多酒店绩效管理工作难以实施的原因是绩效计划不合理。如果给部分

员工设定了过高的绩效目标，无论他们多么努力，都无法实现目标；而对部分员工绩效目标设定得相对较低，很容易实现，形成了事实上的内部不公平，这将对员工的积极性产生很大的影响。

（三）绩效管理指标设定不当致使考核中产生负面问题

有的酒店管理者认为“一考就灵”，将日常工作中出现的问题一股脑儿地设置成绩效管理指标。由于绩效管理中设置太多的评价指标，让员工不得不“眉毛胡子一把抓”，会分散员工的注意力，往往疲于应付，既让员工对绩效管理产生敌对态度，也降低了绩效管理的作用。

另外，绩效管理中为完成设定的指标，可能会抹杀企业优势。例如，索尼公司在井深大时代是一家非常有创造力的企业，在其发展历史上曾经创造了一个又一个让客户尖叫的产品。但是自从索尼公司引入了被绩效管理 KPI 后，公司上下紧盯绩效指标，忽视了创新。

每个部门、每个员工都有自己的绩效指标，各部门和员工为了超额完成自己的绩效指标，往往单打独斗，部门与部门之间、员工与员工之间的协作似乎变得更加困难，甚至为了本部门的利益，一遇到跨部门问题的时候，仍旧会出现推诿的现象，破坏了部门间的协作文化，甚至与企业文化倡导的价值观不符。

（四）盲目跟风效仿成功企业的绩效管理模式，忽视企业自身特性与适配性

很多企业看到优秀标杆酒店实施的绩效管理收到了良好效果，为了省钱、省力，容易陷入盲目的“拿来主义”，而忽视企业自身的特性与发展阶段，比如看到谷歌、华为等大企业都在用 OKR 绩效管理，很多企业就认为这套考核方式很先进，而实际上，企业绩效管理工具选择只有一个原则：“没有最好的，只有最合适的。”企业在选择和制定绩效管理模式时，要根据企业的发展目标、企业文化、权利管控模式，分析企业所处的发展阶段、企业现状及急需解决的问题，量身打造符合自己企业管理需要的绩效管理模式和方案。

（五）认为绩效管理就是人力资源管理部门的事情，与其他部门无关

一般酒店按照绩效层级划分为 3 个层级，即企业绩效、部门绩效、员工绩效，企业绩效来源于部门，部门绩效来源于个人，三者在绩效管理过程中是密不可分的。因此，绩效管理需要全员参与。绩效管理实施过程中，很多管理者，甚至有些高层管理者认为绩效管理只是人力资源管理部门的事情，从而导致在目标达成上出现偏离等现象，致使在绩效计划的制订上与工作实际存在偏差，在绩效考评中出现误评。

任务二　掌握绩效管理理论基础及常见管理工具

一、绩效管理理论基础

（一）马斯洛需求层次理论

1943 年，美国心理学家亚伯拉罕・马斯洛（A.H. Maslow）在《人类动机理论》中提出了需求层次理论。文中将人类需求像阶梯一样从低到高按层次分为五种需要系统，分别是：生理需求、安全需求、社交需求（归属与爱的需要）、尊重需求和自我实现需求（图 7-2）。马斯洛需求层次理论在一定程度上反映了人类行为和心理活动的共同规律。

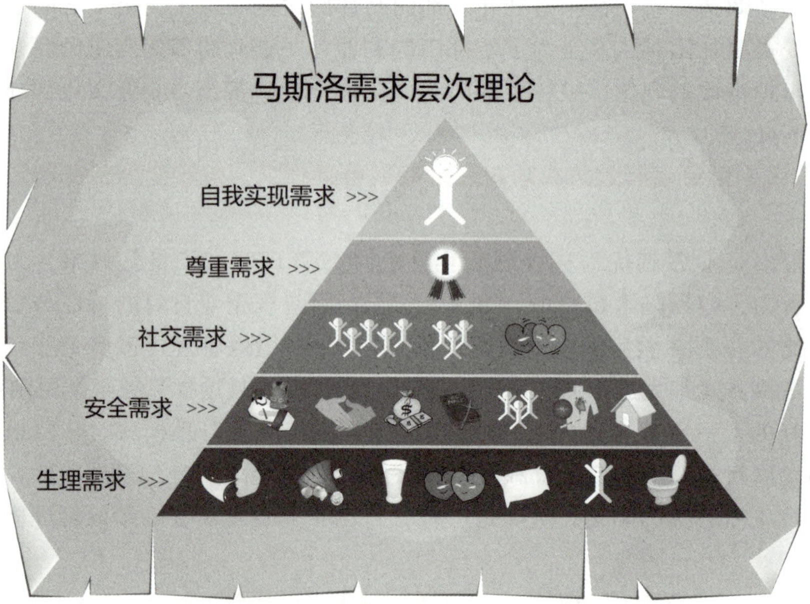

图 7-2　马斯洛需求层次理论

1. 马斯洛需求层次理论基本观点

（1）优势需求。马斯洛认为，人们都潜藏着这五种不同层次的需求，在同一时间，人们可能会存在几个不同层次的需求，但总有一个层次的需求发挥主导作用，这种需求就是优势需求。

（2）需求激励作用消减。在不同时期，各种需求的激励作用是不同的。低层次的需求基本得到满足以后，它的激励作用就会减小，其优势地位将不再保持下去，高层次的需求会取代它成为推动行为的主要因素。只有那些未满足的需求才能成为激励因素。

（3）个人和组织中的成长能够改变需求。随着管理人员在组织中的发展成长，安全需求逐渐减弱，而社交、尊重和自我实现的需求则相应增强。任何人的需求层次都会受到个人差异的影响，会随着时间的推移而不断发生变化。

2. 对绩效管理的启示

（1）激励的方法要多元化。因为任何一种被满足的低层次需求并不会因为高层次需求的发展而消失，只是不再成为行为的激励因素而已。所以在绩效管理中，不应只重视精神方面的激励，对于员工的激励要充分考虑他们对薪酬、奖品等物质激励。对于中高层更是如此，虽然他们有求得尊重和自我实现的需求，但对物质激励的需求也不会消失。

（2）激励分层级进行开展。员工在酒店中职级不同，他们的优势需求也有所不同。对于基层员工，其一般生理需求与安全需求较为强烈，对于基层员工的激励措施应当以物质激励、薪酬提升为主；中层工作人员的社交需求与尊重需求则相对强烈，对于中层管理者可以根据其工作表现和发展潜力进行适当授权，让其参与酒店决策等；对于酒店高层员工，其通常自我实现需要较为强烈，因此酒店给予其适当工作压力，激发其潜力，实现自我的超越。

（3）充分考虑不同年龄阶段的优势需求。不同年龄、不同生活阅历会造成员工间优势需求的差异。比如年轻人的优势需求是尊重和社交，更加注重面子。而年龄较长的员工，他们对安全和生理的需求更强烈。因此，同样面对绩效管理中的处罚措施，年轻员工对扣发绩效薪酬的不满意感要弱于年长的员工；在精神层面的激励上，对年轻人的激励要好于年长的员工。因此，绩效管理也要考虑不同年龄员工优势需求的产品，做到对症下药，将绩效管理的效果尽量优化。

（二）约翰·亚当斯（J.S.Adams）的公平理论

1. 公平理论的基本观点

美国行为科学家亚当斯在 20 世纪 60 年代和其合作者提出了公平理论，又称社会比较理论。该理论侧重于研究工资报酬分配的合理性、公平性及其对员工生产积极性的影响。

公平理论的基本观点是当一个人做出了成绩并取得报酬以后，他不仅关心自己所得报酬的绝对量，而且关心自己所得报酬的相对量。以此来衡量自己获得的报酬是否合理，并且这个比较结果将直接影响他今后工作的积极性。

（1）社会公平。这种比较是将自己获得的“报偿”（包括金钱、工作安排及获得的赏识等）与自己的“投入”（包括教育程度、所做努力、用于工作的时间、精力和其他无形损耗等）的比值与组织内其他人作社会比较，只有在相等时，他才认为公平，这种公平我们称之为社会公平。

（2）自我公平。除了横向比较之外，人们也经常纵向比较，即把自己目前投入的努力与目前所获得报偿的比值，同自己过去投入的努力与过去所获报偿的比值进行比较。只有相等时他才认为公平，这种公平我们称之为自我公平。

2. 公平理论对绩效管理的启示

（1）塑造公平氛围。公平感是一种主观感受，往往受到员工个人价值观念、知识经验、意识形态、世界观等的影响。不同员工对所获报酬的感觉及投入价值评价有可能不同，导致员工主观上的不公平感。为了降低此类情况的发生，酒店可以在企业中营造一种公平合理的氛围。如有的酒店采用保密工资，以免员工互相比较而产生不公平感。

（2）尽量遵循公平原则。策划绩效管理体系时，尽量让员工感到公平并且乐于参与。公平感是一种主观感受，员工感觉到公平时才乐于参与并拥护绩效管理制度和体系。因此管理者应该尽可能了解员工们所持有的公平标准是什么，是基于什么原则等。在客观调查的基础上，选择能够在最大限度上让员工产生公平感觉的原则。这样，才能让员工受到激励，并且产生良好的工作绩效。

（3）及时进行心理疏导。酒店员工不公平感一部分源于自身的比较，还有一部分是和同酒店、同行业的比较，甚至还有员工跨行业与其他行业的员工进行比较，导致了员工不公平感陡生。较轻的可能会影响员工工作积极性，较重的甚至会导致人才的流失。作为管理者，遇到这种情况时，要及时对产生不公平感的员工进行心理疏导，帮助他们树立正确的公平观，走出不公平感的阴影。

（三）双因素理论

1. 双因素理论的主要观点

20 世纪 50 年代末期，赫茨伯格和他的助手们在美国匹兹堡地区对 200 名工程师、会计师进行了调查访问发现，使职工感到满意的都是关于工作本身或工作内容方面的；使职工感到不满的，都是关于工作环境或工作关系方面的。他把前者叫作激励因素，后者叫作保健因素，这就是激励保健因素理论（Hygiene Motivational Factors），也被称为双因素理论。赫茨伯格认为双因素论是影响人们行为的因素。保健因素是指相关工作条件或者工作环境的因素，比如企业的制度和政策，监督与管理的方式方法，员工之间的人际关系，工作环境，供应条件，员工心理的安全和社会地位等。激励因素是指与工作联系紧密的因素，比如工作具有挑战性、成就、赏识、工作的责任强度、职位晋升、前途、发展机会等。只有激励因素做得好，才能让员工满意，才能够具有更强的创造力。

2. 对绩效管理的启示

（1）双因素的界定。双因素理论的核心是只有激励因素才能够使得企业员工感到满意；保健因素的主要作用是消除员工的不满，而不是让员工满意。因此，分析界定哪些是激励因素，哪些是保健因素，并且能够因材施政是酒店绩效管理的关键。管理者要想让员工满意，产生长期的激励效果，仅靠薪酬福利是实现不了的，更多要考虑给员工提供内在激励。比如让其承担更多的工作责任，对其工作成果进行充分的认可，并让员工不断地有工作成就感等。

（2）双因素的划分。在绩效管理中运用双因素理论不仅要界定好保健与激励因素，而且要合理划分一定比例。既保障保健因素的基本满足程度，又尽量地加大激励因素的成分，从而最终由此最大限度激发员工工作的积极主动性。按照双因素理论，员工的基本工资属于保健因素，绩效工资属于激励因素，发放固定工资不会激发员工工作的热情，只有采用基本工资 + 绩效工资的模式，才能激励员工激发他们工作的热情。但是如果一味加大绩效工资，降低或者不发放基本工资，员工就会产生不满。

（3）避免将激励因素转化为保健因素

保健因素与激励因素不是一成不变的，在绩效管理中，保健因素同样具有激励作用，激励因素也同样具有一定的保健作用，在一定的条件下两者之间是可以转化的。比如有些考核指标设置过低，员工不用太努力就可以得到这些激励，久而久之，这些激励因素也演变成保健因素了，不能发挥激励效果。

二、绩效管理工具

（一）KPI

1. KPI 的基本观点

1897 年，意大利经济学者帕累托在研究 19 世纪英国人的财富和收益模式时，发现英国社会的财富分配不均衡，20% 的人占有 80% 的财富，即二八原则。美国工程师约瑟夫·朱兰在管理学中采纳了该思想，认为事物的主要结果只取决于一小部分因素，也就是关键的少数决定事物的结果。后来美国管理学家劳伦斯·彼得认为管理者应确保 20% 的重点业务取得重大突破，要抓住经营管理的重点，包括关键的人、关键的环节、关键的岗位、关键的项目等，而不是事无巨细，这就是 KPI 绩效管理思维的前身。在酒店经营管理中，影响酒店业绩的往往是关键少数的业务，也就是 80% 绩效是由 20% 的关键业务完成的，抓住 20% 的关键业务就抓住了主体。这 20% 的关键业务也称之为关键绩效指标，即 Key Performance Indicator，简称 KPI。KPI 要求管理者抓大放小，关注核心。企业管理如果事事都关注，反而会影响关键因素与重要结果。越是追求完美，往往越是一事无成。与其事事完美，不如聚集资源做好重点。

KPI 是通过对企业内部某一流程的输入端、输出端的关键参数进行设置、取样、计算、分析、衡量后，提取关键目标量化指标，来明确各级管理人员和员工责任，并以此来评价他们绩效优劣的一种工具。

2. KPI 的优点和局限

（1）KPI 的优点。KPI 绩效管理本质上是一种目标管理，它除了具有目标管理的优点外，还避免了在目标管理考评方法中指标分不清主次的问题，是对目标管理的改进和发扬。

①设立的原理简单明了。原理简单，员工容易理解，以 KPI 为核心的绩效管理实施起来容易被员工所接受。

②目标明确，有利于酒店目标的实现。明确、清楚的目标为员工确立了自己今后努力的方向。在实施 KPI 时，管理者抓住了解决问题的主要矛盾，提高了绩效考评的效率，员工将精力和时间投入重要工作中，可以尽快地提高工作绩效和职业能力。

③有利于实现企业利益和个人利益的一致性。KPI 按照“需要什么，考核什么”的原则，对酒店弱项、未来发展目标等方面可以加大权重，让员工更加重视，可以针对性地提升酒店绩效。同时，根据设置的目标对下级的完

成情况进行总结、反馈、调整，上下级共同探讨措施，以实现预期目标。

（2）KPI 的局限。

① KPI 有些指标难以量化。KPI 指标设置是倾向于定量化的指标，这些指标能否较好地量化，对于评价酒店、部门或者个人绩效十分关键。但有些指标很难量化，甚至很难界定，导致有些指标很难衡量，或者无法准确衡量，往往受到评估者个人认知的影响，导致绩效评价效果失准。

② KPI 会使考核淹没其他指标。酒店在设置 KPI 指标时，往往过多地把权重放在财务指标上。可能会出现财务指标完成较好时，即使其他基础管理指标如卫生清理不到位也不会对部门或者个人的绩效造成太大影响，但这些管理指标往往会影响顾客体验，久而久之，也会影响财务指标的完成。一旦财务指标因此受到影响，再去提升就比较难了。

③ KPI 并不是对所有岗位都适用。一线经营部门的 KPI 指标比较容易确定，但二线部门和二线员工的工作比较烦琐，工作内容变动大，规律性差，岗位之间的工作差别比较大，甚至外显的绩效行为不明显很难统一指标进行衡量。因此这些岗位运用 KPI 来考核就不是很适合。

（二）平衡计分卡管理

20 世纪 80 年代，人类社会从工业经济时代逐步迈入了知识经济时代。原先在工业经济时代，企业的成败主要取决于其所拥有的实物资源及对实物资源的运用情况，衡量一个企业的绩效需注重财务指标。而在知识经济时代，企业要想得到长期的生存和发展，不能仅观察企业当前财务成果的好坏，还必须注重战略管理，更应重视影响企业长期稳定发展的因素，因此传统的企业经营绩效评价不能满足这一要求。

1. 平衡计分卡的基本观点

20 世纪 90 年代，哈佛商学院教授罗伯特·卡普兰（Robert S. Kaplan）和美国复兴全球战略集团总裁大卫·诺顿（David P. Norton）认为，传统的绩效评价主要采用财务业绩衡量，而财务指标是对公司过去情况的描述，传统的财务会计模式只能衡量过去发生的事情（落后的结果因素），但无法评估企业前瞻性的投资（领先的驱动因素）。1992 年，他们在《哈佛商业评论》上发表文章《平衡计分卡：企业绩效的驱动》，提出了新的绩效评价观点：希望未来的企业组织除了注重短期目标，也能兼顾长期发展的必要；除了关注财务表现之外，必须同样重视组织运作能力，包括产品创新、客户关系、内部流程、人员的学习与成长等。1996 年，他们出版了《平衡计分卡：化战略为行动》一书，在书中他们详尽地将平衡计分卡的四维度展开论述，并分析了平衡计分卡是如何作为战略管理来操作的（图 7-3）。

平衡计分卡（The Balanced Score Card，BSC）是从企业战略出发，从财务、客户、内部经营过程、学习与成长四维度，将企业战略目标逐层分解转化为各种具体的相互平衡的绩效考核指标体系，并对这些指标的实现状况进行不同时段的考核，从而为企业战略目标的完成奠定可靠的执行基础。

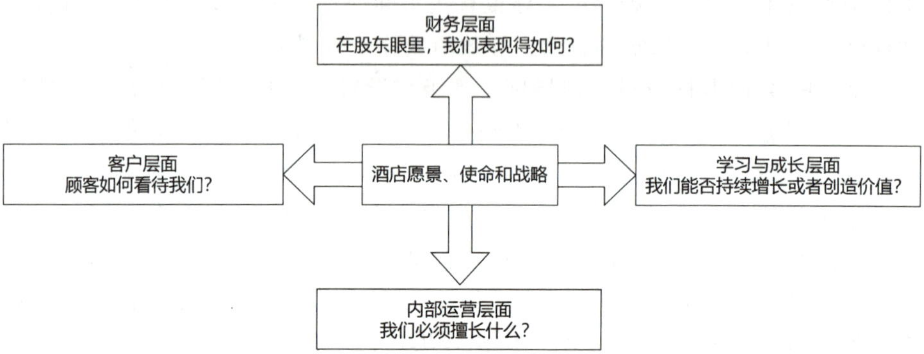

图 7-3　平衡计分卡四维度示意

平衡计分卡的基本思路是将涉及企业表面现象和深层实质、短期结果和长期发展、内部状况和外部环境的各种因素划分为 4 个主要方面，并针对各个方面的目标，设计出相应的评价指标，以便系统、全面地反映企业的整体运营情况，为企业的战略管理服务。

2. 平衡计分卡的优点和缺陷

（1）平衡计分卡的优点。

①能够同酒店战略紧密联系。平衡计分卡强调绩效管理与企业战略之间的紧密关系。平衡计分卡的指标体系源于酒店的战略目标，在实际操作中是将酒店战略目标逐层分解转化为各种具体的、相互平衡的绩效考核指标体系，使各部门、员工的努力方向同酒店战略目标的实现联系起来，既实现了酒店短期的良好效益，又能确保酒店在战略目标的指引下长远发展。

②能够将财务指标与非财务指标结合起来。传统的业绩评价系统主要是对财务评价指标的评价。但在日益复杂的环境下，单一的财务指标评价不能全面反映企业的真实业绩和发展潜力。平衡计分卡弥补了单一财务指标考核的不足，增加了客户、业务流程、学习与成长层面的非财务指标，形成较为全面的绩效评价体系，更全面地评价酒店的运营现状和发展潜力。

③能够避免企业的短期行为。酒店投资、维护客户、酒店营销活动、员工培训等活动可能在短期内不会提升酒店财务指标，甚至可能因成本费用的投入造成财务指标的下滑。传统以财务评价指标为依据的评价体系下，酒店管理者

为了保持短期财务指标，往往会减少在客户、员工甚至内部运营体系的投入，导致酒店运营因节约成本和费用影响酒店的长远发展。平衡计分卡从战略目标和竞争需要的角度出发，实现了公司长期战略与短期行为的有效结合。

（2）平衡计分卡的缺陷。

①实施难度加大。平衡计分卡比以往绩效管理方法更加复杂，既要考虑眼前利益，又要考虑长远发展；既要考虑股东利益，又要兼顾客户、员工等相关方的利益；既要考虑现实情况，又要考虑酒店战略目标。考核的复杂性给酒店管理者提出了更高要求。如果管理者对平衡计分卡的思想及实施原则把握不足，可能会影响平衡计分卡的导入和实施效果。

②指标体系的建立较困难。酒店不同，发展战略各异，所处的发展阶段各有不同，所面临的矛盾和问题也有所差异，导致酒店在进行平衡计分卡体系设计时，会设定不同的指标。这些指标的设置是否合理、是否有效，需要管理者应根据酒店的战略目标、酒店内外部环境等制约因素作合理把控。如果竞争环境发生了巨大变化，原来的战略及与之适应的评价指标可能会丧失有效性，从而需要重新修订，给酒店指标体系建立造成不少困难。

③指标数量过多。平衡计分卡涉及财务、顾客、业务流程、学习与成长等四方面的业绩评价指标，在评价最终结果时，应该选择哪个指标作为评价的依据？如果舍掉部分指标，是不是会导致业绩评价的不完整性？这些都是在应用平衡计分卡时要考虑的问题。如果指标之间不是呈完全正相关的关系，平衡计分卡对战略的贯彻基于各个指标间明确、真实的因果关系，但贯穿平衡计分卡的因果关系链很难做到真实、可靠。其创立者也认为，要想积累足够的数据去证明平衡计分卡各指标之间存在显著的相关关系和因果关系，可能需要很长的时间。在短期内，经理对战略影响的评价，不得不依靠主观的定性判断。

任务三　学会酒店绩效规划与操作

一、酒店员工及组织绩效规划

（一）绩效目标的量化分解方法

绩效指标在绩效管理中具有导向性，直接影响着绩效结果的有效性，因此，绩效指标分解是绩效规划的第一步，也是影响绩效管理效果的关键环节。

如何将酒店的战略目标分解到部门、班组及员工，对管理者来说既要讲究科学性，又要讲究艺术性。一般来说，酒店绩效目标量化要遵循 SMART 原则，绩效指标必须是具体的（Specific），必须是可以衡量的（Measurable），必须是可以达到的（Attainable），与其他目标具有一定的相关性（Relevant），必须具有明确的截止期限（Time-bound）。

常见的绩效指标分解方法有层级分解法、价值结构法及战略地图法。

1. 层级分解法

层级分解法比较适用于业务比较简单，规模比较小的酒店。层级分解法就是将酒店的绩效目标按照酒店、部门、班组、个人等自上而下逐层分解，将酒店目标分配到各个部门、班组及个人，明确每个考核对象所承担绩效指标的过程（图 7-4）。

酒店绩效指标是最高层级指标，通常是具体的能量化的指标体系，比如营业收入、经营利润、经营成本及费用、员工薪酬、客户满意度等；部门指标通常是对达成酒店绩效目标能够起到关键支撑作用的工作，比如客房出租率、餐饮上座率、员工流失率、促销费用等；员工层、班组层是最底层的任务目标，通常是为了达成部门指标所要做的具体工作，比如出勤率、顾客好评率及服务创新项目等。

案例 7-1

酒店根据市场调研认为未来一年的客房出租率应该由原来的 60% 提升到 80%，这是创造省内一流标杆酒店目标所必须实现的目标。为了实现酒店这一目标，部门将客房出租率提升的 20% 的任务分解为 3 个方面：一是提升 OTA 的订房间夜数，完成 10% 增长任务；二是优化上门散客服务流程，提升上门散客的间夜数，分摊 3% 的增长任务；三是市场营销部实现协议客户的增长，完成 7% 的增长任务。为了分别实现间夜数比去年房间总数增长 10%、3% 和 7% 的目标，个人和班组也相应地被分配到了不同的任务指标，对部门指标进行支撑。

点评：层级分解法可以将绩效指标细化，把一个大的指标分解为更具体、更精准的子指标，有助于识别问题和机会。通过细化指标，可以更准确地评估绩效影响因素，并采取相应的措施来改进业务运营。

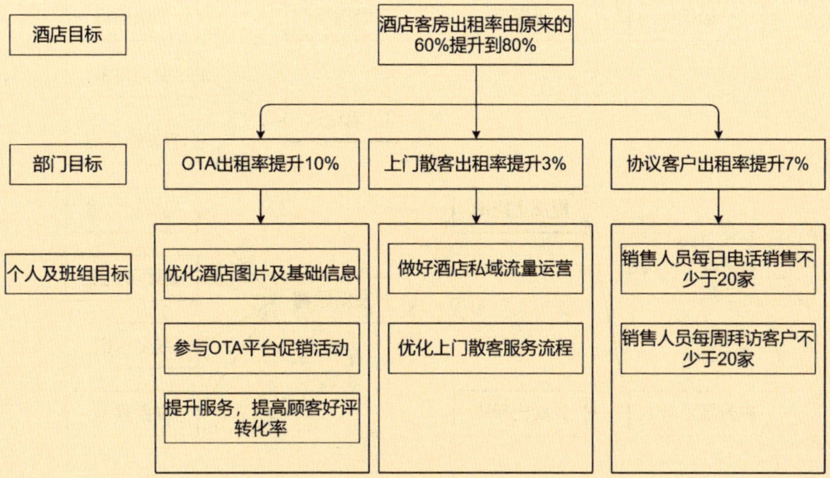

图 7-4 层级分解法示意

2. 价值结构法

为了实现战略目标，酒店在绩效管理中设置对实现战略目标有价值的指标，这样才能保证战略目标的实现。因此，很多酒店在设置绩效管理指标体系时，对部门、员工价值创造的过程进行梳理，并在关键的价值点实施绩效考核（图 7-5）。

绩效价值结构梳理的方法步骤。

（1）找到酒店最顶端、最重要的产生价值流程。

（2）总结该流程中涉及的关键过程和控制点。

（3）用这些关键过程和控制点画出价值结构图。

（4）以关键过程和控制点为核心设置指标。

案例 7-2

某知名快餐集团为提升门店营业收入，为了实现这个一级指标，可以通过 3 个二级指标（提高上座率、提高客单价及增加外卖出单率）来实现；这 3 个二级指标还可以继续深化为更多的三级指标，有些三级指标可以再进一步细化为四级指标。指标的层级不是越多越好，而是要根据酒店的实际确定考核指标的层级。

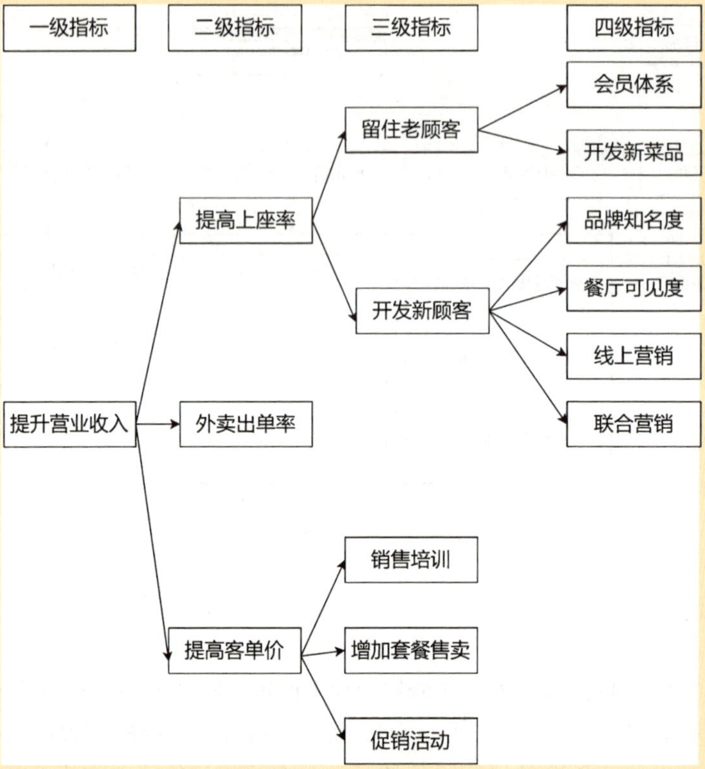

图 7-5 价值结构法示意

点评： 价值结构法可以帮助酒店管理者更清楚地了解酒店绩效的构成和影响因素，更精准地确定酒店绩效的关键指标，有助于提升绩效指标的针对性和有效性。

3. 战略地图法

罗伯特·卡普兰（Robert S. Kaplan）和大卫·诺顿（David P. Norton）于2004 年 1 月出版了《战略地图——化无形资产为有形成果》，提出了战略地图这一理论。

战略地图是在企业战略的引导下，从财务、客户、流程、学习成长 4 个层面定义公司的目标，并通过明确这 4 个层面目标之间的因果关系来描述企业的战略，让企业以一种更为连贯、完整和系统的方式来审视自己的战略。

酒店设计战略地图，一般按照设定战略目标、确定业务改善路径、定位客户价值、确定内部业务流程优化主题、确定学习与成长主题、进行资源配置、绘制战略地图等程序进行（图 7-6）。

（1）设定酒店战略目标。设定酒店战略目标是指酒店根据确定的愿景、使命和环境分析，选择和设定战略目标的过程。酒店可根据对整体目标的保障、对员工积极性的发挥及酒店各部门战略方案的协调等实际需要，选择自上而下、自下而上或上下结合的方法，制定战略目标。

（2）确定业务改善路径。酒店应根据已设定的战略目标，对现有客户（服务对象）和可能的新客户及新产品（新服务）进行深入分析，寻求业务改善和增长的最佳路径，提取业务和财务融合发展的战略主题。

（3）定位客户价值。酒店应对现有客户进行分析，从产品（服务）质量、硬件设施和标准领先等方面确定、调整客户价值定位。在客户价值定位维度，酒店一般可设置客户体验、双赢营销关系、品牌形象提升等战略主题。

（4）确定内部业务流程优化主题。酒店应根据业务提升路径和服务定位，梳理业务流程及其关键增值（提升服务形象）活动，分析行业关键成功要素和内部营运体系，从内部业务流程的管理流程、创新流程、客户管理流程、遵循法规流程等角度确定战略主题，并将业务战略主题进行分类归纳，制订战略方案。

（5）确定学习与成长主题。企业应根据业务提升路径和服务定位，分析创新和人力资本等无形资源在价值创造中的作用，识别学习与成长维度的关键要素，并确立相应激励制度创新、信息系统创新和智力资本利用创新等战略主题，为财务、客户、内部业务流程维度的战略主题和业绩指标提供有力支撑。

（6）进行资源配置。根据各维度战略主题，酒店应分析其有形资源和无形资源的战略匹配度，对各主题进行战略资源配置。同时应关注企业人力资源、信息资源、组织资源等在资源配置中的定位和价值创造中的作用。

（7）绘制战略地图。企业应用平衡计分卡的四维度划分绘制战略地图，以图形方式展示企业的战略目标及实现战略目标的关键路径。首先，确立战略地图的总体主题。总体主题是对企业整体战略目标的描述，应清晰表达企业愿景和战略目标，并与财务维度的战略主题和关键指标对接。其次，根据酒店的需要，确定四维度的名称。把确定的四维度战略主题对应画入各自战略地图内，每一主题可以通过若干关键指标进行描述。最后，将各个战略主题和关键指标用路径线连接，形成战略主题和关键指标相连的战略地图。

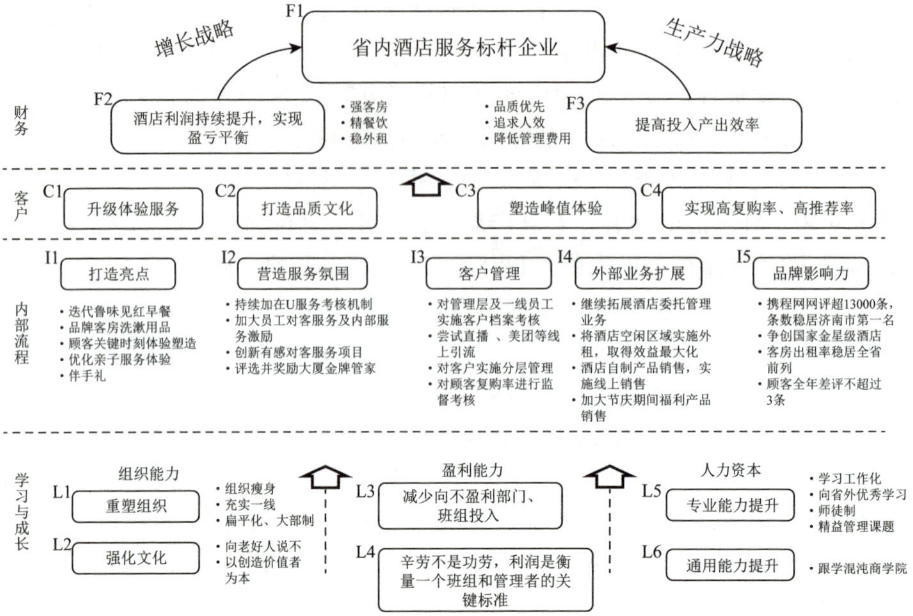

图 7-6　战略地图法示意

（二）绩效指标权重设置

绩效管理具有多样性和复杂性，涉及多部门和多层面，各项指标之间既相互联系又相互作用，这就决定了绩效考评指标体系必须是一个既突出重点又全面开放的系统。绩效指标设置需要覆盖工作任务的重要方面和关键领域，如果某一重要领域的指标缺失，就会产生严重的误导，在理论上影响考评体系的科学性和合理性，在实践上又会导致绩效结果达不到预期的目标。但作为一个考评体系，不可能也没有必要面面俱到，必须突出重点领域和关键工作，这就需要我们在指标体系全面的基础上，对不同的指标进行权重划分。通过对指标进行权重设定，可以有效地反映工作重点，明确责任的重要程度。因此，绩效指标权重的设置关系到绩效管理的效果，甚至成败。

1. 绩效指标权重设置的原则

（1）突出重点。实施绩效管理的目的是实现酒店的战略目标。在绩效指标权重设定时，要紧紧把握酒店战略需求，对战略实现越重要的指标，其权重应该越高。权重越高，这样，被考核部门和员工才更加重视，才能调集更多资源去实现这些指标，才能达到绩效管理的目的。

（2）动态性与稳定性相结合。在保持动态变化的同时还要考虑相对的稳定。如果绩效管理指标的权重变化较大，加大了员工的适应难度，就不利于员工激励；同时还有可能因绩效指标权重的调整，造成人力、物力的浪费，导致管理成本增加。

（3）实现系统优化。由于绩效指标之间相互作用，相互影响，一个绩效指标的权重变动时，其他绩效指标的权重也会跟着变动。因此，在确定绩效指标权重时，不能只从单个绩效指标出发，应合理分配，将整体最优化作为出发点和追求的目标。

（4）体现岗位差异性。虽然不同的岗位存在部分相同的绩效指标，但在同一个绩效指标在不同岗位的考核指标体系中所占的权重应该是不一样的。比如酒店前厅部不控制客房费用和成本，只考核客营业收入指标，而客房部不仅要考核营业收入，还要考核其成本费用，导致两个部门管理人员虽然都考核营业收入，但考核的权重有所差别。

（5）事前验算和模拟试验。权重的确定不能等同于简单的数学计算。对于某些要求较高或失败代价太大的评估活动，为了保障评估结果的准确性及合理性，企业应在正式开始评估活动之前，对指标权重进行模拟试验，人工设置一些模拟数据进行验算，或随机选择一些样本开展小范围的模拟评估，然后分析结果，考察不同的权重分配对评估总分的影响，据此逐步调整完善各指标权重。该过程可以重复多次，直至寻找到比较合理和满意的权重为止。

现实中，由于成本和方法等方面的限制，因此几乎不存在最优权重，这时只要得到比较满意的解决方案即可。而对于某些情况，上述“事前验算”可能根本无法开展或成本太高，如涉及很多人和机构的公共管理领域，这时则应该在事后对评估数据和结果进行系统分析，及时总结经验和不足，从而在以后的评估实践中逐步调整完善权重。

2. 绩效指标权重设置的方法

（1）专家评审法。专家评审法是酒店调集相关人员组成绩效管理专家团，由专家团组成人员独立对酒店的绩效指标权重进行评价，并对专家评价结果取平均值，得出最终的绩效指标权重。

这种方法基本上是专家经验决策，带有较强的主观性。这种方法的优点是花费的时间和精力比较少，容易被考核方接受，缺点是只适用于比较简单的业绩评价工作。在应用时，应该注意平衡各种不同的意见，避免专断的行为。

案例 7-3

某酒店客房部初步确定了5个绩效考核指标，邀请五位专家对营业收入、客房出租率、网络好评转化率、经营成本费用及员工流失率进行打分，然后取5位评委的平均分，即得到5个绩效考核指标的权重，如表7-1所示。

表 7-1　绩效管理指标权重设置专家评审法

指标 专家	专家 1	专家 2	专家 3	专家 4	专家 5	权重
营业收入	50%	60%	65%	55%	50%	56%
客房出租率	10%	7%	5%	10%	13%	9%
网络好评转化率	20%	15%	10%	15%	15%	15%
经营成本费用	15%	15%	18%	15%	15%	15.6%
员工流失率	5%	3%	2%	5%	7%	4.4%

点评：该案例描述了某酒店客房部绩效管理指标权重的确定过程。不同专家对5个指标在酒店客房运营中的重要程度进行了评价，营业收入的占比为50%~65%，这说明所有专家都认为营业收入是酒店客房运营最重要的指标。但有些专家对酒店客房经营中均衡指标有不同意见，有的更看重网络好评转化率，有的更看重员工流失率，还有的更看重酒店客房出租率。通过5位专家的评价，可以降低指标设置权重的偏差，更好地指导酒店绩效指标设置。

（2）因子比较分析法。因子比较分析法是一种以比较为基本方法的绩效指标权重设置方法。企业选择因子比较分析法，需要以绩效指标两两比较的结果作为基础进行权重设置，也就是通过比较得出评分，再根据评分算出最终的权重。

案例 7-4

某酒店对酒店客房部的工作情况进行绩效评定，确定了5个关键绩效指标，即指标1、指标2、指标3、指标4和指标5。酒店管理人员运用因子比较分析法确定这五项指标的权重，对指标两两比较后得出的结果如表

7–2 所示，表中 5 代表最重要，1 代表最不重要。

因子比较分析法的表中最左端纵向的指标 1 到指标 5 和最上端横向指标 1 到指标 5 是相同的 5 个指标。表中数据指的是最左端纵向的指标 N 与最上端横向的指标 N 比较的重要程度。评分值是横向重要程度得分的数值加总。最后的权重的结算公式如下：

指标 N 的权重 = 指标 N 的评分值 ÷ Σ 指标评分值

表 7–2 绩效管理指标权重设置因子比较分析法

绩效指标	指标 1	指标 2	指标 3	指标 4	指标 5	评分值	权重
指标 1	/	5	5	3	1	14	21.53%
指标 2	1	/	3	4	1	9	13.84%
指标 3	1	3	/	4	1	8	12.3%
指标 4	3	5	5	/	2	15	23.1%
指标 5	5	5	5	4	/	19	29.23%

点评：因子比较分析法通过比较不同因子的影响，利用科学和准确的数据帮助管理者确定绩效指标，确保绩效指标的全面性和平衡性，避免出现偏颇。

（3）三维确定法。三维确定法是定性与定量相结合的方法。采用点计数法，对一组指标从重要程度、紧急程度、可实现程度三方面赋予分值，把每个指标赋予的分值相乘得到每个指标的综合得分，将所有综合得分相加，用每个指标的综合得分除以所有指标的综合得分得出每个指标的权重。

指标 N 的权重 = 指标综合得分 ÷ Σ 综合得分值

案例 7–5

某酒店对餐饮部实施绩效考核，确定了 6 个关键绩效指标，按照重要程度、紧急程度和可实现程度进行 3 个维度进行评价，确定 6 个指标的权重配置（表 7–3）。

重要程度：5 特别重要，4 重要，3 比较重要，2 不重要，1 非常不重要。

紧急程度：5 特别紧急，4 紧急，3 比较紧急，2 不紧急，1 非常不紧急。

可实现程度：5 一定能实现，4 能实现，3 可能实现，2 不能实现，1 肯定不能实现。

表 7-3　三维确定法

绩效考核指标	重要程度	紧急程度	可实现程度	综合得分	权重
指标 1	5	4	4	80	27
指标 2	3	3	5	45	15
指标 3	4	3	4	48	16
指标 4	3	2	5	30	10
指标 5	5	4	3	60	20
指标 6	4	3	3	36	12
合计	/	/	/	299	100

点评：不同酒店的餐饮运营和管理面临着不同的机遇和挑战，绩效管理指标的设置将指导部门的工作方向，也影响部门工作的重心和资源的分配。为了确保将资源投入非常重要、急需解决而又可实现程度高的工作上，酒店从这 3 个维度进行指标权重的设置。综合得分高的指标表明是对部门运营管理重要、比较紧急而且可实现度比较高的指标，而综合得分较低的指标，表明是对部门工作不太重要、不太紧急甚至实现度较低的指标。通过这种指标权重的设置，能更好地将部门工作聚焦到重要程度高、紧急程度高、可实现度高的指标上。

二、酒店员工及组织绩效信息收集

绩效管理信息是做好绩效评估、反馈的依据。做好绩效管理需要在绩效管理和实施过程中要对被评估对象的绩效表现做观察和记录，收集必要的绩效表现信息。绩效表现“记录”是指将有关被考核对象的绩效行为记录下来，而对绩效表现的“收集”则进行观察或记录，主管人员再从他人那里获取这些有关员工绩效的信息。

（一）收集和记录员工的绩效信息的主要作用

1. 提供绩效评估的事实依据

在绩效实施的过程中对员工的绩效信息进行记录和收集，是为了在绩效评估中有充足的客观依据。在绩效评估时，我们将一个员工的绩效判断为“优秀”“良好”“差”，需要有一些证据作支持，也就是说我们依据什么将员工的绩效评判为“优秀”“良好”“差”，这绝对不是凭感觉，而是要用事实说话。这些信息除了可以作为对员工的绩效进行评估的依据，也可以作为晋升、加薪等人事决策的依据。

2. 提供改进绩效的事实依据

我们进行绩效管理的目的是改进员工的绩效和提高工作能力，那么当我们对员工说“你在这些方面做得足够好”或“你在这方面还可以做得更好一些”时，妥善结合具体的事实向员工说明其目前的差距和需要如何改进和提高。例如，主管人员认为一个员工在对待客户的方式上有待改进，他就可以举出员工的一个具体事例来说明。“我们发现你对待客户非常热情主动，这很好。但是客户要选择哪种方式的服务应该由他们自己决定，这是他们自己的权利。我发现你在向客户介绍服务时，总是替客户做决策，比如上次……我觉得这样做不太妥当，你看呢？”这样，就会让员工清楚地看到自己存在的问题，有利于他们的改进和提高。不仅指出员工有待改进的方面需要提供事实依据，表扬员工时也需要就事论事，而不是简单地指出“你做得不错”。

3. 发现绩效问题和优秀绩效的原因

对绩效信息的记录和收集还可以使我们积累一定的突出绩效表现的关键事件，例如，记录绩效突出好的一些员工的工作表现和绩效突出差的一些员工的工作表现，可以帮助我们发现优秀绩效背后的原因，然后可以利用这些信息帮助其他员工提高绩效，使他们以优秀员工为基准，把工作做得更好。并且可以发现绩效不良背后的原因，是工作态度的问题还是工作方法的问题，这样有助于对症下药，改进绩效。

4. 在争议仲裁中的利益保护

另外，保留翔实的员工绩效表现记录也是为了在发生争议时有事实依据。一旦员工对绩效评估或人事决策产生争议时，就可以利用这些记录在案的事实依据作为仲裁的信息来源。这些记录一方面可以保护公司的利益，另一方面可以保护当事员工的利益。

（二）收集绩效信息的方法

既然与绩效有关的信息是进行绩效评估时的必要信息，那么就需要采取一些系统的方法收集与绩效有关的信息。收集绩效信息的方法主要有以下几种。

1. 观察法

观察法是指主管人员直接观察员工在工作中的表现，并对员工的表现进行记录。例如，一个主管人员看到员工粗鲁地与客户讲话，或者看到一个员工在完成了自己的工作之后热情地帮助其他同事工作等，这些就是通过直接观察得到的信息。

2. 工作记录法

员工的某些工作目标完成的情况是通过工作记录体现出来的。例如财务数据中体现出来的销售额数量，客户记录表格中记录下来的业务员与客户接触的情况。

3. 他人反馈法

员工的某些工作绩效不是管理人员可以直接观察到的，也缺乏日常的工作记录。在这种情况下就可以采用他人反馈的信息。一般来说，当员工的工作是为他人提供服务时，就可以从员工提供服务的对象那里得到有关信息。例如，对于从事客户服务工作的员工，主管人员可以通过发放客户满意度调查表或与客户进行电话访谈的方式了解员工的绩效；对于公司内部的行政后勤等服务性部门的人员，也可以从其提供服务的其他部门人员那里了解信息。

三、绩效沟通

（一）绩效沟通的意义

沟通是管理的重要手段，贯穿管理全过程。绩效管理作为管理的一个重要环节，沟通也十分重要。

绩效沟通是指考核者与被考核者就绩效考评反映出的问题展开实质性的沟通，它是绩效管理的核心。充分有效的沟通不仅有利于解决酒店管理运营中的问题和难题，促进酒店绩效的提升，而且融洽管理者与被管理者的关系，提升团队的凝聚力，降低管理风险。如果酒店缺乏持续有效的绩效沟通，忽视对运营计划与实际业务进展的动态跟踪，酒店的绩效管理可能得不到被考核者的重视，导致绩效管理流于形式。还有的被考核者认为绩效管理就是“秋后算账”，引起管理的不和谐。

（二）绩效沟通的内容

1. 目标确定的沟通

让被考核者清晰了解绩效目标，理解绩效考核的意义和目的，帮助被考核者对实现目标树立信心，是实现绩效管理的关键环节。酒店管理者与被考核部门和员工就绩效目标和考核内容进行沟通的内容可以归结为 3 个方面：绩效目标是什么，要采取什么样的手段和措施来完成目标，酒店给部门和个人提供什么支持。通过沟通，不仅增加被考核者对绩效目标的认可度，了解酒店的组织资源支撑度，而且能帮助被考核者清晰地描绘出实现组织绩效的有效途径，提高组织绩效的实现度。

2. 实施过程的沟通

在绩效实施过程中，有时被考核者遇到困难和问题导致绩效过低，有时会出现绩效偏差，这些情况都需要管理者及时与被考核者沟通。管理者通过对绩效数据的研判，找出问题和偏差的原因及解决方案，通过适当的沟通方式及时与被考核者沟通。如果是被考核者自身原因，就需要让被考核者清楚自身存在的问题，接受管理者的建议和意见，提升绩效，达成预期目标；如果是周围环境发生巨大变化，需要调整绩效指标时，也需要和被考核者达成共识，共同努力，积极推进。如果是周围环境原因，导致预期绩效目标发生较大偏差，绩效指标需要调整，也需要及时与被考核者沟通，让其理解调整指标的必要性，就新的绩效考核方案达成一致意见；如果因被考核者个人努力，超额完成预期目标，应对这些被考核者进行及时表扬，树立榜样，推广其先进经验。

3. 绩效反馈沟通

在得出绩效评估结果之后，管理者会向被考核者进行绩效反馈。反馈的内容主要包括绩效指标完成情况、绩效管理的结果及绩效管理结果如何应用等情况。如果未完成，将和被考核者沟通未完成目标的原因，接下来的工作如何改进；如果超额完成，分析超额完成的原因及经验，下一阶段的改进计划及本次评估得到的结果所进行的沟通。

同时，在评估结果的沟通过程中，主管通常要向员工说明本次评估的结果，并展示打分的结果、依据及相关证明资料，让员工相信主管的评估是公正公平的。另外，主管还会听取员工对这次目标自评的结果及一定的依据。通过双方对照，结合实际情况适当地修正评估结果，这样做能够使评估结果的说服力更强。

绩效沟通不但会谈及过去，谈未来发展也是非常重要的一部分内容。绩效管理是一个循环往复的过程，一个考核周期的结束，总会成为下一阶段的开始。所以，确定未来的目标就成了这次沟通的重要组成部分。对于下一阶段的目标双方要达成一致意见，对相应的支持条件及目标完成所运用的手段也要形成统一意见。

（三）绩效沟通的形式

绩效沟通中普遍使用的方式分为正式沟通和非正式沟通。这两种形式各有各的优势和缺点，都有其适合的情景，因此沟通方式的选择是影响沟通效果的重要因素之一。

1. 正式沟通

正式沟通是指在正式的情景下进行的事先经过计划和安排的按照一定规则和制度进行的沟通形式。在绩效沟通中，常见的正式沟通方式主要有书面报告、正式面谈和绩效会议。

（1）书面报告。书面报告是绩效管理中比较常用的一种正式沟通方式，主要是员工使用文字或图表等形式向管理者报告工作进展情况的沟通形式。书面报告可以是定期的，也可以是不定期的。定期书面报告主要有工作日志、周报、月报、季报和半年总结和年度总结年报。除此之外，管理者往往还会要求下属员工就某些问题准备不定期的专项书面报告，如员工在执行某个项目的过程中对发现的一些问题和解决方案提交的专门报告。

（2）正式面谈。管理者与被考核者进行面对面的谈话是绩效沟通常见形式。正式面谈不仅可以让员工感受到管理者对绩效的重视，管理者还可以根据每个员工的处境和特点给予指导和帮助，这有益于双方建立融洽的关系。但是该方式也有一定的缺陷，如沟通范围小、容易带有感情色彩等。因此，在绩效实施过程中的面谈应注意以下问题：第一，明确面谈的目的和重点，便于控制交流的进程和方向；第二，在分析具体工作任务和标准的同时，也要让员工进一步了解和明确组织的目标和要求；第三，鼓励员工多谈自己的想法和做法，以坦诚、开放的方式进行交流；第四，及时提醒和纠正员工的无效行为和想法，给予适当的帮助和支持；第五，记录重要信息，明确任务并约定下次面谈时间。

（3）绩效会议。绩效会议是绩效沟通的另一种常见的方式。召开绩效会议主要是对绩效实施情况进行例行检查；对工作中暴露的问题和障碍进行分析和讨论，并提出必要的措施；对重大的变化进行协调或通报；临时布置新任务。

虽然绩效会议形式有差别，但是一般都包含以下几个基本步骤：会议准备、确定议程、进行会议沟通、达成共识、制订行动方案等。通常需要做好会议记录，并将会议记录及时反馈给所有与会者。

2. 非正式沟通

在绩效实施过程中，除了上面介绍的正式的沟通方式外，还有大量的非正式沟通方式。非正式沟通方式几乎无处不在，在工作的间歇、在员工食堂甚至在上下班的途中，都是绩效非正式沟通的场合。常见的非正式沟通方式包括：走动式管理、开放式办公、及时通信等。为提升酒店绩效管理效果，管理者除了善于利用正式的沟通方式之外，还应该充分利用各种各样的非正式沟通的机会。

四、绩效辅导

不会指导下属的管理者不是有效的管理者，不愿指导下属的管理者不是合格的管理者。优秀的管理者需要针对不同的情况，积极指导下属，帮助下属提升绩效水平。从某种意义上说，绩效监控的过程也就是通过双向沟通进行绩效辅导的过程。

（一）绩效辅导的内涵

绩效辅导（Performance Coaching）是指管理者采取恰当的领导风格，在进行充分的绩效沟通的基础上，根据绩效计划，针对下属工作进展中存在的问题和潜在的障碍，激励和指导下属，以帮助其实现绩效目标，并确保其工作不偏离组织战略目标的持续过程，管理者作为绩效辅导的主导者和推动者，不仅需要对下属提出的各种要求做出积极回应，还要能够前瞻性地发现潜在问题并在问题出现之前将其解决。绩效辅导包含以下 3 个方面。

1. 管理者提供帮助是绩效辅导的关键

绩效辅导的目的是通过帮助下属完成绩效目标，来实现部门和组织的绩效目标，进而实现组织战略目标。下属在执行绩效计划的过程中遇到困难或障碍需要帮助时，管理者需要及时提供各种必要的帮助和支持；在必要的时候，还应该为下属提供培训的机会，使其具备完成绩效计划所需的知识和技能。管理者不仅要在问题出现时进行辅导，更重要的是着眼于提升下属获取持续高绩效的能力。

2. 激励下属是绩效辅导的重要职能

绩效责任制是实现绩效目标的基本保障。绩效辅导不是管理者越俎代庖，绩效改进的主要责任者还是下属本人。因此，在绩效辅导中，管理者需要注重培养下属对绩效的主人翁意识和责任感，帮助其树立自信和提高工作的成就感，促进其为了实现绩效目标而不断自我超越，为承担更具挑战性的工作任务而不断提升知识、技能和对组织的承诺水平。

3. 及时与下属沟通是绩效辅导成功的基本保障

这要求管理者全面收集绩效计划执行的各种信息，做出正确的辅导决策。对绩效不佳的员工给予及时的辅导，甚至为其提供培训机会；对成功达成或超额完成预期目标的员工，则需要及时表扬，激励其为实现更高的绩效目标而不断努力。

（二）绩效辅导的注意事项

1. 绩效辅导的持续性

对员工的辅导应该是经常性的，而不是出了问题才进行辅导。

当员工绩效表现出色时也应辅导。一方面认可员工的表现，另一方面要鼓励员工以后做得更好，以更大的工作热忱回应管理者。

2. 将传授和启发相结合

管理者不应该总是直接告诉员工该怎么做，还应该启发员工自己思考和探索解决问题的方法，给员工独立工作的机会。管理者应让员工大胆尝试，而且对一些过程中的错误表示宽容。

3. 注重提升员工的能力

辅导不应该仅停留在解决一些具体的问题上，而是应该以提高员工的自身能力为目标。这样，员工以后若遇到类似问题或新问题，就有能力独立应对。

任务四　掌握酒店的绩效评价

一、绩效评价的方法

酒店、部门和员工绩效的好坏需要通过一定的手段和方法进行评估，是激励被考核者的基础和依据，因此绩效评估是绩效管理的核心环节。绩效评价（Performance Appraisal）又称为绩效考评、绩效考核，是指评价主体按照工作目标或绩效标准，采用科学的评价方法，评定员工在评价周期内的工作任务完成情况及员工的工作职责履行程度，并且将评定结果反馈给员工的过程。绩效评价是人力资源管理中技术性最强的环节之一，也是绩效管理的核心内容。

绩效评价的方法由于评价对象的不同，比如评价一个酒店和评价一个员工，所采取的评价方法也不相同，不同的酒店集团所采用的绩效评价方法也有差异。常见的绩效评价方法有 5 种。

（一）排队法

排队法是最为简单的绩效评定方法之一。此法要求评价者把被评价者按照某种要素从高到低排列出来。排队法经常被用来评定总体绩效。

排队法的缺点主要是当被评人数比较多的时候（超过 20 人），要准确地把他们按等级排列不仅费时费力，而且效果不一定好。同时，当许多员工的绩效水平差距较小时，人为地把他们的绩效按等级排列反而会引起新的误差。另外，排队法不能反映不同等级人员之间的差距大小，跨部门、跨企业的绩效评定就更没有可比性。

排队法有两种评定方式，一种是“简单排列法”，即直接把被评价者按等级顺序排列；另一种是“交替排列法”，此法要求评定者首先将所有被评价者列在一张纸上，然后从这个名单中选择出最好的人和最差的人，接着再选出第二个最好的人和第二个最差的人，按此方法继续，直至把整个名单排选完毕。由于从一批人中区分出最好的和最差的相对比较容易，所以在应用中“交替排列”的方式更受人们的欢迎。

（二）两两比较法

这种方法要求评定者对所有的被评价者两两进行比较，最后把被评价者按绩效高低排列起来。这种方法使得评定者更容易操作，特别是当被评价者数量较多的时候也能比较可靠地排出相对等级。具体做法是先将被评价者的姓名都写在事先准备的一张张卡片上，以便每个人与其他所有的人进行一一比较，评定者每次只需比较出每对被评价者中绩效更高的一个即可。最后，只要把每个被评人在每对比较中绩效更高的次数加起来，就可作为最终排序的基本参数依据。举个例子，在共有 5 个被评员工的情况下，每个员工将与其他 4 个员工逐一成对比较。假定乙的绩效被评为高于其他 4 个员工，这样，根据两两比较的结果就可以得到乙的绩效指数为 4/4=1。如果乙的绩效被评为高于他的 2 个同事，而低于另外 2 个同事，那么我们说他的绩效指数为 2/4=0.5。指数为 1 是最高值，只有高于所有其他同事的人才能达到这个值，而指数为 0 则表明绩效水平低于其他所有的人。最后，每个员工将根据其绩效指数排列顺序。指数越高，绩效水平也就越高。

两两比较法有一个很大的缺点，当有大量员工需要评价时，这种方法显得很复杂和浪费时间。我们可以知道，当有 n 个被评价者时，评定时需要配对比较 n（n−1）÷2 次。如当需对 5 个员工进行评定时，评定者需要配对比较 5×4÷2=10 次，而当员工仅仅增加至 11 个，配对比较要增至 11×10÷2=55 次。因此，这种方法一般适合于 10 人左右的绩效评价。

（三）强制分布法

强制分布法要求评价者按事先定好的比例将被评价者分成不同的等级。例如，有的酒店将员工绩效分为优、良、中、差 4 个等级，分别按照 20%、40%、30%、10% 的比例进行评价。

这种方法的理论基础是员工的绩效是呈正态分布的，两端水平的人少，中间水平的人多，酒店绩效级别的分布比例是根据正态分布估算出来。强制分布法的操作步骤是把每一位被评员工的姓名写在一张独立的卡片上，然后针对每一位被评者的特质（如工作态度、工作质量、积极性和创造性等），把每一位员工的卡片放入适合的级别中。这种评定方法需要有一定数量的被评价者，以保证在每类中都有一定数量的人，并占有相应的比例，如果评价的人数过少，这种方法就不适用了。

强制分布法的优点主要表现在：①避免出现考核标准过分宽松的情况，

减少考评者当好人的现象；②避免出现考核标准过分严格的情况；③避免出现考核结果全部趋中倾向的现象。

强制分布法的主要缺点是当一群人的绩效水平不服从正态分布时，强行使用此法会把一些被评价者归入不适当的类别中去，从而挫伤一些员工的工作积极性。

（四）关键事件法

关键事件法是由美国学者福莱·诺格和伯恩斯在 1954 年共同创立的，这种评价方法的主要优点是将研究的焦点集中在职务行为上，因为行为是可观察的、可测量的，通过这种方法可以确定行为的任何可能的利益和作用。

关键事件法是由评价者记录员工平时工作中的关键事件，一种是做得特别"好的"，另一种是做得"不好的"，在预定的时间内，通常是半年或 1 年以后，利用积累的记录，由主管与被考评者讨论相关事件，为测评提供依据的一种考评方法。

1. 关键事件法的优点

（1）评价者向被评价者解释绩效评价结果时，可以提供确切的事实依据，增强了评价结果的说服力。

（2）确保组织对被评价者的绩效进行评价时，所依据的是员工在整个年度的表现，而不是最近一段时间的表现，从而有效地避免了近因效应。

（3）有助于员工有针对性地改善绩效。

2. 关键事件法的缺点

（1）费时费力，需要主管花费大量时间去观察、收集那些关键事件，并加以概括和分类。

（2）过于注重员工的关键绩效，便忽略了员工的平均绩效，以致难以客观地评价中等员工的绩效。

3. 采用关键事件法的注意事项

（1）所记录的关键事件必须是关键事件，即属于典型的"好的"或"不好的"事件，所记录的关键事件必须是与被考评者的关键绩效指标有关的事件。判断是否属于关键事件，其主要依据是事件的特点和事件所产生的影响。

（2）关键事件法一般不单独作为绩效考评的工具来使用，而是应和其他绩效考评方法结合使用，为其他考评方法提供事实依据。

（3）记录的关键事件应当是员工具体的行为，而不是考评者的主观评价，要把事实与推测区分开来。

（4）关键事件的记录要贯穿于整个考核周期，不能仅仅集中在接近考核的最后几个尾期或几个月里。

（5）关键事件法不适用于以结果来衡量绩效的工作，因为关键事件法是一种基于行为的绩效考评工具，所以如果员工的绩效主要通过工作结果来体现的话，应用关键事件法就难以取得理想的结果。

（五）评级量表法

评级量表法就是把员工的绩效分成若干项目，每个项目后设定一个量表，由考核者实施考评。评级量表法是最古老也是用得最多的考核方法之一，该法应用简便，费时较少，有效性也很高。

评级量表法创造了一种数量化考核方式，它把与员工绩效相关的每一个因素都反映了出来，因而可以较好地达到考核的目标。概括地说，评级量表运用起来既简单又省事，考核的结果可以有效地用作员工调薪、职位变动的依据。

评级量表法也有缺点，使用这种量表，考核者很容易产生晕轮误差和趋中误差，过于夸大的或中庸的考核者，就会把每个人的每个项目都评定为较高分或平均分，失去了实施绩效考核的意义。此外，很多评级量表并不针对某一个特别的岗位，而是适用于组织的每一个岗位，这导致评级量表针对性不强，难以全面、具体地反映员工的绩效水平。

二、绩效评价应避免的问题

绩效考核标准不明确。比如，不同的考核者可能对于什么是“杰出”“好”“不令人满意”等绩效标准作出差异很大的解释。结果有的考核者评价标准低，有的则评价标准高，这样即使是评价同一位员工，也可能因为评价者不同，得出截然不同的结论。显然，这样的结论是缺乏公平性的。解决这类问题的最好办法是用一些描述性的语言对考核标准加以界定。

晕轮效应。晕轮效应指的是人们在对其他人作出评价的时候，如果对他人的某一方面评价较高或较低时，往往会导致对此人所有其他方面都评价偏高或偏低。所以，应对考核者进行培训，使考核者理解晕轮效应的影响，并在考核中尽量避免这一问题出现，尽量客观。

居中趋势。居中趋势意味着所有员工不管干得好不好，都被简单地评定为“中”的等级，这样可能会造成“平均主义”，使得绩效考核失去了引导、激励的作用。消除这种不良影响的办法是采用比较评价法，通过对不同员工的比较，对其绩效进行排序。

偏松或偏紧倾向。有些管理者在绩效考核的时候，总是倾向于对下属员工的工作绩效作出过高或过低的评价，因此可通过多个考核者对同一被考核者打分，评价（如 360 度评价）来降低这种误差。

评价者的个人偏见。被考核者之间的个人差异（主要是指年龄、种族和性别这一类个人特点方面的差异），有时候也会影响他们所得到的评价，甚至会导致他们所得的评价大大偏离他们的实际工作绩效。采取小组评价或员工互评的方法可以有效防止个人偏见误差。

员工过去的绩效状况的影响。员工过去的绩效状况也有可能会影响他们当前所得到的绩效评价等级。比如，有时候，评估者可能会全面地高估一位低绩效者。

三、绩效结果的应用

（一）用于薪酬管理

对绩效考核结果的应用来说，薪酬回报是最直接的，而且往往是员工最关心、最敏感的一个环节。这也是绩效考核结果最主要的一种用途。一般而言，为了强调薪酬的公平性并发挥薪酬的激励作用，员工的薪酬中都会有一部分与绩效挂钩。因此，管理者需要公平而谨慎地予以把握。薪酬奖励的核心内容是回报员工对企业做出的贡献，但其最终目的是通过奖励来更有效地向员工表明什么样的行为是企业所鼓励的，使员工对企业、部门和团队的业绩更为关注，并为员工下一年度的目标制定奠定基础。

（二）用于岗位调整

员工的历史考核记录为职务晋升和干部选拔提供基础依据。通过分析员工考核结果，发现员工工作表现和其职务的适应性问题，查找出原因并及时进行职务调整。如果员工在某方面的绩效突出，可以进行职务提拔，使之承担更多的责任。

（三）用于培训开发

管理者及培训工作负责人，在进行培训需求分析时，应把绩效考核的结果及相关记录，作为一份重要材料进行深入的研究，从中发现员工表现和能力与所在职位要求的差距，进而判断是否需要培训，以及需要什么方面的培训。如果是因为态度问题，那么可能需要的是如何引导认同公司的价值观的培训；如果是技能不足，那么展开一些专门技能训练就会得到解决。总之，绩效考核的作用之一就是帮助员工改善和提高绩效。在对绩效考核结果分析的基础上，要找出绩效差距的问题与原因，是属于知识不足、能力欠缺，还是态度方面需要转变，进而拟定出有针对性的员工培训内容与方案。这对于有效地改进所存在的问题、提高培训绩效有帮助。

（四）用于选拔招聘

招聘选拔是现代企业管理过程中一项重要的、具体的、经常性的工作，是人力资源管理活动的基础和关键环节之一，它直接关系到企业各级人员的质量和企业各项工作的顺利开展。绩效考核的结果是组织做出人员招聘计划的重要依据。在研究招聘和甄选的效度时，通常都选用绩效考核结果作为员工实际绩效水平的替代，在人员招募与甄选的过程中起到重要的效标作用。如果企业招聘的优秀人才实际的绩效考核结果确实很优秀，那就说明招聘选拔工作是有效的，反之则说明选拔工作存在问题。

（五）用于酒店激励机制

绩效考核在企业公平激励机制建立中有着不可低估的作用，主要表现在以下几个方面。

1. 确定员工绩效差异

企业绩效考核是通过确定一系列量化的指标来进行的，比如企业员工按企业的目标细化到每一个人必须完成的指标。考核时根据每一个人完成的情况，对其业绩提出量的差距，确定其级别，然后才有可能进行激励。

2. 确定员工工作态度差异

在考核的过程中，企业不仅关心每个个体的工作业绩和工作贡献的差异，而且十分重视个体工作态度的差异。因为工作态度不仅影响和制约公司的战斗力，而且影响和制约了企业的凝聚力和竞争力，同时也影响和决定着个人潜力的发挥。有些员工，尽管相当有工作能力，但工作态度不好，常发牢骚，做一些不利于企业发展的事情，企业就要用负激励，即惩戒的手段来对其进行惩罚。

3. 确定员工待遇差异

科学、规范、合理的考核，不仅能够帮助确定员工工资的级别，对发放奖金也能给予合理的帮助，应当重奖那些有特殊贡献的人。由此可见，绩效考核是激励制度得以建立的基础，离开绩效考核，激励就无从谈起。

思政园地

思考与练习

一、选择题（请将正确的选项填在题目后面的括号内）

1.（　）认为在同一时间，人们可能会存在几个不同层次的需求，但总有一个层次的需求发挥主导作用，这种需求就是优势需求。

A. 马斯洛　　B. 麦克雷戈　　C. 德鲁克　　D. 约翰·亚当斯

2. 酒店绩效结果可以应用于（　）。

A. 薪酬管理　　B. 岗位调整　　C. 培训开发　　D. 选拔招聘

3. 绩效指标权重设置可以遵循哪些原则？（　）

A. 突出重点　　B. 动态性与稳定性相结合

C. 实现系统优化　　D. 体现岗位差异性

E. 事前验算和模拟实验

4. 绩效信息的统计方法有哪些？（　）

A. 观察法　　B. 业绩估算法　　C. 工作记录法　　D. 他人反馈法

二、填空题（将正确的答案写在横线上）

1. 综观绩效管理实践的历程，大体上经历了 3 个阶段：财务导向、________和________。

2. 平衡计分卡是从企业战略出发，从________、________、________、________四维度，将企业战略目标逐层分解转化为各种具体的相互平衡的绩效考核指标体系，并对这些指标的实现状况进行不同时段的考核，从而为企业战略目标的完成奠定可靠的执行基础。

3. 绩效评价应当避免________、居中趋势、________、评价者的个人偏见、________。

4.KPI 绩效管理本质上是一种________管理，KPI 要求管理者抓大放小，关注________。

三、简答题

1. 酒店绩效管理面临哪些挑战？

2. 马斯洛需求层次理论对于酒店绩效管理有哪些启示？

3. 采用关键事件法评价员工绩效时，应注意哪些事项？

参考答案

8 项目八 酒店员工关系管理

项目导读

本项目通过阐述酒店员工关系管理的意义、职责及当前酒店员工关系管理面临的挑战，帮助学习者树立正确员工关系管理理念。同时，学习者通过对员工满意度管理、员工职业压力管理、员工申诉及劳动争议的处理、员工纪律和奖惩管理等理论的学习，可以更好地处理工作中与员工的关系，更好地调动员工的积极性，减少酒店的用工风险。

学习目标

1. 理解员工关系管理的职责和面临的挑战。
2. 熟悉员工满意度调查方法。
3. 掌握员工申诉及劳动争议的处理程序和非正式雇用员工关系管理。

思维导图

- 酒店员工关系管理
  - 理解员工关系管理的职责与挑战
    - 员工关系管理的职责
    - 员工关系管理面临的挑战
  - 学会酒店员工满意度管理
    - 员工满意度的构成
    - 员工满意度调查目的及调查方法
    - 提升员工满意度的措施
  - 应对员工申诉与劳动争议处理
    - 员工申诉的管理
    - 劳动争议的处理
  - 掌握非正式雇用员工关系管理
    - 非正式雇用员工关系问题
    - 劳务派遣员工关系管理

任务一　理解员工关系管理的职责与挑战

一、员工关系管理的职责

（一）员工关系与员工关系管理内涵

1. 员工关系

员工关系是企业中由于雇用行为而产生的关系，员工关系是一个既简单又复杂的概念，可以概括为企业和员工之间的关系，但员工关系本身所牵扯的范围宽泛，与人力资源管理各模块息息相关，因此它又显得非常复杂。

2. 员工关系管理

从广义上讲，员工关系管理（Employee Relations Management，ERM）是在企业人力资源体系中，各级管理人员和人力资源职能管理人员，通过拟订和实施各项人力资源政策和管理行为，以及其他的管理沟通手段调节企业和员工、员工与员工之间的相互联系和影响，从而实现组织的目标并确保为员工、社会增值。

从狭义上讲，员工关系管理就是企业和员工的沟通管理，这种沟通更多地采用柔性的、激励性的、非强制的手段，从而提高员工满意度，支持组织其他管理目标的实现。其主要职责是协调员工与管理者、员工与员工之间的关系，引导建立积极向上的工作环境。员工关系管理是企业设置较晚，功能相对不统一的人力资源管理职能模块，尽管它包含的工作最琐碎且不易呈现价值，但却是构建组织人力资源框架的重要组成部分。

（二）员工关系管理的职责

员工关系管理可以细分为劳动关系管理、员工流动管理、员工奖惩管理、内外情报管理、冲突管理、危机管理、沟通管理、社团管理、健康管理、员工申诉管理、企业文化建设、员工激励管理等内容。

微课 8-1

1. 劳动关系管理

劳动关系是指劳动力所有者（劳动者）与劳动力使用者（用人单位）之间，为实现劳动过程而产生的一种社会经济关系。酒店劳动关系管理包括劳动争议处理，员工上岗、离岗面谈及手续办理，处理员工申诉等。

2. 员工纪律管理

无规矩不成方圆。酒店的正常运作也离不开完善的规章制度、劳动纪律等。员工纪律管理是指引导员工遵守组织的各项规章制度和劳动纪律，维持组织内部良好的秩序，并且凭借奖励和惩罚等措施纠正、塑造员工的工作行为，提高员工的组织纪律性，同时员工可以通过书面或者口头的形式对组织或者企业的有关规定提出建议。员工纪律管理在某种程度上对员工行为起约束作用，同时也有利于不断完善企业的管理方针，使其在动态发展中渐趋成熟。

3. 员工人际关系管理

员工人际关系管理是指引导员工建立较好的工作关系，创建有利于员工建立良好人际关系的环境。

4. 沟通管理

保证酒店内部沟通渠道的畅通，引导企业上下及时进行双向沟通，不仅有利于消除管理者和员工之间的误会和分歧，而且有利于形成良好的工作氛围。融洽的工作氛围影响着员工的心态，使其主人翁意识和积极性不断增强，且员工参与某些政策的制定使其更能理解制度的作用和管理者的工作，从而有利于实现酒店的和谐发展。

5. 员工心理建设

随着我国经济社会的不断发展和行业改革的不断深入，企业员工面临着更多物质上和精神上的考验，员工心理也随之发生诸多变化。逆反、抵触、失衡、随便和狭隘思想是当前员工中存在的比较普遍的问题，员工心理问题是员工关系的一个重要影响因素。员工关系管理需要时刻掌握员工心态的变化，在企业内进行满意度调查，预防并处理各种谣言和员工怠工现象，解决员工关心的问题。

6. 企业文化建设

企业文化是伴随企业发展形成的企业氛围，是企业发展的“软实力”，也是企业竞争力的重要表现。企业文化建设是指企业文化相关理念的形成、塑造、传播等过程，是企业的一个重要组成部分。企业文化如同社会道德一样对企业员工具有内在约束作用，良好的企业文化能够增强企业的凝聚力、向心力，激起员工开拓创新、建功立业的斗志，促进企业经济效益的提升。企业管理者需要重视企业文化的建设，塑造积极有效、健康向上的企业文化，引导员工树立正确的价值观，维护企业的良好形象。

7. 服务与支持

员工关系管理包括对员工提供服务和支持，即为员工提供有关国家法律、法规、公司政策、个人身心方面的咨询服务，协助员工平衡工作与生活。对员工提供相关的服务和支持，帮助员工解决工作和生活中的难题，有助于发展和谐的员工关系，传递互帮互助的正能量，形成良好的企业工作氛围，留住优秀人才。

二、员工关系管理面临的挑战

（一）员工法律意识增强

近年来，国家加大了劳动领域的法律建设。2005 年之前劳动领域虽然有《劳动法》《中华人民共和国企业劳动争议处理条例》《劳动保障监察条例》《集体合同规定》《最低工资规定》等法律和法规，但已远不能满足对劳动关系和员工关系进行法律协调的需要。从 2005 年起，《中华人民共和国劳动合同法》（以下简称《劳动合同法》，图 8-1）、《中华人民共和国就业促进法》（以下简称《就业促进法》）和《中华人民共和国劳动争议调解仲裁法》（以下简称《劳动争议调解仲裁法》）的立法工作相继展开，2008 年 1 月 1 日实施的《劳动合同法》《就业促进法》，对我国员工关系管理起到了重大作用。劳动合同法以立法的形式对劳动合同、薪酬待遇、辞退裁员、劳务派遣及非全日制员工管理等相关的劳动关系和劳动争议处理进行了明确的法律规定；《就业促进法》旨在规范劳动就业管理，构建一个公平、无歧视的就业环境；《劳动争议调解仲裁法》则是为了公正及时地解决劳动争议，保护当事人合法权益，促进劳动关系和谐稳定的专项法律。除此之外，与劳动关系相关的法律法规等也不断完善。

图 8-1　劳动合同法示意

作为酒店管理者在进行员工关系管理时，必须做到有法可依，有法必依，学会用法律法规理顺酒店内部机制，完善内部管理制度和管理流程，依法办事。

（二）人口红利时代结束，酒店“用工荒”成为常态

我国一直是人口大国，2009 年以前，劳动力供应相对比较充足，属于供大于求，企业具有较大的用工主动性。近几年，这种形势开始发生革命性改变，中国的人口红利逐年递减，劳动力供应短缺，给企业带来巨大的挑战，直接表现在员工就业机会多、选择多，稳定性不强，员工对收入与福利有更多的需求和话语权，相关费用上升。企业对员工的管理难度增大，原有的管理模式不能适应当前的用工形势。

（三）多元化雇用颠覆传统用工模式

近些年，我国酒店的用工形式发生巨大变化，传统和典型的用工方式被颠覆。随着劳动用工制度的改革，越来越多的酒店采取以劳动合同工为主、劳务工为辅的用工格局。常见的用工形式包括无固定期限合同工、固定期限合同工、劳务派遣员工等。除了无固定期限的员工和固定期限合同工之外，其他用工形式基本上都属于柔性或多元化雇用方式。

多元化雇用方式迅速扩展的动因有很多种，例如人工成本的攀升、竞争压力的增大、产业转型升级的加速、市场环境不确定性因素的增加及劳动者特别是新生代从业者工作价值观的变化等。尽管我国的《劳动合同法》和《就业促进法》及 2014 年正式实施的《劳务派遣暂行规定》等对劳务派遣人员和非全日制员工管理进行了很多规制，但与正式员工相比，非正式员工关系管理中的问题多、处理难度大，需要寻找更为有效的协调机制和管理模式。

（四）新生代员工成为酒店从业人员主流

20 世纪 90 年代甚至 2000 年以后出生的新生代员工已加入酒店员工队伍，并随着时间推移，他们在员工队伍中所占比例越来越高。新生代员工与“70 后”“80 后”具有明显不同的时代特点。

（1）自我意识强烈。新生代员工多为独生子女，从小缺少兄弟姐妹的相互影响，集体观念相对淡薄，不太擅长处理人际关系，有一些人甚至因长期沉浸在网络世界而成为“宅男”“宅女”。在工作中，他们更加关心个人利益和个人目标的实现，对组织目标的实现则常持无所谓的态度。

（2）更加关注生活质量。新生代员工而言，他们追求的是工作所带来的快乐。在他们的价值观中，金钱对他们来说很重要，但更重要的是“快乐地赚钱”。如果工作不开心，即使工资再高，他们也可能会离职去寻找一个更为舒心的工作环境。

由于新生代员工受到以上生活观和工作观的影响，酒店在处理新生代员工关系上面临新的挑战。

任务二 学会酒店员工满意度管理

由于酒店服务具有生产与消费的同步性，酒店大部分服务和产品是通过员工面对面为顾客提供的，这些提供服务和产品的一线员工决定了过程质量的高低，酒店业的员工和顾客密切接触，员工的服务态度、仪容仪表、服务响应速度、服务的技巧等都会影响到顾客的体验。产品和服务的价值受到酒店员工的满意度影响。因此，“没有满意的员工就没有满意的顾客”已成为酒店业的共识。正如德鲁克说，让员工“能干”之前，关键是让他们“想干”。

一、员工满意度的构成

员工满意是指员工通过组织管理可感知的效果与其期望比较之后形成的一种感觉状态。而员工满意度是反映员工感知效果与期望值比较之后的程度。

由于受到员工个体差异，员工对工作满意的原因各不相同，而且往往夹杂着不少情绪因素，很难进行严格区分，但大致可以从 5 个方面理解。

（一）工作岗位满意度

它包括工作适合度，如工作适合自己、符合自己期望，工作可扬长避短、有兴趣、提供学习的机会、成功机遇、可实现的目标、合适的工作量、可解决的困难；权责匹配度，如适当、明确和匹配的责任、权利；工作的挑战性，如适度挑战；工作胜任度，如拥有工作要求的技能、素质、能力等，拥有足够自信。

（二）工作回报满意度

它包括工作认可度，如适度表扬与批评、对所做工作的称赞；事业成就感，指工作激发成就感，满足自己成就需要；薪酬公平感，指与自己付出相比或与企业内外部相关人员相比，薪酬数量或制定报酬的依据具有公平性；晋升机会，指充分、公正的晋升机会。

（三）工作环境满意度

它包括工作空间质量，指对工作间的温度、通风等物理条件及企业所处地区环境的满意度；工作时间制度，指合适的工作时长、上下班时间、休息时间、合理的加班制度等；工作配备齐全度，指工作所必需的工具、条件、设备以及其他资源是否齐全、够用等；福利待遇满意度，指对福利、退休金、医疗保险、每年的假期、休假的满意度。

（四）工作群体满意度

它包括合作和谐度，指上级的信任、支持、关心、指导，同事之间合适的心理距离，相互了解和理解、友好的界面，开诚布公，以及下属领会意图、完成任务的情况；信息开放度，指信息渠道畅通，信息传播准确、高效等。

（五）工作单位满意度

它包括企业了解度，指对企业历史、文化、战略、政策、制度的理解和认同程度；企业形象满意度，指企业的知名度、用户满意度等；组织参与感，指意见和建议得到重视、参与决策等。

二、员工满意度调查目的及调查方法

（一）员工满意度调查目的

1. 诊断员工管理状况

员工满意度是显示员工对企业各种管理问题和个人发展是否满意的“晴雨表”，通过员工满意度调查能够有效地评价组织管理政策和管理行为的实施状况，了解决策变化对员工满意度的影响。

2. 发现员工管理中的问题

实施员工满意度调查可以对企业管理进行全面审核，及时发现企业潜在的管理危机和问题，保证企业工作效率和最佳经济效益，有效减少因员工管理问题而导致低生产率、高人员损耗率和高人员流失率等问题。

3. 寻找员工管理问题的症结

员工管理中的问题可能是由多种原因造成的，员工满意度调查有助于解释这些问题产生的根源和症结。例如企业经常出现的高缺勤率、高离职率等与员工满意度低有直接关系。一般认为员工满意度低为因，缺勤率或离职率高为果，但是什么原因导致员工满意度低，则需要经过科学的调查分析。

4. 促进管理者与员工之间的沟通

员工满意度调查是一种有效的群体沟通方式，它营造了沟通氛围，是管理者与员工之间重要的信息沟通和反馈渠道。通过满意度调查，员工能够反映对组织管理的意见和建议，管理者也可以了解员工的真实想法和需求。

5. 培养员工对企业的认同感和归属感

定期和规范的员工满意度调查可以培养员工参与管理的意识，使员工感受到企业的关怀和重视，有利于员工在民主管理的基础上树立以企业为中心的群体意识，从而增强员工的凝聚力和归属感。

（二）员工满意度调查方法

为了保证员工满意度调查目的的有效达成，企业应该选择合适的方法来开展员工满意度调查（图 8-2）。目前，国际上为企业所普遍接受和采纳的员工满意度调查的方法主要有以下 4 种。

图 8-2　员工满意度评价示意

1. 工作描述指数法

工作描述指数法是通过对工作描述指标的分解，调查员工对各个指标的评价，从而获得其对工作的满意度。它可以较为形象和直观地表现出员工对企业中各指标的认知和评判，被广泛地应用于对员工满意度的调查当中，它对薪酬、晋升、管理、工作本身和公司群体都有相应的满意等级，是一种相对来说比较全面和详细的调查方法，可用在各种形式的企业和组织中。

2. 访谈调查法

访谈调查法是通过调查者和员工的访谈，收集口头资料，记录访谈内容，观察访谈对象。访谈调查法的优点是具有直接性、灵活性、适应性和应变性；回答率高、有效度高。缺点是事先需要培训、费用较高、规模较小、耗时较多、标准化程度低。

访谈调查法分为结构性访谈和非结构性访谈两种。结构性访谈需要事先精心设计调查表，非结构性访谈不需要事先列好问题提纲，可自由交流提问。

3. 问卷调查法

问卷调查法是在设计出问卷后分发给个别员工或全体员工，通过员工填写回答相关问题，获取员工对各项管理制度或措施的满意情况。问卷访谈法可以用于多种行业企业的员工，也被广泛地用于除企业调查以外的其他调查当中。配合访谈法往往会取到更好的效果，但是其有效性往往受到问卷回收率、问卷派发数量、问题设计质量等多方面制约。

4. 抽样调查法

抽样调查法包括随机抽样、等距抽样、分层抽样、整体抽样。随机抽样是最基本的抽样方法。抽样调查法已经被广泛用于统计领域、调查领域和管理咨询领域。对企业的员工满意度调查来讲，抽样调查法能够使企业通过对员工样本的调查，从而得到整个员工群体对工作和企业满意度的结果和评价。它的好处是相对方便易行，但是同时也会因为受到样本数量或者极端样本的干扰而使结果不准确。

大量实践证明了以上几种调查方法的科学性、实用性和高效性，其调查内容均能从不同程度反映影响员工工作生活和企业效益的因素，提供公司管理层感兴趣的相关因素的详细数据。

三、提升员工满意度的措施

（一）创造公平竞争的企业环境

公平的环境能够让员工更放心地工作。因为员工相信付出多少就能公平地得到多少回报，所以注重公平的企业往往会使其员工满意，且心无杂念地投入工作。

公平体现在企业管理的各个方面，如招聘时的公平、报酬系统的公平、晋升机会的公平、绩效考评的公平、离职时的公平及辞退时的公平等。

（二）营造自由开放的企业氛围

所谓“疑人不用，用人不疑”，企业要想提升员工的满意度，首先应给予员工足够的信任和授权，让他们自主地完成工作任务，抛开束缚，在工作岗位上充分展现自己的才能。

（三）创造追求进步的企业氛围

不断追求进步的企业通常会重视培训，关注员工的职业发展。如果一家企业培训的机会多、发展的机会多，也就意味着有更多的晋升机会。因此，培训也是员工选择企业的一个重要指标。

（四）创造自由开放的沟通系统

自由开放的企业通常沟通系统也较为开放，以此来加强员工间的交流，促进上下级间的意见沟通，增强员工的参与意识，让工作任务能够更有效地传达。

（五）营造关怀员工的企业氛围

关怀员工的企业往往会给员工提供良好的工作环境，在工作上给予员工一定的帮助，让员工安心地在企业工作。适时地夸奖和赞扬员工，善于鼓舞员工的士气，在员工取得成绩时向其及时地公开地表示感谢，并举办一些联欢活动来让员工分享成功的喜悦。留意员工工作压力的缓解，关注员工的身心健康。此外，企业还可以在制度上作出一些规定，如带薪休假、失业保障、医疗养老保险等制度，为员工解除后顾之忧。

任务三　应对员工申诉与劳动争议处理

一、员工申诉的管理

（一）申诉的内涵

申诉是指通过一种被认可的渠道将自己的抱怨向管理层或工会干部表达出来。所谓申诉，是指组织成员以口头或书面等方式表达出来的对组织或企业有关事项的不满。它用一种正式的、事先安排好的方式，为澄清纠纷提供了一种机制，有利于劳资双方在不同层次上进行协商，确保员工的问题能得到及时有效的处理。

企业员工如果感到其本身没有得到公平对待，或对雇用条件不满，都会影响工作情绪、降低工作效率、增加意外事件，并会严重打击员工士气，所以许多大企业大多制定有申诉制度，以使员工能够遵循正常途径宣泄其不满情绪，化解内部紧张关系，进而消除劳资争议。建立申诉制度，为处理劳资之间的纠纷、分歧和不满提供了有序的办法。

（二）申诉的种类

1. 个人申诉

个人申诉多是由于管理方对员工进行惩罚引起的纠纷，通常由个人或工会代表提出。其内容包括从管理方的书面警告开始到最终员工被解雇整个过程中可能引发的任何争议。争议的焦点是违反了集体协议中规定的个人和团体的权利，如有关资历的规定、工作规则的违反、不合理的工作分配或工资水平等。

2. 集体申诉

集体申诉是为了集体利益而提起的政策性申诉，通常是工会针对管理方（在某些情况下也可能是管理方针对工会）违反协议条款的行为提出的质疑。集体申诉虽不直接涉及个人权利，但却影响整个谈判单位的团体利益，通常由工会委员会成员代表工会的利益提出。

（三）申诉的程序

处理申诉的程序，因规模大小、事情轻重，以及有无工会组织而有所不同，有的只有一两个阶段，有的则多达五六个阶段，申诉程序很可能因企业不同而不同。但一般而言，申诉的起始阶段多由申诉人与其管理者直接协商，然后由工会代表和工厂主管洽商，如争端仍未获解决，最终则通过外人仲裁。原则上，问题如果能在第一阶段获得解决，申诉就不再进入第二阶段。

在无正式工会组织的企业，员工若有任何抱怨与不平，大多由申诉人与其主管直接协商，如果问题没有得到解决，则依序向上一级提出，直至由其最高主管来解决。

在有工会组织的企业内部，员工申诉程序往往通过正式的流程来处理。实际提起申诉的程序是通过集体谈判确立，并被具体写入协议条款之中。通常在集体协议中都包括了处理争议的申诉程序，具体步骤的设计由当事人双方自行决定。在小企业，这一程序可能仅包括工会代表和企业之间进行见面磋商这样一个简单的步骤。处理员工申诉，不管企业内部是否有工会组织，其主要程序可以归为 4 个阶段。

1. 受理员工申诉

由申诉者与监督者、管理者商谈，管理者在接受申诉的过程中，要心平气和地对待申诉人，用客气、关怀的态度接纳申诉人，并观察其态度，从其态度和谈话中探讨产生抱怨的关键所在。

2. 查明事实

管理者要查明争议事实，不得有偏袒，如果事情涉及双方，则对双方的事实都要进行调查、了解。其内容主要包括员工是否确实违反了有关规定？员工是否确实了解这一规定？员工是否已经得到适当的警告和提示？对员工的处理是否与过去的个案一致？是否合理、公平？查明事实的方法有：进行实地调查、广泛地与员工面谈；分析和检讨各项政策、规定和措施；检查员工资料；与有关人员研讨。

3. 解决问题

管理者在了解员工申诉的事实真相之后，应设法加以解决，并明白告知事实的本来面目，解除员工的误会。一般而言，解决员工申诉的方法主要有：

提供与抱怨发生有关的原因信息；对各项事实真相迅速给予解释；在特殊情况下，对员工个人表示充分同情；对苦恼的员工保证并说明事实绝非他所想象的恶劣；承认个人的人格尊严和价值；必要时给予有效的训练、协助。

4. 申请仲裁

如果员工的不满不能在组织内部获得满意解决，则双方都可以诉诸第三者或公权力来仲裁。仲裁者的角色如法官，对员工的申诉进行裁决。在我国，劳动争议仲裁委员会对争议进行裁决之后，双方当事人不服，可以在规定的期限内向人民法院提起诉讼。

二、劳动争议的处理

（一）劳动争议的内涵

劳动争议又称劳动纠纷、劳资争议或劳资纠纷，是指劳动关系双方当事人之间，对劳动权利与劳动义务及其他相关利益有不同主张和要求而引起的争议。对各种劳动争议的处理，我国目前执行的是现行《劳动法》《劳动合同法》《劳动争议调解仲裁法》等法律法规规章及地方性法规规章和相关司法解释的规定。《劳动法》中的劳动争议多指狭义的争议，一般指用人单位与劳动者之间及与工会之间，在劳动法调整的范围内因为劳动问题引起的纠纷。

（二）劳动争议的主体与类别

劳动争议的当事人，一方为劳动者（又称职工）或其团体，另一方为用人单位或团体。也就是说，当事人必须是通过一定的法律事实（如签订劳动合同）建立劳动关系的用人单位及被其录用的劳动者。用人单位包括企业、事业组织、国家机关、社会团体等，当个体经营者存在用工行为时，亦可以作为用人单位一方当事人。劳动关系的另一方即员工，可以是员工个人，也可以是员工组织，如工会。若争议不是发生在用人单位与劳动者之间，即使争议内容涉及劳动问题，也不构成劳动争议，例如，劳动者之间在劳动过程中发生的争议。因此，劳动争议可以分为两类：个别争议，即用人单位与劳动者个人之间的争议；集体争议，即用人单位与员工团体或工会之间的争议。

（三）劳动争议的内容与调整范围

劳动争议的内容根据劳动者与用人单位因劳动关系中权利义务的实现而发生的纠纷而确定，主要包括工时、工资、劳动保护、保险福利、职业培训、工伤医疗、经济补偿、赔偿等各方面。中华人民共和国境内的用人单位与劳动者发生的下列劳动争议，适用《劳动争议调解仲裁法》。

（1）因确认劳动关系发生的争议。

（2）因订立、履行、变更、解除和终止劳动合同发生的争议。

（3）因除名、辞退和辞职、离职发生的争议。

（4）因工作时间、休息休假、社会保险、福利、培训及劳动保护发生的争议。

（5）因劳动报酬、工伤医疗费、经济补偿或者赔偿金等发生的争议。

（6）法律、法规规定的其他劳动争议。

（四）劳动争议处理程序

我国现行劳动争议处理程序，主要体现在现行的《劳动法》《劳动争议调解仲裁法》，以及《最高人民法院关于审理劳动争议案件适用法律问题的解释》等法律和司法解释中。

《劳动法》第七十九条规定："劳动争议发生后，当事人可以向本单位劳动争议调解委员会申请调解。调解不成，当事人一方要求仲裁的，可以向劳动争议仲裁委员会申请仲裁。当事人一方也可以直接向劳动争议仲裁委员会申请仲裁。对仲裁裁决不服的，可以向人民法院提起诉讼。"由此可知，我国劳动争议的处理机制是"一调一裁两审"的体制。

1. 调解

所谓调解，是通过本单位的劳动争议调解委员会来解决劳动争议，争议双方矛盾在基层化解，调解委员会只能起调解作用，本身并无决定权，不能强迫双方接受自己的意见。

2. 仲裁

所谓仲裁，是通过劳动争议仲裁委员会行使仲裁申请权，解决劳动争议。劳动争议仲裁具有强制性，是解决劳动争议的必经途径。

3. 两审

所谓两审，是指经过仲裁后，争议双方可向人民法院起诉。劳动争议经过一次调解一次仲裁两级法院的审判即告终结。

在劳动纠纷处理实践中，企业内部劳动争议调解委员会的调解活动经常同员工申诉处理混合进行，不予区分。

（五）劳动争议调解

1. 劳动争议调解机构

《劳动争议调解仲裁法》第十条规定，发生劳动争议，当事人可以到企业劳动争议调解委员会、依法设立的基层人民调解组织和在乡镇、街道设立的具有劳动争议调解职能的组织申请调解。企业劳动争议调解委员会由职工代表和企业代表组成。职工代表由工会成员担任或者由全体职工推举产生，企业代表由企业负责人指定。企业劳动争议调解委员会主任由工会成员或者双方推举的人员担任。

2. 劳动争议的处理程序

《劳动争议调解仲裁法》第十二条规定，当事人申请劳动争议调解可以书面申请，也可以口头申请。口头申请的，调解组织应当当场记录申请人基本情况、申请调解的争议事项、理由和时间。该法第十四条规定，经调解达成协议的，应当制作调解协议书。调解协议书由双方当事人签名或者盖章，经调解员签名并加盖调解组织印章后生效，对双方当事人具有约束力，当事人应当履行。自劳动争议调解组织收到调解申请之日起 15 日内未达成调解协议的，当事人可以依法申请仲裁。该法第十五条规定，达成调解协议后，一方当事人在协议约定期限内不履行调解协议的，另一方当事人可以依法申请仲裁。

（六）劳动争议仲裁

1. 劳动争议仲裁机构

劳动争议仲裁委员会是我国目前专门的劳动争议仲裁机构。根据我国现行《劳动法》《劳动争议调解仲裁法》，劳动争议仲裁委员会由劳动行政部门代表、同级工会代表、用人单位方面代表组成。仲裁委员会下设办事机构，负责办理其日常事务，并设仲裁员名单。

2. 劳动争议仲裁程序

劳动争议仲裁程序主要分为 3 个阶段。

（1）提出仲裁申请。由劳动争议当事人向劳动争议仲裁委员会提出书面申请，要求依法裁决，保护自己的权益。提出仲裁申请，必须符合下列条件。第一，申诉必须在规定的时效期间以内。根据现行《劳动争议调解仲裁法》的规定，提出仲裁要求的一方应当自知道或者应当知道其权利被侵害之日起一年内向劳动争议仲裁委员会提出书面申请。第二，申诉人必须与该劳动争议有直接利害关系。第三，申诉人必须有明确的被申请人，以及具体的仲裁请求和事实理由。第四，属于受理申请的仲裁委员会管辖范围。

（2）审查、受理。劳动争议仲裁委员会收到当事人申请仲裁材料后，必须认真审查，对符合受理条件的劳动争议案件，仲裁委员会在收到申请后 5 日内决定是否受理，并通知当事人。

（3）开庭、裁决。劳动争议仲裁委员会裁决劳动争议案件实行仲裁庭制。仲裁庭在作出裁决前，应当先行调解。调解达成协议的，仲裁庭应当制作调解书。调解书应当写明仲裁请求和当事人协议的结果。调解书由仲裁员签名，加盖劳动争议仲裁委员会印章，送达双方当事人。调解书经双方当事人签收后，发生法律效力。调解不成或者调解书送达前，一方当事人反悔的，仲裁庭应当及时作出裁决。

仲裁庭裁决劳动争议案件，应当自劳动争议仲裁委员会受理仲裁申请之日起 45 日内结束，逾期未作出仲裁裁决的，当事人可以就该劳动争议事项向人民法院提起诉讼。下列劳动争议，除《劳动争议调解仲裁法》另有规定的外，仲裁裁决为终局裁决，裁决书自作出之日起发生法律效力：①追索劳动报酬、工伤医疗费、经济补偿或者赔偿金，不超过当地月最低工资标准十二个月金额的争议；②因执行国家的劳动标准在工作时间、休息休假、社会保险等方面发生的争议。劳动者对上述劳动争议仲裁裁决不服的，可以自收到仲裁裁决书之日起 15 日内向人民法院提起诉讼。当事人对上述劳动争议以外的其他劳动争议案件的仲裁裁决不服的，可以自收到仲裁裁决书之日起 15 日内向人民法院提起诉讼；期满不起诉的，裁决书发生法律效力。

当事人对发生法律效力的调解书、裁决书，应当依照规定的期限履行。一方当事人逾期不履行的，另一方当事人可以依照民事诉讼法的有关规定向人民法院申请执行。

（七）劳动争议诉讼

1. 劳动争议诉讼机关

人民法院是处理劳动争议的司法机关。根据现行法律规定，当事人对仲裁裁决不服，可依法提起诉讼。人民法院对劳动争议案件有权进行审理。

2. 劳动争议诉讼程序

人民法院对劳动争议案件的审理，适用《中华人民共和国民事诉讼法》规定的程序，分为起诉与受理、调解和开庭审理阶段。

（1）起诉与受理。原告向人民法院提出诉讼请求，请求人民法院行使审判权，以保护自己的合法权益。原告必须与该劳动争议有直接的利害关系，有明确的被告、具体的请求和事实理由。劳动争议案件未经仲裁的，人民法院不予受理。人民法院只受理经由劳动争议仲裁委员会裁决，当事人不服裁决的争议。人民法院在收到原告的起诉后，要对起诉依法进行审查，并决定是否受理。符合起诉条件的案件应当在 7 日内立案，并通知当事人，立案之日起 5 日内将诉讼副本送达被告，被告在收到起诉书日起 15 日内提出答辩状。经审查不符合起诉条件的，应当在 7 日内裁定不予受理。原告对裁定不服的，可以提起上诉。

（2）调解。人民法院审理劳动争议案件，根据当事人自愿的原则，开庭前可以调解的，采取调解方式及时解决纠纷。达成调解协议的，由人民法院制作调解书。调解书经当事人双方签收，即发生法律效力，当事人必须执行。

（3）开庭审理。调解不成的，或当事人在调解书送达之前反悔的，人民法院应及时判决。人民法院在开庭前 3 日将开庭时间、地点通知当事人和其他诉讼参与人。开庭要进行法庭调查，由当事人陈述争议事实，向法庭出示有关证据，当事人双方进行法庭辩论。在辩论结束后，法庭依法作出裁决，并按规定向当事人送达裁判文书。

当事人若不服一审判决，有权在判决书送达之日起 15 日内，向上一级人民法院提出上诉。逾期不上诉的，判决书将发生法律效力。

任务四　掌握非正式雇用员工关系管理

一、非正式雇用员工关系问题

（一）正式雇用与非正式雇用的差异

传统正式雇用是自工业化以来一直通行的一种雇用和工作方式，其用工方式有两个基本特点：一是时间的“标准”，我国劳动法规定国家实行劳动者每日工作时间不超过 8 小时，平均每周工作时间不超过 44 小时的工时制度。二是地点和工作方式的“正式”，劳动者通常在用人单位的工作场所内，按照用人单位的指示和安排进行工作，劳动者接受用人单位的管理，劳动关系相对稳定和持续。

非正式雇用，主要是指在工作时间、地点和劳资双方的从属性或契约关系方面与一般意义上的“标准”雇用存在明显差异的雇用形式。非正式雇用在现实中有多种形式，其主要特征有：一是雇用关系主体发生变化，如在雇用关系主体中加入了临时就业服务中介组织或者劳务派遣机构；二是工作不稳定性较高，如临时性工作、随传工作和短期劳务合同。

（二）非正式雇用员工的员工关系问题

非正式雇用的优点在于用工方式相对灵活、日常管理相对便捷、用工成本相对较低、法律风险相对较小，对有着人力资源结构优化需求的企业尤为适用。非正式雇用的缺点则在于雇用形态不稳定、员工忠诚度较低、不利于长期计划的执行、在企业内部形成两种薪酬价值标准等。基于对这些特点的把握，企业可以自主通过比较优劣权重决定是否采用及如何采用。非正式雇用员工与正式雇用员工的差异具体如下。

1. 相对较少的组织投入

与正式雇用员工相比，非正式雇用员工往往从事的是相对外围的工作，企业一般较少对这些员工进行培训，甚至不会和正式员工一样享受企业发放的各种非法律规定的福利。

2. 工作的外围性特征

由于非正式雇用员工从事简单工作，他们更缺乏工作的自主性，对工作责任及工作所赋予的意义缺乏足够认识。

3. 相对较少的资源支持

由于身份差异，非正式雇用员工较少得到同事的帮助与支持，尤其是当他们需要和同事就工作相关的事情进行交流时。他们可以学习的机会更少，这些因素会让非正式雇用员工感到无助。

4. 更加强烈的不安全感

由于非正式雇用缺乏一定的保障性、工作期限的不确定性等原因，他们容易产生焦虑情绪。

（三）非正式员工的管理策略

1. 要尽可能地消除正式员工与非正式员工的差别

非正式员工通常从事的是技术含量低、程序性和重复性强的操作性工作，而正式员工则更多地从事较为重要的管理性工作。但是，这并不意味着在企业内部非正式员工和正式员工的岗位设置是泾渭分明的。随着劳务派遣、业务外包和员工租赁等形式的多元化发展，从事相同或近似工作的现象在企业内部越来越普遍。在这种情况下，企业在岗位化用工形式的出现，以及企业内部人员流动和岗位轮换的增多，越来越多的非正式员工有机会从事较为重要的管理性岗位。非正式员工和正式员工的岗位界限越来越模糊，工作要求、绩效标准等方面应有意识地淡化，消除非正式员工与正式员工的差别。

2. 强化对非正式员工的考核

充分利用现有的绩效评估系统，对从事和正式员工相同工作的非正式员工要使用现有的评估系统，坚持同样的评估标准；近似的工作岗位可参照相近的评估标准和要求。同时，要因地制宜地对非正式员工进行评估和考核。非正式员工包括实习生、派遣人员、临时工、季节工、兼职人员、退休返聘人员、咨询顾问等多种类型，他们的工作岗位、工作形式及工作重要性各异，对其考核的难度和准确性要远大于正式员工。因此，在考核程序、考核内容、考核方式、考核时间和次数上要因地制宜，灵活进行。

3. 完善非正式员工的薪酬激励机制

《劳动合同法》要求企业同工同酬，但在企业内部客观存在正式员工与非正式员工之间的薪酬差距，甚至有些企业的非正式员工与正式员工在工作内容上差别并不大，但在薪酬和福利上却有着天壤之别，这在很大程度上挫伤了非正式员工的工作积极性并降低了非正式员工的组织忠诚度。因此，要强化对非正式员工的有效管理，必须完善非正式员工的薪酬机制。比如，正式员工和非正式员工的薪酬福利差异必须是合理的，薪酬体系设置要考虑非正式员工的个人需求，如兼职人员注重收入和工作时间的弹性，勤杂工注重工作的稳定性和福利待遇，派遣员工看重职业技能与经验的积累和提高。企业应根据国家的用工标准、劳动力市场供求状况、企业经营状况及员工的个人能力，对非正式员工的薪酬标准进行定期调整，建立起类似正式员工的薪酬增长机制。

4. 提升非正式员工的职业发展空间

受身份限制，非正式员工晋升的机会少，发展潜力小，这也导致了非正式员工工作积极性差、离职率高。因此，要做好非正式员工的管理工作，就要考虑非正式员工的职业发展空间，比如给优秀的非正式员工转成正式员工的机会，岗位设置考虑非正式员工职业发展，增加非正式员工岗位轮换的机会，适当增加对非正式员工的培训等。

5. 鼓励非正式员工参加企业的各类竞赛和文体活动

各类职业竞赛和文体活动是员工交流学习，增强团队凝聚力的良好时机，企业可以借此机会，允许并鼓励非正式员工参加这些活动，创造员工融入企业的和谐氛围。允许非正式员工参与年底的各项先进评比和荣誉评选，树立非正式员工的企业主人翁意识。

二、劳务派遣员工关系管理

（一）劳务派遣的含义

劳务派遣是指劳务派遣单位与劳动者签订劳动合同，与用工单位签订劳务派遣协议，将劳动者派遣至用工单位从事约定的生产劳动的一种用工形式。与劳动关系不同，它涉及派遣单位、劳动者和实际用工单位三方之间的关系。在劳务派遣中，劳动者与劳务派遣单位存在劳动关系，与用工单位不存在劳动关系。对用工单位来说，劳务派遣是人力资源外包的一种重要形式，其最大特点是劳动力的法律雇用和使用相分离。

企业采用劳务派遣形式，可以较灵活地调整用工形式，完善富余人力资源的退出机制，有效地降低人力成本，化解因体制、政策原因而产生的用人障碍，对企业提升自身管理能力、专注核心人力资源的管理发挥了重要作用。

为规范劳务派遣人员的聘用和管理，明确实际用工单位、劳务派遣单位和被派遣劳动者三方的权利和义务，保证劳务用工制度的规范执行，2012 年

12 月 28 日，第十一届全国人大常委会第三十次会议表决通过了《全国人民代表大会常务委员会关于修改〈中华人民共和国劳动合同法〉的决定》，提高了经营劳务派遣的注册资本，对劳务派遣中的“同工同酬”“三性”岗位等规定进行了细化，自 2013 年 7 月 1 日起施行。为确保修改后的《劳动合同法》的有效实施，人力资源和社会保障部公布了《劳务派遣行政许可实施办法》（2013 年 7 月 1 日起施行）、《劳务派遣暂行规定》（2014 年 3 月 1 日起施行），明确了劳务派遣行政许可的具体许可办法，细化了《劳动合同法》的具体规定，保障了劳务派遣的规范运行。

（二）劳务派遣各方的法律关系

1. 劳务派遣单位与被派遣劳动者

劳务派遣单位与被派遣劳动者之间建立劳动关系，派遣单位是《劳动合同法》上所称的“用人单位”，履行用人单位对劳动者的权利和义务，包括录用劳动者、订立劳动合同、对劳动者行使人事管理权、承担支付劳动报酬和缴纳社会保险费等义务。

2. 劳务派遣单位与用工单位

劳务派遣单位与用工单位之间是一般的民事关系，即劳务派遣关系。双方订立劳务派遣协议来确定双方的权利义务，派遣单位根据用工单位的要求派遣适合的劳动者，用工单位根据协议向派遣单位支付报酬或管理费。

3. 用工单位和被派遣劳动者

用工单位和被派遣劳动者之间构成劳务关系，用工单位负责在劳动过程中对被派遣劳动者进行指挥和管理，但无须承担订立劳动合同、支付劳动报酬和缴纳社会保险费等义务，劳动者应遵守用工单位的规章制度。

（三）用工单位的权利和义务

1. 用工单位的权利

根据劳务派遣协议的约定，要求劳务派遣单位提供合适的劳动者；根据劳务派遣协议的约定和本单位的规章制度，对被派遣劳动者进行用工管理；根据法律规定和劳务派遣协议的约定，将不胜任工作或违纪的劳动者退回劳务派遣单位等。

2. 用工单位义务

被派遣劳动者虽然与用工单位没有法律上的劳动关系，但是直接为用工单位提供劳动，因此用工单位应当履行对被派遣劳动者的义务。《劳动合同法》第六十二条规定，用工单位应当履行下列义务：

（1）执行国家劳动标准，提供相应的劳动条件和劳动保护；

（2）告知被派遣劳动者的工作要求和劳动报酬；

（3）支付加班费、绩效奖金，提供与工作岗位相关的福利待遇；

（4）对在岗被派遣劳动者进行工作岗位所必需的培训；

（5）连续用工的，实行正常的工资调整机制。

用工单位不得将被派遣劳动者再派遣到其他用人单位。

用工单位在使用被派遣劳动者时，必须切实履行法定义务，维护被派遣劳动者的合法权益，向被派遣劳动者提供与工作岗位相关的福利待遇，不得歧视被派遣劳动者。

（四）被派遣劳动者的权利和义务

1. 被派遣劳动者的权利

享有与劳务派遣单位签订劳动合同、领取劳动报酬、参加社会保险等劳动者基本权利；享有对劳务派遣协议及工作待遇的知情权；享有与用工单位的劳动者同工同酬的权利；有权在劳务派遣单位或用工单位参加或组织工会；获得劳动保护和接受岗位培训的权利；法律规定劳动者享有的其他权利。

2. 被派遣劳动者的义务

自觉遵守劳务派遣单位和用工单位的各项规章制度，按照要求提供劳动；服从用工单位的日常管理；认真完成用工单位指定的各项工作任务；法律规定劳动者负有的其他义务。

（五）劳务派遣单位的权利和义务

1. 劳务派遣单位的权利

根据用工单位的要求，自主决定录用劳动者的条件、方式及人数等；决定劳动者的内部调配、日常管理等；决定劳动者的薪酬；依法决定对违纪劳动者的处理等。

2. 劳务派遣单位的义务

依法与劳动者签订2年以上固定期限劳动合同；依法告知劳动者劳务派遣协议的内容及被派遣岗位的工作内容、条件、地点、职业危害等事项；不得扣押被派遣劳动者证件和财物，或向其收取任何费用；按月向被派遣劳动者足额支付劳动报酬，缴纳各项社会保险费，被派遣劳动者在无工作期间，劳务派遣单位应当按照当地政府规定的最低工资标准，向其按月支付报酬；督促用工单位依法为被派遣劳动者提供劳动保护和劳动安全卫生条件；依法出具解除或者终止劳动合同的证明；协助处理被派遣劳动者与用工单位的纠纷等。

（六）如何处理与派遣员工的关系

1. 依法规范劳务派遣员工关系

劳务派遣人员的管理则涉及多个管理主体，涉及企业外部的劳动派遣部门。劳务派遣管理模式要重点处理以下几种关系：对派遣员工的管理，重在强调以绩效产出为目的的管理关系；在与劳务派遣单位的关系中，重在明确双方权责关系为内容的法律关系；在处理劳务派遣单位与派遣员工的关系中，重在强调以保障双方权益实现为目的的劳动合同关系。通过规范用工单位与派遣单位的关系以促进派遣单位与派遣员工的关系，增进和完善用工单位与派遣员工的关系，是建立劳务派遣员工管理机制的核心和目的。

2. 依法处理与派遣单位的关系

依法处理与派遣单位的关系，规范派遣单位对劳动者的管理，是促进绩效目标实现和建立派遣员工管理机制的重点。

（1）建立完善派遣单位的考核筛选机制。为不断提高劳务派遣企业的服务质量，减少企业面临的法律风险，用工单位应该建立明确的考核体系，甄选合作的派遣单位。选择的合作劳动派遣单位应该具备良好的社会信誉和口碑，能够及时高效地派出企业所需人员，协调处理双方矛盾和纠纷，为用工时的突发情况设计合理、合法的解决措施，进行危机管理，以减少用工单位的经济损失和责任风险。

（2）建立和完善跟踪反馈机制。劳务派遣单位和用工单位对劳务派遣过程中的各个环节要及时跟踪，比如派遣人员是否遵守用工单位的规章制度？工作绩效如何？是否按时、足额领到了劳动报酬？派遣单位是否按时、全额缴纳了社会保险费？用工单位是否有侵犯派遣劳动者合法权益的行为？其安全生产设施是否齐全？安排劳动者额外加班是否有加班费或补助？及时沟通协调、发现并快速解决劳务派遣中的问题，不断修改完善劳务派遣流程和服务内容，是确保劳务派遣用工模式顺利进行的保障。

3. 依法退回被派遣劳动者

用工单位与被派遣劳动者之间建立的是劳务关系，而非劳动合同关系。因此，在被派遣劳动者有法定可解除劳动合同情形时，用工单位不能直接解除劳动合同，只能将劳动者退回，由劳务派遣单位依照劳动合同法的有关规定，与劳动者解除劳动合同。《劳动合同法》第六十五条第二款规定，被派遣劳动者有本法第三十九条和第四十条第一项、第二项规定情形的，用工单位可以将劳动者退回劳务派遣单位，劳务派遣单位依照本法有关规定，可以与劳动者解除劳动合同。即用工单位可将被派遣劳动者退回的情形如下。

（1）被派遣劳动者在试用期内被证明不符合录用条件的。

（2）被派遣劳动者严重违反用工单位的规章制度的。

（3）被派遣劳动者严重失职，营私舞弊，给用工单位的利益造成重大损害的。

（4）被派遣劳动者同时与其他用人单位建立劳动关系，对完成本单位的工作任务造成严重影响，或者经用工单位提出，拒不改正的。

（5）被派遣劳动者以欺诈、胁迫的手段或者乘人之危，使对方在违背真实意思的情况下订立或者变更劳动合同，致使劳动合同无效的。

（6）被派遣劳动者被依法追究刑事责任的。

被派遣劳动者被退回的，劳务派遣单位可以行使即时解雇权，也可以在对其进行批评教育后继续留用。

思政园地

思考与练习

一、选择题（请将正确的选项填在题目后面的括号内）

1. 下列属于员工关系管理职责的有（　）。

A. 劳动关系管理　　B. 员工纪律管理

C. 员工心理建设　　D. 企业文化建设

E. 员工人际关系管理

2. 柔性或多元化雇用的用工形式给酒店员工关系管理带来的挑战有（　）。

A. 容易造成团队凝聚力的减弱　　B. 影响企业创新

C. 可能会降低企业人力费用　　D. 容易导致同工不同酬的问题

3. 企业中员工的压力主要来源于（　）。

A. 工作相关因素　　B. 生活相关因素

C. 员工的个人性格　　D. 自然环境

4. 管理者对员工进行纪律管理应当避免滥用权力，应遵循（　）原则。

A. 合法原则　　B. 公平合理原则

C. 公开透明原则　　D. 即时性原则

二、填空题（将正确的答案写在横线上）

1. 申诉通常可以分为两类：________申诉和________申诉。

2. 我国劳动争议的处理机制是“一调一裁两审”的体制是指：________、________和________。

3.《劳动法》第三十六条规定，劳动者每日工作时间不超过________小时，平均每周工作时间不超过________小时。

4. 劳务派遣单位与被派遣劳动者之间建立________关系，劳务派遣单位与用工单位之间是一般的________关系，用工单位和被派遣劳动者之间构成

________关系。

5. 仲裁裁决一般应在收到仲裁申请的________日内作出。对仲裁裁决无异议的，当事人必须履行。劳动争议当事人对裁决不服的，可以自收到裁决书之日起________日内向人民法院提起诉讼。

三、简答题

“没有满意的员工，就没有满意的客人”是很多酒店的管理信条，请谈谈可采取哪些措施提升酒店员工的满意度？

参考答案

参考文献

［1］彼得·德鲁克 . 管理的实践［M］. 北京：机械工业出版社，2009.

［2］舒尔茨 . 人力资本［M］. 北京：中国人民大学出版社，2001.

［3］彭剑锋 . 人力资源管理［M］. 北京：中国人民大学出版社，2014.

［4］怀特·巴克 . 人力资源功能［M］. 北京：机械工业出版，2009 .

［5］谢永建 . 转型中的人力资源管理：创造成果与价值［M］. 北京：科学技术文献出版社，2018.

［6］穆胜 . 到底要不要分拆人力资源部——评查兰与尤里奇之争［J］. 商业评论，2014（9）：66-75.

［7］李涛 . 大数据时代企业人力资源管理模式创新研究——评《大数据背景下企业人力资源管理研究》［J］. 领导科学，2023（1）：159-159.

［8］朱建斌，张路芳，刘俐伶 . 人力资源大数据分析与应用［M］. 北京：高等教育出版社，2022.

［9］纳迪姆·可汗，戴夫·米尔纳 . 人才数据分析指南：理念、方法与实战技巧［M］. 北京：中信出版社，2021.

［10］陈丽芳 . 工作分析在企业人力资源管理中的作用［J］. 中国集体经济，2021（14）：116-117.

［11］黄李强 . 基于胜任力模型的人才测评体系构建与实践探索［J］. 人民公交，2016（5）：26-29.

［12］任康磊 . 人才梯队建设与人才培养［M］. 北京：人民邮电出版社，2021.

［13］金学惠 . 招聘管理理论、案例与实务［M］. 北京：经济管理出版社，2023.

［14］岳铁骐，傅友斐，徐健 . 基于招聘广告的岗位人才需求分析框架构建与实证研究［J］. 现代图书情报技术，2022（2）：6.

［15］王烁祎，于淼 . 基于胜任力模型的招聘甄选体系的探索与实践［J］.

企业管理，2021（S01）：132-133.

［16］吴慧敏．企业培训需求分析与方法探讨［J］．人才资源开发，2016（12）：142-143.

［17］任康磊．培训管理实操从入门到精通［M］. 北京：人民邮电出版社，2019.

［18］温碧燕，周小曼，李晓红．差别对待能激励酒店员工吗？——心理资本，领导成员交换与敬业度的跨层次研究［J］．旅游学刊，2023，38（4）：88-100.

［19］张江驰，谢朝武．酒店分散型激励机制：内涵结构与作用机制研究［J］．旅游学刊，2020，35（3）：16

［20］王志成．新生代员工的管理与激励［M］．北京：知识产权出版社，2020.

［21］罗伯特·卡普兰，大卫·诺顿．战略地图：化无形资产为有形成果［M］．刘俊勇，译．广州：广东经济出版社，2005.

［22］罗伯特·卡普兰，大卫·诺顿，卡普兰，等．平衡计分卡：化战略为行动［M］．广州：广东经济出版社，2013.

［23］舒建辉，宋波．金盾酒店绩效管理实例与操作［M］．武汉：华中科技大学出版社，2017.

［24］任康磊．绩效管理与量化考核从入门到精通［M］．2 版．北京：人民邮电出版社，2020.

［25］付维宁．绩效与薪酬管理［M］．北京：清华大学出版社，2016.

［26］葛玉辉．薪酬管理实务［M］．北京：清华大学出版社，2022.

［27］王凌峰．薪酬管理：理论与实务［M］. 成都：西南交通大学出版社，2021.

［28］王少东，张国霞，梁小清．企业薪酬管理［M］．2 版．北京：清华大学出版社，2016.

［29］程延园，王甫希．员工关系管理［M］．北京：高等教育出版社，2018.

［30］李新建，孙美佳，苏磊．员工关系管理［M］．2 版．北京：中国人民大学出版社，2020.